中國納稅實務
（第二版）

主編　許仁忠、劉婷、胡虹、周鳳蓮

崧燁文化

前 言

　　《納稅實務》共分十一章，包括納稅基礎、增值稅、消費稅、營業稅、城市維護建設稅與教育費附加、關稅、資源類稅、財產和行為類稅、特定目的類稅、企業所得稅和個人所得稅等內容。《納稅實務》既是高職高專會計專業必修的專業基礎課程，也是經濟管理學科各專業重要的相關課程。基於此，我們編寫時既注重了內容選取上的廣泛性、深入性，又兼顧了內容講授上的普遍性、針對性，期望該教材能成為高職高專會計專業學生及經濟管理類各非會計專業學生都可以選用的教材。

　　本書在編寫時既強調稅法的法律理論基礎的講授，更注重納稅實際操作能力的訓練，在對各類稅種的介紹中，著重對應納稅金的計算、納稅業務的帳務處理、稅金繳納的申報這幾個納稅實務能力進行了深入廣泛的講授，強調培養學生的動手能力，以學生畢業上崗即能計算申報企業應納稅金並進行會計帳務處理為目標，引導學生在實踐實訓上下工夫。為此，本書在闡明稅法的法律理論基礎的同時，特別強調納稅技能的講授，強調學生應掌握的納稅技能，包括對企業應納稅金的確認與應納稅額的計算，填寫納稅申報表與按時申報納稅，以及對納稅業務進行會計帳務處理等。編者期望能通過密切聯繫實際的學習，讓學生能真正學會和掌握企業納稅的知識與技能，為走上工作崗位即能勝任企業納稅申報工作做好應有的準備。

編　者

目 錄

第一章　納稅基礎 …………………………………………………………（1）
　　第一節　稅法概述 …………………………………………………………（1）
　　第二節　稅收制度構成要素 ………………………………………………（5）
　　第三節　稅收徵收管理 ……………………………………………………（8）
　　第四節　企業涉稅會計主要會計帳戶的設置 ……………………………（10）

第二章　增值稅 ……………………………………………………………（14）
　　第一節　增值稅概述 ………………………………………………………（14）
　　第二節　增值稅的基本內容 ………………………………………………（17）
　　第三節　增值稅的計算 ……………………………………………………（20）
　　第四節　增值稅的徵收管理 ………………………………………………（23）
　　第五節　增值稅涉稅業務的帳務處理 ……………………………………（38）
　　第六節　營業稅改徵增值稅 ………………………………………………（44）

第三章　消費稅 ……………………………………………………………（52）
　　第一節　消費稅概述 ………………………………………………………（52）
　　第二節　消費稅的基本內容 ………………………………………………（53）
　　第三節　消費稅的計算 ……………………………………………………（56）
　　第四節　消費稅的徵收管理 ………………………………………………（59）
　　第五節　消費稅涉稅業務的帳務處理 ……………………………………（62）

第四章　營業稅 ……………………………………………………………（67）
　　第一節　營業稅概述 ………………………………………………………（67）
　　第二節　營業稅的基本內容 ………………………………………………（68）
　　第三節　營業稅的計算 ……………………………………………………（70）

第四節　營業稅的徵收管理 ································· (71)
　　　第五節　營業稅涉稅業務的帳務處理 ······················· (75)

第五章　城市維護建設稅與教育費附加 ··························· (77)
　　　第一節　城市維護建設稅的基本內容 ······················· (77)
　　　第二節　城市維護建設稅的計算與徵收管理 ················· (78)
　　　第三節　教育費附加 ····································· (80)

第六章　關稅 ··· (84)
　　　第一節　關稅概述 ······································· (84)
　　　第二節　關稅的納稅人徵稅對象及關稅稅則 ················· (87)
　　　第三節　關稅的完稅價格及應納稅額的計算 ················· (89)
　　　第四節　關稅的徵收管理 ································· (95)

第七章　資源類稅 ·· (104)
　　　第一節　資源稅 ·· (104)
　　　第二節　城鎮土地使用稅 ································ (111)

第八章　財產和行為類稅 ······································ (121)
　　　第一節　房產稅 ·· (121)
　　　第二節　車船稅 ·· (128)
　　　第三節　契稅 ·· (133)
　　　第四節　印花稅 ·· (139)

第九章　特定目的類稅 ·· (152)
　　　第一節　土地增值稅 ···································· (152)
　　　第二節　耕地占用稅 ···································· (159)

第十章　企業所得稅 ……………………………………………………（166）

第一節　企業所得稅概述 …………………………………………（166）
第二節　企業所得稅的基本內容 …………………………………（167）
第三節　企業所得稅的計算與會計處理 …………………………（169）
第四節　企業所得稅的徵收管理 …………………………………（182）

第十一章　個人所得稅 …………………………………………………（188）

第一節　個人所得稅概述 …………………………………………（188）
第二節　個人所得稅的基本內容 …………………………………（189）
第三節　個人所得稅的計算 ………………………………………（195）
第四節　個人所得稅代扣代繳業務的帳務處理 …………………（203）

附錄　網上申報納稅程序 ………………………………………………（212）

第一章　納稅基礎

學習目的：通過本章學習，要求理解稅收的概念，瞭解稅收產生和發展的過程及其特點與作用，掌握稅收的分類；掌握稅制的各組成要素，理解它們之間的相互關係；掌握稅收徵管制度和稅務登記制度、納稅申報制度等。

第一節　稅收概述

一、稅收的產生

（一）稅收產生的條件

稅收的產生取決於兩個相互影響的前提條件：一是經濟條件，即私有制的存在；二是社會條件，即國家的產生和存在。歷史上，私有制先於國家形成，但對稅收而言，必須同時存在這兩個前提條件，稅收才產生。可以說，稅收是私有財產制度和國家政權相結合的產物。

1. 稅收產生的社會條件

稅收產生的社會條件是國家的產生和存在，國家的存在同稅收的產生具有本質的聯繫。首先，稅收是實現國家職能的物質基礎。只有出現了國家，才有滿足國家政權行使職能的客觀需要。國家為了行使職能，必須建立軍隊、警察、法庭、監獄等專政機構，必須動用社會力量，徵用自然資源，興辦公共建築和公共事業，建立管理國家公共事務的行政管理機構。所有這一切公共需求，都要耗用一定的物質資料。而國家並不直接從事社會生產，於是，為了滿足這種需要，就需要向社會成員徵稅。其次，稅收是以國家為主體，以國家權力為依據，參與社會產品分配而形成的一種特定的產品分配方式。任何私人對社會產品的分配顯然不具備這樣的權利和依據。只有產生了國家和國家權力，才有各社會成員認可的徵稅主體和依據，從而使稅收的產生成為可能。

2. 稅收產生的經濟條件

稅收產生的經濟條件是私有制的存在。在私有制條件下，社會產品的分配是以生產資料私人佔有為分配的依據，即以財產權利進行分配。當社會存在著私有制，國家動用政治權力將一部分屬於私人所有的社會產品轉變為國家所有的時候，稅收這種分配形式就產生了。因此，國家徵稅實際上是對私有財產行使支配權，是對私有財產的一種「侵犯」。可見，稅收的產生，必須具備存在私有制這樣的經濟條件，而私有制又不是神聖不可侵犯的，國家可以憑藉其政治權力，對私有財產行使一定的支配權。如

果沒有私有制，國家對本來就屬於自己所有的社會產品無須徵稅。同樣，如果私有制是神聖不可侵犯的，當然也就不會產生稅收。

(二) 稅收的產生

各個國家的具體歷史條件不同，因而稅收產生的實際歷史過程也不完全相同。

歐洲古希臘和古羅馬等奴隸制國家，確定奴隸佔有制度初期，就出現了土地和奴隸的私有制，形成了城邦經濟、奴隸主大莊園經濟、寺院地產經濟以及家庭奴隸制等私有經濟，所以歐洲奴隸制國家形成以後，隨即出現了對私有土地徵收的稅收。

中國夏代就已經出現了國家憑藉政權力量進行強制課徵的形式，稱為貢。貢是夏代王室對所屬部落或平民根據土地收穫按一定比例徵收的農產物。到商代，貢逐漸演變為助法。助法是讓農戶力役去耕種公田，公田的收穫全部歸王室所有，實際上是一種力役之徵。到周代，助法又演變為徹法。徹法是指每соeach農戶耕種的土地要將一定數量的土地收穫量繳納給王室。夏、商、周三代的貢、助法、徹法，都是對土地收穫原始的強制課徵形式，從稅收起源的角度看，是稅收的原始形式，是稅收發展的雛形階段。春秋時期，魯國實行「初稅畝」，標誌著中國稅收從雛形階段進入了成熟時期。初稅畝首次從法律上承認了土地私有制，是歷史上一項重要的經濟改革措施，同時也是稅收起源的一個里程碑。

二、稅收的特徵

稅收自產生以來，一直是國家取得財政收入的最主要形式。與其他財政收入形式相比較，稅收具有以下特徵：

(一) 強制性

強制性是指國家以社會管理者的身分，用法律法規等形式對徵收捐稅加以規定，並依照法律強制徵稅，對徵納雙方權利與義務的制約。國家徵稅是憑藉政治權力，而不是憑藉財產所有權。國家對不同所有者都可以行使徵稅權而不受財產所有權歸屬的限制。

(二) 無償性

無償性是指國家徵稅后，稅款即成為財政收入，不需要再歸還納稅人，也不支付任何報酬。稅收的無償性是稅收的關鍵特徵。它使稅收區別於國有資產收入和國債等財政收入形式。無償性決定了稅收是籌集財政收入的主要手段，成為調節經濟和矯正社會分配不公的有力工具。

(三) 固定性

固定性是指國家在徵稅之前，必須以法的形式預先規定了課稅對象、課稅額度和課稅方法等。稅收固定性的含義包括三個層次，即課稅對象上的非懲罰性、課徵時間上的連續性和課徵比例上的限度性。稅收的固定性特徵，是稅收區別於罰沒、攤派等財政收入形式的重要特徵。

稅收的三個特徵相互聯繫、相互影響，構成統一的整體。因此，稅收也就是國家

憑藉權力，利用稅收工具的強制性、無償性、固定性的特徵參與社會產品和國民收入分配的法律規範的總稱。

三、稅收的分類

稅收的分類是按照一定的標準對複雜的稅制和稅種進行歸類。由於目的不同，對稅收分類可以採用各種不同的標準。通過對稅收進行科學的分類，不僅能夠揭示各類稅收的性質、特點、功能以及各類稅收之間的區別與聯繫，也有利於建立合理的稅收結構，充分發揮各類稅收的功能與作用。

（一）按課稅對象分類

稅收按課稅對象的性質分類，可以分為流轉稅、資源稅、所得稅、特定目的稅、財產稅和行為稅、關稅等。

1. 流轉稅類

流轉稅類包括增值稅、消費稅、營業稅等，主要在生產、流通或者服務業中發揮調節作用。

2. 資源稅類

資源稅類包括資源稅、城鎮土地使用稅等，主要是對因開發和利用自然資源差異而形成的級差收入發揮調節作用。

3. 所得稅類

所得稅類包括企業所得稅、個人所得稅等，主要是在國民收入形成後，對生產經營者的利潤和個人的純收入發揮調節作用。

4. 特定目的稅類

特定目的稅類包括固定資產投資方向調節稅、城市維護建設稅、土地增值稅、車輛購置稅、耕地占用稅、菸葉稅等，主要是為了達到特定目的，對特定對象和特定行為發揮調節作用。

5. 財產和行為稅類

財產和行為稅類包括房產稅、車船稅、印花稅、契稅等，主要是對某些財產和行為發揮調節作用。

6. 關稅類

稅收按照課稅對象的分類的各類稅收的徵稅對象與主要稅種如表1-1所示。

表1-1　　　　　　　　稅收按照課稅對象的分類

類別	流轉稅	所得稅	資源稅	財產稅	特定目的稅	行為稅
徵稅對象	以商品交換的交易額和勞務收入額為徵稅對象	以各種所得額為徵稅對象	以開發利用特定自然資源為徵稅對象	以擁有或支配的財產為徵稅對象	為達到特定目的，進行調節而徵收	以特定行為為徵稅對象
主要稅種	增值稅、營業稅、消費稅等	企業所得稅、個人所得稅	資源稅	契稅	車輛購置稅、土地增值稅	印花稅

（二）按稅收管理權限分類

稅收按管理權限分類，可以分為國家稅、地方稅、國家與地方共享稅三大類。

1. 國家稅

國家稅是中央政府固定收入，包括消費稅（含進口環節海關代徵的部分）、車輛購置稅、關稅、海關代徵的進口環節增值稅等。

2. 地方稅

地方稅是地方政府固定收入，包括城鎮土地使用稅、耕地占用稅、土地增值稅、房產稅、車船稅、契稅。

3. 國家與地方共享稅

國家與地方共享稅是中央政府與地方政府共享的收入，主要包括：

（1）增值稅（不含進口環節由海關代徵的部分）：中央政府分享75%，地方政府分享25%。

（2）營業稅：鐵道部、各銀行總行、各保險總公司集中繳納的部分歸中央政府，其餘部分歸地方政府。

（3）企業所得稅：鐵道部、各銀行總行及海洋石油企業繳納的部分歸中央政府，其餘部分中央與地方政府按60%與40%的比例分享。

（4）個人所得稅：除儲蓄存款利息所得的個人所得稅外，其餘部分的分享比例與企業所得稅相同。

（5）資源稅：海洋、石油企業繳納的部分歸中央政府，其餘部分歸地方政府。

（6）城市維護建設稅：鐵道部、各銀行總行、各保險總公司集中繳納的部分歸中央政府，其餘部分歸地方政府。

（7）印花稅：證券交易印花稅收入的94%歸中央政府，其餘6%和其他印花稅收入歸地方政府。

稅收還可按計稅依據分為從價稅、從量稅和複合稅，按稅收與價格的依存關係分為價內稅和價外稅，按稅收負擔是否易於轉嫁分為直接稅與間接稅。

四、稅收的作用

稅收的作用是稅收職能在一定經濟條件下的外在表現。在不同的歷史階段，稅收職能發揮著不同的作用。在現階段，稅收的作用主要表現在以下幾個方面：

（一）財政收入的主要源泉

財政收入是稅收的最基本職能，稅收在保證和實現財政收入方面起著重要的作用。由於稅收具有強制性、無償性和固定性的特徵，因而能保證財政收入的穩定性。

（二）對經濟實行宏觀調控

國家通過稅種的設置以及在稅目、稅率、加成徵收或減免稅等方面的規定，可以實現宏觀調控的目的，調節和引導社會生產、交換、分配和消費，促進社會經濟的健康發展。

（三）調節貧富差距，實現社會共同富裕

國家通過稅種的設置以及在稅目、稅率、加成徵收或減免稅等方面的規定，可以對社會的財富進行再分配，從而達到調節貧富差距，實現社會共同富裕的目的。

（四）維護國家權益，促進國際經濟交往

國家是稅收產生和存在的必要條件，國家憑藉政治權力對物質利益進行調節，體現出國家的意志，從而起到維護國家權益，促進國家與國際經濟交往的作用。

第二節　稅收制度構成要素

一、總則

總則包括稅收立法基本原理、稅收立法基本制度、稅收立法技術等，還包括稅收立法依據、立法目的、適用原則等。稅收立法基本原理是關於稅收立法帶有普遍性和基本規律性稅法事項的理論概括，主要包括稅收立法的意圖與目的、指導思想、基本原則、調整範圍、種類與部門、機構與職能界定等。稅收立法基本制度是稅收立法活動與過程必須遵循的各種實體性準則的總稱，主要包括稅收立法的體制、主體、權限、程序、監督等基本制度。稅收立法技術是稅收立法活動中所遵循的旨在推進稅收立法現代化、科學化的方法和操作技巧的總稱，主要包括稅收立法的運籌技術和結構營造技術等。

二、納稅義務人

納稅義務人又稱為納稅主體，是一切履行納稅義務的法人、自然人及其他組織，是稅法規定的享有納稅權利、負有納稅義務的單位和個人，是繳納稅款的主體。

與納稅義務人相關的是代扣代繳義務人和負稅人。代扣代繳義務人，亦稱扣繳義務人，是按稅法規定負有代扣代繳義務的單位和個人。如個人所得稅，多數由支付所得的單位或個人為扣繳義務人，根據相關稅法的規定，從其持有的納稅人收入或者從納稅人收款中按照其應納稅款代為繳納稅款。

負稅人，是指最終承受稅收負擔的單位和個人。負稅人與納稅人可能一致，也可能不一致，關鍵是看稅負能否轉嫁。如果稅負能夠轉嫁，納稅人與負稅人就不一致，否則兩者是一致的。

三、徵稅對象

徵稅對象即徵稅客體，是稅收法律關係中徵納雙方權利與義務所指向的物或行為。徵稅對象是指對什麼徵稅，是徵稅的標的物，是一種稅區別於另一種稅的最主要標誌。中國現行稅收法律法規都有自己特定的徵稅對象。比如，企業所得稅的徵稅對象就是應稅所得，增值稅的徵稅對象就是商品或勞務在生產和流通過程中的增值額。

對稅種的徵稅對象做進一步的劃分，進行歸類就是稅目。徵稅對象的計量標準是計稅依據，即課稅依據。以徵稅對象的價值單位計算時，計稅依據是從價計稅；以納稅對象的數量計稅時，計稅依據是從量計稅；既以價值又以數量為依據計稅，為複合計稅。

四、稅目

稅目是各個稅種所規定的具體徵稅項目，是徵稅對象的具體化。稅目體現了徵稅的範圍，反應了徵稅的廣度。比如，消費稅具體規定了菸、酒等14個稅目。不是所有的稅種都規定稅目，對那些納稅對象簡單明確的稅種，如增值稅、房產稅等，就不必另行規定稅目。

五、稅率

稅率是應納稅額與徵稅對象數額之間的法定比例，是計算稅額的尺度，體現著徵稅的深度。稅率是計算稅額的尺度，是衡量稅負輕重與否的重要標誌，是構成稅制的基本要素。稅率可分為比例稅率、定額稅率、累進稅率三大類。

（一）定額稅率

定額稅率是按徵稅對象確定的計量單位，直接規定一個固定的稅額。它是稅率的一種特殊形式，一般適用於從量徵收的某些稅種、稅目。目前採用定額稅率的有資源稅、城鎮土地使用稅、車船稅等。

（二）比例稅率

比例稅率是對同一徵稅對象，不分數額大小，規定相同的徵收比例。稅額與納稅對象之間的比例是固定的。比例稅率在具體運用上又可分為產品比例稅率、行業比例稅率、地區差別比例稅率、幅度比例稅率等多種形式。中國的增值稅、營業稅、城市維護建設稅、企業所得稅等採用的是比例稅率。

（三）累進稅率

累進稅率是按同一徵稅對象的數額或相對量的大小，劃分成若干等級，規定不同等級的稅率。徵稅對象數額越大，稅率越高；徵稅對象數額越小，稅率越低。按照累進依據和累進方式的不同，累進稅率又可分為全額累進稅率、超額累進稅率、超率累進稅率等。

1. 全額累進稅率

全額累進稅率是對於納稅對象的全部數額，均按照與之相對應的等級全額進行累進稅率計算應繳納的稅額。當納稅對象提高到一個新的級距等級時，對其全額都提高到一個新的等級，計算與之相對應的稅率，得到應納稅額。

2. 超額累進稅率

超額累進稅率是把徵稅對象按數額的大小分成若干等級，每等級規定一個稅率，稅率依次提高，但每一納稅人的徵稅對象則依所屬等級同時適用幾個稅率分別計算，

將計算結果相加後得出應納稅款，即一定數額的納稅對象可以同時適用幾個等級的稅率，每超過一級，超過部分則按提高一級的稅率計稅，這樣分別計算稅額，各等級應納稅額之和，就是納稅人的應納稅額。目前採用這種稅率的有個人所得稅。

3. 超率累進稅率

超率累進稅率是以徵稅對象數額的相對率劃分若干級距，分別規定相應的差別稅率，相對率每超過一個級距的，對超過的部分就按高一級的稅率計算徵稅。目前，採用這種稅率的是土地增值稅。

六、納稅環節

納稅環節是稅法規定的徵稅對象在從生產到消費的流轉過程中應當繳納稅款的環節。如流轉稅在生產和流通環節納稅、所得稅在分配環節納稅等。

七、納稅期限

納稅期限是納稅人按照稅法規定繳納稅款的期限，即納稅人在發生納稅義務後，應向稅務機關申報納稅的起止時間。中國納稅期限分為三種：按期納稅、按次納稅、按期預繳。

（一）按期納稅

按期納稅：一般有 1 日、3 日、5 日、10 日、15 日、1 個月、3 個月。以 1 日、3 日、5 日、10 日、15 日為一個納稅間隔期的，必須在期滿後 5 日內預繳，次月 1 日起 10 日內清繳；以 1 個月和 3 個月為一個納稅間隔期的，必須在期滿後 10 日內繳納稅款。

（二）按次納稅

按次納稅一般在應稅行為發生後的 7 日內須將應納稅款繳納入庫。

（三）按期預繳

按期預繳：以 1 年為一個納稅間隔期的，應該在年度內按期預繳，待年度結束後 3 個月（或 4 個月、5 個月）內匯算清繳，多退少補。比如，企業所得稅在月份或者季度終了後 15 日內預繳，年度終了後 5 個月內匯算清繳，多退少補。

八、納稅地點

納稅地點是根據各個稅種納稅對象的納稅環節和有利於對稅款的源泉控制而規定的納稅人（包括代徵、代扣、代繳義務人）的具體納稅地點，包括代徵、代扣代繳義務人的具體納稅地點。

九、稅收減免

稅收減免是一種稅收優惠，是國家根據一定時期的政治、經濟、社會政策的要求而對某些納稅人或特定納稅對象、應稅行為給予免除部分或者全部納稅義務的一種特

殊措施。減免稅就是對稅率所做的一種靈活延伸。它主要包括以下三個方面的內容：

（一）減稅和免稅

減稅是對應納稅額少徵一部分稅款，而免稅則是對應納稅額全部免徵稅款。

（二）起徵點

起徵點是指對徵稅對象達到一定數額才開始徵稅的界限。徵稅對象的數額沒有達到規定數額的不徵稅，達到規定數額的，就其全部數額徵稅。

（三）免徵額

免徵額是指對徵稅對象總額中免予徵稅的數額，即將納稅對象中的一部分給予減免，只就減除后的剩餘部分計徵稅款。

十、罰則

罰則主要是指對納稅人違反稅法的行為採取的處罰措施。

第三節　稅收徵收管理

一、稅務登記制度

稅務登記制度是稅務機關根據稅法規定，對納稅人的生產、經營活動進行登記管理的一項法定制度，也是納稅人依法履行納稅義務的法定手續。稅務登記制度是稅務機關對納稅人實施稅收管理的首要環節和基礎工作，是徵納雙方法律關係成立的依據和證明，是納稅人接受稅務機關監督，依法履行納稅義務的必要程序。稅務登記包括設立稅務登記、變更稅務登記和註銷稅務登記三種。

（一）設立稅務登記

設立稅務登記是從事生產經營或其他業務的單位或個人，在獲得工商行政管理機關核准或其他主管機關批准后的一定期間內，向稅務機關辦理註冊登記的活動。

從事生產、經營的納稅人應當自領取營業執照之日起 30 日內，持有關證件向生產經營地或者納稅義務發生地的主管稅務機關申報辦理稅務登記。從事生產、經營的納稅人所屬的跨地區的非獨立經濟核算的分支機構，除由總機構申報辦理稅務登記外，應當自設立之日起 30 日內，向所在地稅務機關申報辦理稅務登記。

（二）變更稅務登記

變更稅務登記是納稅人辦理設立稅務登記后，因稅務登記內容發生變化，向稅務機關申請將稅務登記內容重新調整為與實際情況一致的一種稅務登記管理制度。

凡納稅人、扣繳義務人發生所規定的稅務登記內容變化之一者，均應自工商行政管理機關辦理變更登記或自政府有關部門批准或實際變更之日起 30 日內，持有關證件，向原稅務登記主管機關申請辦理變更稅務登記。

（三）註銷稅務登記

註銷稅務登記是納稅人發生解散、破產、撤銷以及其他情形，不能繼續履行納稅義務時，向稅務機關申請辦理終止納稅義務的稅務登記管理制度。辦理註銷稅務登記后，該當事人不再接受原稅務機關的管理。

二、納稅申報制度

納稅申報制度是納稅人、扣繳義務人為了履行納稅義務，就納稅事項向稅務機關出具書面申報的一種法定手續的程序。

納稅申報是納稅義務人在發生法定納稅義務后，按照稅法或稅務機關規定的期限和內容，以書面形式向主管稅務機關提交有關納稅事項及應繳稅款的法律行為。納稅申報是稅收徵管的基礎，是納稅程序的中心環節。

稅務機關應當建立健全納稅人自行申報納稅制度。納稅申報制度主要包括納稅申報的對象、納稅申報方式、納稅申報內容、納稅申報期限等。中國目前的主要納稅申報方式有直接申報、郵寄申報、數據電文申報等。

三、稅款繳納制度

稅款繳納制度是納稅人、扣繳義務人依照國家法律、行政法規的規定實現的稅款依法通過不同方式繳納入庫的過程。納稅人、扣繳義務人應按稅法規定的期限及時足額繳納應納稅款，以完全徹底地履行應盡的納稅義務的程序。

稅款繳納的方式包括自核自繳、申報核實繳納、申報查定繳納、定額申報繳納等方式。稅款繳納的方法包括查帳繳納、查定繳納、查驗繳納、定期定額、代扣代繳、代徵稅款等。

四、稅款徵收制度

稅款徵收制度是稅務機關按照稅法規定將納稅人應納的稅款收繳入庫的法定制度，是稅收徵收管理的中心環節，直接關係到國家稅收能及時、足額入庫。稅款徵收是稅務機關依照稅收法律法規規定將納稅人應當繳納的稅款組織徵收入庫的一系列活動的總稱，是稅收徵收管理的核心內容，是稅務登記、帳簿票證管理、納稅申報等稅務管理工作的目的和歸宿。稅款徵收制度的主要內容包括稅款徵收的方式、程序，核定稅額，減免稅的核報，稅收保全措施和強制執行措施的設置與運用，以及欠繳、多繳稅款的處理等規定。

五、稅務檢查制度

稅務檢查制度是稅務機關根據國家稅法和財務會計制度的規定，對納稅人履行納稅義務的情況進行監督、審查的制度。稅務檢查是稅收徵收管理的重要內容，也是稅務監督的重要組成部分。搞好稅務檢查，對於加強依法治稅、保證國家財政收入有著十分重要的意義。

第四節　企業涉稅會計主要會計帳戶的設置

一、「應交稅費」科目

本科目核算企業繳納的各種稅金，如增值稅、消費稅、營業稅、城市維護建設稅、房產稅、車船使用稅、土地使用稅、所得稅、資源稅、關稅、土地增值稅等。企業繳納的印花稅、耕地占用稅以及其他不需要預計應繳納的稅金，不在本科目核算。

（一）增值稅在「應交稅費」科目下所設的科目

增值稅在本科目下設三個二級科目：

1. 「應交增值稅」明細科目

（1）「進項稅額」專欄
（2）「已交稅金」專欄。
（3）「減免稅款」專欄。
（4）「出口抵減內銷產品應納稅額」專欄。
（5）「轉出未交增值稅」專欄
（6）「銷項稅額」專欄。
（7）「出口退稅」專欄。
（8）「進項稅額轉出」專欄。外購貨物改變用途且不離開企業，作進項稅額轉出。外購貨物、在產品、產成品發生非正常損失，不能再形成銷項稅額，作進項稅額轉出。
（9）「轉出多交增值稅」專欄。

其中，「進項稅額」「已交稅金」「減免稅款」「出口抵減內銷產品應納稅額」「轉出未交增值稅」是設在借方的五個欄目，在「應交增值稅」明細帳的借方。「銷項稅額」「出口退稅」「進項稅額轉出」「轉出多交增值稅」四個專欄在「應交增值稅」明細帳的貸方。

2. 「未交增值稅」明細科目

本明細科目是為了分別反應企業欠繳增值稅稅款和待抵扣增值稅情況而在「應交稅費」科目下設立的二級科目，目的是核算一般納稅企業月終時轉入的應繳未繳增值稅額和轉入多繳的增值稅。

3. 「增值稅檢查調整」專門帳戶

本專門帳戶為增值稅一般納稅人在稅務機關對其增值稅納稅情況進行檢查後，凡涉及增值稅涉稅帳務調整的，應設立「應交稅費——增值稅檢查調整」專門帳戶。凡檢查後應調減帳面進項稅額或調增銷項稅額和進項稅額轉出的數額，應貸記本科目；凡檢查後應調增帳面進項稅額或調減銷項稅額和進項稅額轉出的數額，應借記本科目。

只有稅務機關對增值稅一般納稅人的檢查才能用這個科目，仲介機構或者企業自查的問題不能用這個科目。仲介機構或者企業自查發現問題按正常的進項稅額、銷項稅額、進項稅額轉出等科目核算，對小規模納稅人的檢查也不用這個科目。

查補的稅款要單獨繳納，不能用當期的進項稅衝減。

(二) 其他各稅種所設的科目

其他各種稅種各設一個二級科目，如「應交消費稅」「應交營業稅」「應交城市維護建設稅」「應交房產稅」「應交車船使用稅」「應交土地使用稅」「應交所得稅」「應交資源稅」「應交關稅」「應交土地增值稅」等。

二、「主營業務稅金及附加」科目

本科目為核算企業由於銷售產品、提供工業性勞務或服務等負擔的銷售稅金及附加等，包括消費稅、營業稅、城市維護建設稅、資源稅和教育費附加等，不含增值稅。屬損益類科目，月末轉入「本年利潤」的借方，是收入的抵減科目，與收入成配比關係。

習　題

一、單項選擇題（每題只有一個選項是正確的）

1. 稅收是憑藉（　　）取得財政收入的一種形式。
    A. 國有資產所有權　　　　B. 國家對納稅人提供的服務
    C. 政治權力　　　　　　　D. 人權
2. 稅收的「三性」包括（　　）。
    A. 強制性、無償性、固定性　　B. 自願性、固定性、無償性
    C. 強制性、無償性、波動性　　D. 無償性、自願性、波動性
3. 國家對取得的（　　）收入具有無須償還的義務。
    A. 規費收入　　　　　　　B. 財政貨幣發行
    C. 國債　　　　　　　　　D. 稅收
4. 稅收採取的是（　　）方式。
    A. 有償籌集　　　　　　　B. 強制徵收
    C. 自願繳納　　　　　　　D. 自願認購
5. 在稅法構成要素中，用以區分不同稅種的是（　　）。
    A. 納稅義務人　　　　　　B. 徵稅對象
    C. 稅目　　　　　　　　　D. 稅率
6. 從價計徵的稅收，以（　　）為計徵依據。
    A. 重量　　　　　　　　　B. 體積
    C. 計稅金額　　　　　　　D. 數量
7. （　　）的特點是稅率不隨著徵稅對象數額的變動而變動。
    A. 比例稅率　　　　　　　B. 定額稅率
    C. 累進稅率　　　　　　　D. 邊際稅率

8. （　　）稅款不隨商品價格增減而變動，單位商品稅額固定不變。
    A. 從價稅　　　　　　　　　　B. 從量稅
    C. 直接稅　　　　　　　　　　D. 間接稅
9. 下列稅種中，不屬於地方稅種的是（　　）。
    A. 增值稅　　　　　　　　　　B. 消費稅
    C. 個人所得稅　　　　　　　　D. 車輛購置稅
10. 採用超率累進稅率徵收的稅種是（　　）。
    A. 資源稅　　　　　　　　　　B. 土地增值稅
    C. 個人所得稅　　　　　　　　D. 企業所得稅
11. 中國的稅率分為（　　）。
    A. 定額稅率、比例稅率、累進稅率
    B. 定額稅率、比例稅率、超額累進稅率
    C. 定額稅率、比例稅率、全額累進稅率
    D. 浮動稅率、比例稅率、累進稅率
12. 中國現行稅種有（　　）。
    A. 增值稅、消費稅、營業稅、遺產稅
    B. 消費稅、營業稅、遺產稅、筵席稅
    C. 營業稅、農業稅、筵席稅、屠宰稅
    D. 城市維護建設稅、增值稅、消費稅、營業稅
13. 房產稅屬於（　　）。
    A. 中央稅　　　　　　　　　　B. 地方稅
    C. 中央和地方共享稅　　　　　D. 國際稅

二、判斷題

1. 稅收的固定性是指在一定時期內稅法是固定不變的。（　　）
2. 扣繳義務人與納稅人在實質上是等同的。（　　）
3. 納稅人與負稅人有時是重合的，有時是分離的。（　　）
4. 免徵額就是徵稅對象達到一定數額就開始全額徵稅。（　　）
5. 直接稅是由納稅人直接負擔、不易轉嫁的稅種，如所得稅、財產稅、消費稅等。（　　）
6. 稅收可通過設置不同稅種、稅目，確定不同的稅率，來實現調節社會經濟的職能。（　　）

三、問答題

1. 簡述稅收產生的原因。
2. 稅收有哪些特徵？
3. 稅收有哪些作用？
4. 按照課稅對象的分類包括了哪些類？

5. 稅收制度構成要素有哪些？
6. 稅收徵收管理包括哪些基本制度？
7. 企業涉稅會計主要會計帳戶有哪些？

第二章　增值稅

學習目的：理解增值稅的意義，掌握增值稅的概念；熟練掌握一般納稅人和小規模納稅人應納稅額的計算並做出會計處理；掌握一般納稅人和小規模納稅人納稅申報的相關內容；掌握視同銷售行為銷售額的確定和應納稅額的計算；瞭解增值稅專用發票的管理規定。

第一節　增值稅概述

一、增值稅的概念

增值稅是對銷售貨物或者提供加工、修理修配勞務以及進口貨物的單位和個人就其實現的增值額徵收的一個稅種。增值稅是以商品生產、流通和勞務服務各環節實現的增值額為徵稅對象而徵收的一種稅。

【例2-1】衣服的成衣過程中假定增值稅稅率為20%，問應該繳納多少增值稅？見表2-1。

表2-1　　　　　　　　　　　　　　　　　　　　　　　　　　　　單位：元

生產者	購進額	銷售額	增值額	增值稅（稅率20%）
農場主	0	400	400	80
紡紗主	400	700	300	60
織布師	700	950	250	50
裁縫	950	1,000	50	10
售衣員	1,000	1,500	500	100
合計	3,050	4,550	1,500	300

從表2-1中可以看到，一件衣服的成衣過程及其增值額：衣服從農場主那裡出發，從最初的棉花，到紡紗主紡成紗，織布師織成布匹，裁縫裁布成衣，最后由銷售人員賣掉，在這個表中假定增值稅稅率為20%。每一個人可以計算自己這本部分增值額時直接得到自己應該繳納的增值稅額，也可以通過銷售額計算銷項稅額，減除抵扣的前一個人的進項稅額，無論是從單個階段還是整個過程看，增值稅都沒有存在重複繳納的跡象，成衣全過程為300元的增值稅額。

增值稅有三大類，分別為消費型增值稅、收入型增值稅和生產型增值稅，它們的主要區別在於是否允許從銷項稅額中抵扣用於生產經營的固定資產的進項稅額。

(一) 消費型增值稅

消費型增值稅是允許納稅人從本期銷項稅額中抵扣用於生產經營的固定資產的全部進項稅額。納稅人當期購入的固定資產，雖然在以前的經營環節已經繳納稅金，但購入時其繳納的稅金允許全部扣除，實際上這部分商品是不徵稅的。就整個社會來說，對生產資料不徵稅，只對消費資料徵稅，所以稱為消費型增值稅。

(二) 收入型增值稅

收入型增值稅只允許納稅人從本期銷項稅額中抵扣用於生產經營固定資產的當期折舊價值額的進項稅額。就整個社會來說，實際徵稅對象相當於全部社會產品扣除補償消耗的生產資料以後的餘額，即國民收入，所以稱為收入型增值稅。

(三) 生產型增值稅

生產型增值稅不允許納稅人從本期銷項稅額中抵扣購入固定資產的進項稅額。就整個社會來說，由於增值稅允許抵扣的範圍只限於原材料等勞動對象的進項稅額，所以實際徵稅對象相當於國民生產總值，所以稱為生產型增值稅。

從上述三種類型看出，如果國家為了鼓勵投資和經濟轉型，加速固定資產更新，根據產業政策和技術水平以及經濟效益原則，應採用消費型增值稅。2009年起中國採用消費型增值稅。

【例2-2】四川鯤鵬有限公司當期銷售額為100萬元，外購原材料和燃料為40萬元，當期還購進價值30萬元的固定資產，預計應提折舊為10萬元，增值稅稅率為17%。見表2-2。

表2-2

項目		生產型	收入型	消費型
銷項稅額（銷售額100萬元）		100×17%＝17萬元	100×17%＝17萬元	100×17%＝17萬元
進項稅額	流動資產（原材料和燃料40萬元）	40×17%＝6.8萬元	20×17%＝6.8萬元	20×17%＝6.8萬元
	固定資產（當期購入30萬元；折舊10萬元）	0	10×17%＝1.7萬元	30×17%＝5.1萬元
應納稅額		10.2萬元	8.5萬元	5.1萬元

從表2-2中可以看到，消費型增值稅鼓勵投資，鼓勵經濟轉型，納稅人的稅負更輕些。

從計稅原理而言，增值稅是對貨物的生產和流通環節中的新增價值或附加值進行徵稅，所以稱為增值稅。然而，新增價值或附加值在商品流通過程中是一個難以準確計算的數據，因此，中國在增值稅的實際操作上採用間接計算的方法，即從事貨物銷售或提供應稅勞務的納稅人。根據商品的銷售額或應稅勞務的銷售額，按規定的稅率

計算稅款，稱為銷項稅額，然后從中扣除上一環節已納增值稅額，稱為進項稅額，差額即為納稅人應納的增值稅。

隨著中國經濟發展以及稅收徵收管理水平的提高，目前我們已經實現增值稅的轉型，即從生產型增值稅向消費型增值稅的轉換。未來增值稅的發展方向為適度擴大徵收的範圍，將一些屬於營業稅的勞務和服務交易徵稅範圍逐步放到增值稅中，使得增值稅能夠鏈條式封閉運行，更加有利於市場經濟的公平競爭和良性發展。

二、增值稅的特點

（一）計算簡單，避免重複徵稅

增值稅是以增值額為計稅的依據，體現了稅不重徵原則，減輕了企業的負擔。增值稅只對銷售額中本企業新創造的、尚未徵過稅的新增價值徵稅。而對銷售額中由以前各環節創造、已徵過稅的轉移價值不再徵稅，由於只對增值額課稅，對已經徵過稅的部分不再課徵，因而避免了重複徵稅，具有中性稅收的特徵。任何一個貨物，只要最后銷售價格相同，不論經過幾個流轉環節，理論上其稅收負擔是一致的。這為市場經濟下的公平競爭創造了良好的外部條件。

（二）稅基較廣，多環節徵稅

增值稅的稅基較廣，凡從事銷售應稅商品或應稅勞務，取得增值額的每一個環節均需徵稅。而對於相同的商品，無論經歷過多少生產和流轉環節，只要最終銷售價相同，稅率相同，則該商品的總體稅負相同，這體現了稅負公平的原則。增值稅由於徵稅範圍廣、環節多，有利於保證國家財政收入的及時和穩定。在稅收徵管上可以交叉稽核，互相制約，減少偷稅現象。

（三）增值稅屬於價外稅，未包含在售價內

增值稅不是售價的組成部分，這區別於其他的流轉稅，其他的流轉稅都包含在售價之中，而增值稅屬於價外稅。這樣，企業在進行成本收益核算時，可以不受增值稅的影響。

三、增值稅納稅義務人

在中華人民共和國境內銷售貨物或提供加工、修理修配勞務以及進口貨物的單位或個人為增值稅的納稅人。它包括單位（企業、行政單位、事業單位、軍事單位、社會團體及其他單位）、個人（個體工商戶和其他個人）、外商投資企業和外國企業、承包人和承租人以及扣繳義務人。單位租賃或者承包給其他單位或者個人經營的，以承租人或者承包人為增值稅納稅義務人。

《中華人民共和國增值稅暫行條例》將增值稅納稅人按照經營規模大小及會計核算是否健全，劃分為小規模納稅人和一般納稅人。

（一）增值稅小規模納稅人

從事貨物生產或者提供應稅勞務的納稅人，以及以從事貨物生產或者提供應稅勞務

為主，並兼營貨物批發或者零售的納稅人，年應徵增值稅銷售額（以下簡稱應稅銷售額）在 50 萬元及以下的，以及從事貨物批發或零售的納稅人，年應稅銷售額在 80 萬元及以下的，均是增值稅小規模納稅人。這裡確認從事貨物生產或者提供應稅勞務為主，是指納稅人的年貨物生產或者提供應稅勞務的銷售額占年應稅銷售額的比重在 50% 以上。

財務會計核算是否健全是指能否按照國家統一的會計制度規定設置帳簿，根據合法、有效憑證核算。小規模納稅人認定標準的關鍵條件是會計核算是否健全，對於年銷售額在規定限額以下的，只要健全了財務核算，能夠正確計算進項稅額、銷項稅額和應納稅額，並能按規定報送有關稅務資料，能夠提供準確稅務資料的，都可以向主管稅務機關申請資格認定，不作為小規模納稅人，按照相關規定，經主管稅務機關批准，可以認定為一般納稅人。

(二) 增值稅一般納稅人

一般納稅人是指年應稅銷售額超過財政部規定的小規模納稅人標準，按照《中華人民共和國增值稅暫行條例》及其實施細則向主管稅務機關申請一般納稅人資格認定，經認定作為一般納稅人的企業和企業性單位。

經稅務機關認定為一般納稅人的企業，按規定領購和使用增值稅專用發票，正確計算進項稅額、銷項稅額和應納稅額。新開業的符合條件的企業，應在辦理稅務登記的同時辦理一般納稅人的認定手續。

未申請辦理一般納稅人認定手續的，應該按照銷售額依照增值稅稅率計算應納稅額，不得抵扣進項稅，也不得使用增值稅專用發票。達到一般納稅人標準的小規模納稅人未依法提出認定申請，或者雖然提出申請，但是不符合認定要求而未獲得批准為一般納稅人的，要按照銷售額依照法定增值稅稅率徵稅。

第二節　增值稅的基本內容

一、增值稅的徵稅對象及範圍

(一) 增值稅的徵稅對象

在中華人民共和國境內銷售貨物或者提供加工、修理修配勞務以及進口貨物的單位和個人，為增值稅的納稅人，應當繳納增值稅。

(二) 增值稅的徵稅範圍

1. 增值稅的一般徵稅範圍

增值稅的一般徵稅範圍包括：發生在中華人民共和國境內銷售和進口貨物，提供加工及修理修配勞務。這裡的貨物是有償轉讓，包括電力、熱力、氣體在內的所有權的有形動產，銷售貨物的起運地或者所在地均在中華人民共和國境內。加工勞務是受託方有償提供加工貨物，即委託方提供原料及主要材料，受託方按照委託方的要求，製造貨物並收取加工費的業務。修理修配勞務是受託方有償提供對損傷和喪失功能的

貨物進行修復，使其恢復原狀和功能的業務。

2. 增值稅的特別徵稅範圍

（1）折扣銷售。納稅人以折扣方式銷售貨物分為兩種：一種是商業折扣，另一種是現金折扣。

商業折扣又稱價格折扣，是銷貨方為鼓勵購買者多買而給予的價格折讓，即購買越多，價格折扣越多。商業折扣一般都從銷售價格中直接折算，即購買方所付的價款和銷售方所收的貨款，都是按打折以後的實際售價來計算的。納稅人銷售貨物給購貨方的銷售折扣，如果銷售額和折扣額在同一張銷售發票上註明的，可按折扣後的銷售額計算徵收增值稅；如果將折扣額另開發票，則不得從銷售額中減除折扣額。

現金折扣是銷貨方為鼓勵購買方在一定期限內早日付款而給予的一種折讓優惠。納稅人銷售貨物給購貨方的現金折扣，在進行銷售額計算時不得從銷售額中減除折扣額。

（2）以舊換新。納稅人採取以舊換新方式銷售貨物，應按新貨物的同期銷售價格確定銷售額。所謂以舊換新銷售，是指納稅人在銷售過程中，折價收回同類舊貨物，並以折價款部分衝減貨物價款的一種銷售方式。稅法規定，對金銀首飾以舊換新業務，可以按照銷售方實際收取的不含增值稅的全部價款徵收增值稅。

（3）以物易物。以物易物是一種較為特殊的購銷活動，是購銷雙方不是以貨幣結算，而是以同等價款的貨物相互結算，實現貨物購銷的一種方式。以物易物雙方都應做購銷處理，以各自發出的貨物核算銷售額並計算銷項稅額，以各自收到的貨物按規定核算購貨額並計算進項稅額。應注意的是，在以物易物活動中，應分別開具合法的票據，如收到的貨物不能取得相應的增值稅專用發票或其他合法票據的，不能抵扣進項稅額。

二、增值稅稅率

（一）增值稅一般納稅人適用稅率

（1）增值稅一般納稅人銷售或者進口貨物以及提供加工、修理修配勞務，除特殊規定外，稅率為17%。

【例2-3】四川鯤鵬有限公司從事家電產品的生產和銷售，包括彩電、冰箱、洗衣機、手機、DVD機等的生產和銷售，經相關稅務機關認定為增值稅一般納稅人。問四川鯤鵬有限公司應當按照什麼稅率繳納增值稅？

根據《中華人民共和國增值稅暫行條例》的規定，銷售家電產品適用17%的稅率，如果進口同類貨物也為17%，又或者提供貨物的加工、修理修配勞務，使得貨物產生了本質的變化，其價值發生了增值的加工或者恢復原狀和功能的勞務的均適用17%的稅率。四川鯤鵬有限公司的增值稅稅率為17%。

（2）增值稅一般納稅人銷售或者進口下列貨物，稅率為13%：

①糧食、食用植物油；

②自來水、暖氣、冷氣、熱水、煤氣、石油液化氣、天然氣、沼氣、居民用煤炭

製品；
　　③圖書、報紙、雜誌；
　　④飼料、化肥、農藥、農機、農膜；
　　⑤國務院規定的其他貨物。
　【例2－4】巴氏殺菌乳、滅菌乳和調制乳分別使用多少稅率？
　　根據《中華人民共和國增值稅暫行條例》的規定，農產品適用13％的稅率，銷售其他油適用17％的稅率。巴氏殺菌乳、滅菌乳是通過瞬時高溫消毒的方法處理，沒有進行深加工，屬於初級農產品，稅率為13％。而調制乳則是深加工產品，應按照17％的增值稅徵收。
　　(3) 增值稅一般納稅人出口貨物，稅率為零，國務院另有規定的除外。
(二) 增值稅小規模納稅人適用稅率
　　小規模納稅人現行增值稅徵收率為3％。中國增值稅改由生產型增值稅向消費型增值稅轉化改革，適用轉型改革的對象是增值稅一般納稅人，改革后這些納稅人的增值稅負擔會普遍降低。而規模小、財務核算不健全的小規模納稅人，由於是按照銷售額和徵收率計算繳納增值稅且不抵扣進項稅，其增值稅負擔不會因轉型而降低，所以在由生產型增值稅向消費型增值稅轉化改革中同時調低增值稅，此時小規模納稅人的稅率為3％。

三、增值稅納稅人混合經營和兼營

(一) 增值稅納稅人混合銷售
　　對於一項銷售行為，如果既涉及增值稅應稅貨物又涉及營業稅的應稅勞務，被視為混合銷售行為，如納稅人銷售貨物並負責運輸，銷售貨物為增值稅徵收範圍，運輸為營業稅徵收範圍。對此的稅務處理方法是，對主營貨物的生產、批發或零售的納稅人（指納稅人年貨物銷售的營業額占其全部營業額的50％以上），全部視為銷售貨物徵收增值稅，而不徵收營業稅；對非主營貨物的生產、批發或零售的其他納稅人，全部視為營業稅應稅勞務，而不再徵收增值稅。
　　混合銷售行為應當繳納增值稅的，銷售額為貨物的銷售額與非增值稅應稅勞務營業額的合計。混合銷售行為應當繳納增值稅的，混合銷售行為所涉及的非增值稅應稅勞務所用購進貨物的進項稅額，準予從銷項稅額中抵扣。

(二) 增值稅納稅人兼營增值稅不同稅率的貨物或者應稅勞務
　　納稅人兼營增值稅不同稅率的貨物或者應稅勞務項目的，應分別核算貨物或者應稅勞務的銷售額和非增值稅應稅項目的營業額；未分別核算銷售額的，從高適用稅率，由主管稅務機關核定貨物或者應稅勞務的銷售額。

(三) 增值稅納稅人兼營非增值稅應稅勞務
　　增值稅納稅人兼營非增值稅應稅勞務是納稅人在從事增值稅應稅行為的同時，還從事營業稅應稅行為，且這兩者之間並無直接的聯繫和從屬關係。對此的稅務處理方法是，要求納稅人將兩者分開核算，分別納稅，如果不能分別核算或者分別核算不準

確的，由主管稅務機關核定其銷售額和營業額。

四、增值稅納稅人的視同銷售行為

單位或者個體工商戶的下列行為，應視同銷售貨物：

（1）將貨物交付其他單位或者個人代銷；

（2）銷售代銷貨物；

（3）設有兩個以上機構並實行統一核算的納稅人，將貨物從一個機構移送其他機構用於銷售，但相關機構設在同一縣（市）的除外；

（4）將自產或者委託加工的貨物用於非增值稅應稅項目；

（5）將自產、委託加工的貨物用於集體福利或者個人消費；

（6）將自產、委託加工或者購進的貨物作為投資，提供給其他單位或者個體工商戶；

（7）將自產、委託加工或者購進的貨物分配給股東或者投資者；

（8）將自產、委託加工或者購進的貨物無償贈送其他單位或者個人。

第三節　增值稅的計算

一、一般納稅人增值稅的計算

增值稅一般納稅人銷售貨物或者提供應稅勞務，應納稅額為當期銷項稅額抵扣當期進項稅額后的餘額。應納稅額的計算公式為：

應納稅額 = 當期銷項稅額 – 當期進項稅額

當期銷項稅額小於當期進項稅額不足抵扣時，其不足部分可以結轉下期繼續抵扣。

（一）增值稅銷項稅額

1. 增值稅銷售額的確定

增值稅銷售額為納稅人銷售貨物或者提供應稅勞務向購買方收取的全部價款和價外費用，但是不包括收取的銷項稅額。

價外費用，包括價外向購買方收取的手續費、補貼、基金、集資費、返還利潤、獎勵費、違約金、滯納金、延期付款利息、賠償金、代收款項、代墊款項、包裝費、包裝物租金、儲備費、優質費、運輸裝卸費以及其他各種性質的價外收費。

下列項目不包括在增值稅銷售額內：①受託加工應徵消費稅的消費品所代收代繳的消費稅；②承運部門的運輸費用發票開具給購買方的代墊運輸費用；③由國務院或者財政部批准設立的政府性基金，由國務院或者省級人民政府及其財政、價格主管部門批准設立的行政事業性收費，收取時開具省級以上財政部門印製的財政票據，所收款項全額上繳財政；④銷售貨物的同時代辦保險等而向購買方收取的保險費，以及向購買方收取的代購買方繳納的車輛購置稅、車輛牌照費。

（1）增值稅銷售額具有明確性和可靠性的

一般納稅人銷售貨物或者應稅勞務，採用銷售額和銷項稅額價稅分離定價方法的增值稅銷售額的計算公式為：

銷售額＝價格×數量

一般納稅人銷售貨物或者應稅勞務，採用銷售額和銷項稅額合併定價方法的，按下列公式計算銷售額：

銷售額＝含稅銷售額÷（1＋稅率）

（2）增值稅銷售額具有不明確性或者不可靠性的

納稅人銷售貨物或者應稅勞務的價格明顯偏低並無正當理由或者有視同銷售貨物行為而無銷售額的，由主管稅務機關核定增值稅銷售額。核定按下列順序進行：

① 按納稅人最近時期同類貨物的平均銷售價格確定；
② 按其他納稅人最近時期同類貨物的平均銷售價格確定；
③ 按組成計稅價格確定。組成計稅價格的計算公式為：

組成計稅價格＝成本×（1＋成本利潤率）

屬於應徵消費稅的貨物，其組成計稅價格中應加計消費稅額。公式中的成本是指：銷售自產貨物的為實際生產成本，銷售外購貨物的為實際採購成本。公式中的成本利潤率由國家稅務總局確定。

（3）進口貨物銷售額

納稅人進口貨物，按照組成計稅價格計算銷售額。組成計稅價格和銷售額的計算公式為：

組成計稅價格＝關稅完稅價格＋關稅＋消費稅

銷售額＝組成計稅價格×數量

2. 增值稅銷項稅額

一般納稅人銷售貨物或者應稅勞務，按照銷售額和適用稅率計算並向購買方收取的增值稅額，稱為銷項稅額。銷項稅額的計算公式為：

銷項稅額＝銷售額×稅率

（二）增值稅進項稅額

一般納稅人購進貨物或者接受應稅勞務支付或者負擔的增值稅額稱為進項稅額。

1. 進項稅額準予從銷項稅額中抵扣的情況

下列進項稅額準予從銷項稅額中抵扣：

（1）從銷售方取得的增值稅專用發票上註明的增值稅額。

（2）從海關取得的海關進口增值稅專用繳款書上註明的增值稅額。

（3）購進農產品，除取得增值稅專用發票或者海關進口增值稅專用繳款書外，按照農產品收購發票或者銷售發票上註明的農產品買價和13%的扣除率計算的進項稅額。進項稅額的計算公式為：

進項稅額＝買價×扣除率（13%）

上述公式中的買價包括納稅人購進農產品在農產品收購發票或者銷售發票上註明

的價款和按規定繳納的菸葉稅。

（4）購進或者銷售貨物以及在生產經營過程中支付運輸費用的，按照運輸費用結算單據上註明的運輸費用金額和7%的扣除率計算的進項稅額。進項稅額的計算公式為：

進項稅額＝運輸費用金額×扣除率（7%）

公式中的運輸費用金額，是指運輸費用結算單據上註明的運輸費用（包括鐵路臨管線及鐵路專線運輸費用）、建設基金，不包括裝卸費、保險費等其他雜費。

增值稅納稅人進行增值稅進項稅額抵扣必須有增值稅扣稅憑證，只能是指增值稅專用發票、海關進口增值稅專用繳款書、農產品收購發票和農產品銷售發票以及運輸費用結算單據，這些特定發票或者單據。

納稅人購進貨物或者應稅勞務，取得的增值稅扣稅憑證不符合法律、行政法規或者國務院稅務主管部門有關規定的，其進項稅額不得從銷項稅額中抵扣。

2. 進項稅額不得從銷項稅額中抵扣的情況

下列項目的進項稅額不得從銷項稅額中抵扣：

（1）用於非增值稅應稅項目、免徵增值稅項目、集體福利或者個人消費的購進貨物或者應稅勞務；自用的應徵消費稅的摩托車、汽車、遊艇，其進項稅額不得從銷項稅額中抵扣。

（2）非正常損失的購進貨物及相關的應稅勞務。非正常損失，是指因管理不善造成被盜、丟失、霉爛變質的損失。

（3）非正常損失的在產品、產成品所耗用的購進貨物或者應稅勞務。

（4）國務院財政、稅務主管部門規定的納稅人自用消費品。

（5）上面（1）條至（4）條規定的貨物的運輸費用和銷售免稅貨物的運輸費用。

（三）增值稅應納稅額

增值稅一般納稅人銷售貨物或者提供應稅勞務，用當期銷項稅額扣除當期進項稅額的餘額即為增值稅應納稅額。當期銷項稅額小於當期進項稅額不足抵扣時，其不足部分可以結轉下期繼續抵扣。其計算公式為：

增值稅應納稅額＝當期銷項稅額－當期進項稅額

【例2－5】四川鯤鵬有限公司作為增值稅一般納稅人，2011年6月銷售CNG公共汽車50輛，不含稅售價為80萬元/輛，同時負責將公共汽車運送到買方所在地，取得運費收入0.8萬元/輛，本月購進材料取得防偽稅控系統開具的增值稅專用發票，註明價款為230萬元，增值稅為395.1萬元，本月取得的相關發票均在本月認證並抵扣。要求：計算本月應納增值稅是多少？

增值稅銷項稅額＝50×80×17%＋0.8×50÷1.17×17%

＝680＋5.812

＝685.812（萬元）

增值稅進項稅額＝395.1（萬元）

增值稅應納稅額＝685.812－395.1＝290.712（萬元）

【例2－6】四川鯤鵬有限公司是增值稅一般納稅人，產品、材料增值稅的適用稅率

均為17%。2011年6月發生了下列經濟義務：

（1）向某大型超市銷售液晶電視機共380臺，開具增值稅專用發票，註明每臺售價為4,200元；

（2）向某小規模納稅人銷售空調共5臺，開具普通發票，售價為每臺2,100元；

（3）購進原材料一批，取得增值稅專用發票，價款為740,000元，材料已經驗收入庫；支付給承運運輸部門費用5,000元，取得運費發票，其中運費4,000元、裝卸費用1,000元；

（4）在月底將200臺微波爐作為福利發放給職工，該微波爐的市場不含稅售價為每臺550元，成本為每臺280元；

（5）沒收逾期包裝物押金23,700元。

假定企業當月取得的增值稅專用發票和貨運發票已經在申報期內申請通過並準予抵扣。要求：計算四川鯤鵬有限公司當月應納增值稅額。

解：增值稅銷項稅額 = 380×4,200×17% + 5×2,100÷1.17×17% + 550×200
　　　　　　　　×17% + 23,700÷1.17×17%
　　　　　　　= 271,320 + 1,525.64 + 18,700 + 3,443.59
　　　　　　　= 294,989.23（元）

增值稅進項稅額 = 740,000×17% + 4,000×7% = 125,800 + 280 = 126,080（元）

增值稅應納稅額 = 294,989.23 - 126,080 = 168,903.23（元）

二、小規模納稅人增值稅的計算

小規模納稅人銷售貨物或者應稅勞務，實行按照銷售額和徵收率計算應納稅額的簡易辦法，並不得抵扣進項稅額。應納稅額的計算公式為：

應納稅額 = 銷售額 × 徵收率

小規模納稅人的銷售額不包括其應納稅額。小規模納稅人銷售貨物或者應稅勞務採用銷售額和應納稅額合併定價方法的，按下列公式計算銷售額：

銷售額 = 含稅銷售額÷（1 + 徵收率）

小規模納稅人因銷售貨物退回或者折讓退還給購買方的銷售額，應從發生銷售貨物退回或者折讓當期的銷售額中扣減。

【例2-7】某生產企業為小規模納稅人，2016年2月份銷售貨物零售額為51,500元，當月購進原材料8,000元。試計算該企業2月份應納增值稅額。

應納增值稅額 = 51,500÷（1 + 3%）×3% = 1,500（元）

第四節　增值稅的徵收管理

一、增值稅納稅環節

增值稅納稅環節確定在銷售環節和進口環節。

納稅人為生產貨物購進原材料的同時發生了進項稅額，銷售貨物時產生銷項稅額，

當期的銷項稅額減去當期的進項稅額是當期的應納稅額。納稅人進口應稅貨物在海關進口環節納稅，由海關代徵。個人攜帶或者郵寄進境自用物品的增值稅，連同關稅一併計徵。

二、增值稅納稅義務發生時間

納稅義務發生時間是稅法規定的納稅人必須承擔的納稅義務的法定時間。

（1）銷售貨物或應稅勞務，為收訖銷售款或取得索取銷售憑證的當天。先開具發票的，為開具發票的當天。

（2）收訖銷售款項或者取得索取銷售款項憑據的當天，按銷售結算方式的不同，具體規定如下：

①進口貨物，為報關進口的當天。

②採取直接收款的方式銷售貨物，不論貨物是否發出，均以收到銷售額或取得索取銷售額的憑證並將提貨單交給購買方的當天。

③採取托收承付或委託銀行收款方式銷售貨物的，為發出貨物並辦妥托收手續的當天。

④採取賒銷和分期收款方式銷售貨物的，為合同規定的收款日的當天，無書面合同的或者書面合同沒有約定收款日期的，為貨物發出的當天。

⑤採取預收貨款方式銷售貨物的，為貨物發出的當天，但生產銷售生產工期超過12個月的大型機械設備、船舶、飛機等貨物，為收到預收款或者書面合同約定的收款日期的當天。

⑥委託其他納稅人代銷貨物，為收到代銷單位的代銷清單或者收到全部或者部分貨款的當天。未收到代銷清單及貨款的，為發出代銷貨物滿180天的當天。

⑦銷售應稅勞務的，為提供勞務收訖銷售額或取得索取銷售額憑證的當天。

⑧納稅人發生視同銷售貨物行為的，除將貨物交付他人代銷和銷售代銷貨物外，均為貨物移送當天。

中華人民共和國境外的單位或者個人在境內提供應稅勞務，在境內未設有經營機構的，以其境內代理人為扣繳義務人；在境內沒有代理人的，以購買方為扣繳義務人。增值稅扣繳義務發生時間為納稅人增值稅納稅義務發生的當天。

三、增值稅納稅期限

增值稅的納稅期限分別為1日、3日、5日、10日、15日、1個月或者1個季度。納稅人的具體納稅期限，由主管稅務機關根據納稅人應納稅額的大小分別核定；不能按照固定期限納稅的，可以按次納稅。以1個季度為納稅期限的規定僅適用於小規模納稅人。小規模納稅人的具體納稅期限，由主管稅務機關根據其應納稅額的大小分別核定。

納稅人以1個月或者1個季度為1個納稅期的，自期滿之日起15日內申報納稅；以1日、3日、5日、10日或者15日為1個納稅期的，自期滿之日起5日內預繳稅款，於次月1日起15日內申報納稅並結清上月應納稅款。

扣繳義務人解繳稅款的期限，與納稅人納稅期限相同。

納稅人進口貨物，應當自海關填發海關進口增值稅專用繳款書之日起 15 日內繳納稅款。納稅人出口貨物適用退（免）稅規定的，應當向海關辦理出口手續，憑出口報關單等有關憑證，在規定的出口退（免）稅申報期內按月向主管稅務機關申報辦理該項出口貨物的退（免）稅。具體辦法由國務院財政、稅務主管部門制定。

出口貨物辦理退稅后發生退貨或者退關的，納稅人應當依法補繳已退的稅款。

四、增值稅納稅地點

固定業戶應當向機構所在地的主管稅務機關申報納稅。總機構和分支機構不在同一縣（市）的，應當分別向各自所在地的主管稅務機關申報納稅；經國務院財政、稅務主管部門或者其授權的財政、稅務機關批准，可以由總機構匯總向總機構所在地的主管稅務機關申報納稅。

固定業戶到外縣（市）銷售貨物或者應稅勞務，應當向機構所在地的主管稅務機關申請開具外出經營活動稅收管理證明，並向其機構所在地的主管稅務機關申報納稅；未開具證明的，應當向銷售地或者勞務發生地的主管稅務機關申報納稅；未向銷售地或者勞務發生地的主管稅務機關申報納稅的，由機構所在地的主管稅務機關補徵稅款。

非固定業戶銷售貨物或者應稅勞務，應當向銷售地或者勞務發生地的主管稅務機關申報納稅；未向銷售地或者勞務發生地的主管稅務機關申報納稅的，由機構所在地或者居住地的主管稅務機關補徵稅款。

進口貨物，應當向報關地海關申報納稅。扣繳義務人應當向機構所在地或者居住地的主管稅務機關申報繳納其扣繳的稅款。

五、增值稅減免稅規定

（一）增值稅起徵點的規定

增值稅起徵點是對納稅人開始徵收增值稅的銷售額。如果納稅人銷售額未達到國務院財政、稅務主管部門規定的增值稅起徵點的，免徵增值稅；達到和超過起徵點的，全額計算繳納增值稅。實行起徵點免稅政策，主要是為了照顧個人的銷售行為。

增值稅起徵點的幅度規定如下：銷售貨物的，為月銷售額 5,000～20,000 元；銷售應稅勞務的，為月銷售額 5,000～20,000 元；按次納稅的，為每次（日）銷售額 300～500 元。

這裡的銷售額，省、自治區、直轄市財政廳（局）和國家稅務局應在規定的幅度內，根據實際情況確定本地區適用的起徵點，並報財政部、國家稅務總局備案。

（二）增值稅免稅規定

1. 增值稅免稅

增值稅免稅是對銷售貨物或提供應稅勞務的應納稅額全部予以免徵。對免稅貨物的確定實行嚴格控制，控制權集中於國務院，任何地區、部門不得規定增值稅的減免項目。稅法規定下列項目免徵增值稅：

（1）農業（包括種植業、養殖業、林業、牧業、水產業）生產的單位和個人銷售的自產初級農產品；

（2）避孕藥品和用具；

（3）古舊圖書，主要指向社會收購的古書和舊書；

（4）直接用於科學研究、科學試驗和教學的進口儀器、設備；

（5）外國政府、國際組織無償援助的進口物資和設備；

（6）由殘疾人的組織直接進口供殘疾人專用的物品；

（7）銷售的自己使用過的物品，是指其他個人自己使用過的物品（不含摩托車、遊艇和應徵消費稅的小汽車）。

納稅人銷售貨物或者應稅勞務適用免稅規定的，可以放棄免稅，依照《中華人民共和國增值稅暫行條例》的規定繳納增值稅。放棄免稅后，36個月內不得再申請免稅。

2. 增值稅減稅

增值稅減稅是對銷售貨物或提供應稅勞務的應納稅額予以部分減徵。減稅的範圍包括：

（1）糧食、食用植物油；

（2）自來水、暖氣、冷氣、熱水、煤氣、石油液化氣、天然氣、沼氣、居民用煤炭製品；

（3）圖書、報紙、雜誌；

（4）飼料、化肥、農藥、農機、農膜、獸藥；

（5）金屬礦產品、非金屬礦採選產品；

（6）農業產品；

（7）其他減稅項目。

納稅人兼營免稅、減稅項目的，應當分別核算免稅、減稅項目的銷售額；未分別核算銷售額的，不得免稅、減稅。

六、增值稅專用發票的管理

（一）增值稅專用發票管理規定

1. 增值稅專用發票的基本內容

增值稅專用發票是增值稅一般納稅人銷售貨物或者提供應稅勞務開具的發票，是購買方支付增值稅額並可按照增值稅有關規定據以抵扣增值稅進項稅額的憑證。納稅人銷售貨物或者應稅勞務，應當向索取增值稅專用發票的購買方開具增值稅專用發票，並在增值稅專用發票上分別註明銷售額和銷項稅額。一般納稅人應通過增值稅防偽稅控系統使用專用發票，包括領購、開具、繳銷、認證紙質專用發票及其相應的數據電文。

增值稅專用發票由基本聯次或者基本聯次附加其他聯次構成。基本聯次為三聯：發票聯、抵扣聯和記帳聯。發票聯作為購買方核算採購成本和增值稅進項稅額的記帳憑證，抵扣聯作為購買方報送主管稅務機關認證和留存備查的憑證，記帳聯作為銷售方核算銷售收入和增值稅銷項稅額的記帳憑證。其他聯次用途，由一般納稅人自行

確定。

2. 增值稅專用發票的領用規定

增值稅專用發票領購使用有嚴格的條件。小規模納稅人、會計核算不健全以及在增值稅專用發票管理方面存在問題，經稅務機關責令限期改正而未改正的一般納稅人均不得領購增值稅專用發票。稅務機關在發售增值稅專用發票時，應監督納稅人在增值稅專用發票上各聯有關欄目中加蓋銷貨單位戳記，未加蓋上述戳記或印記不清晰的增值稅專用發票不得交付納稅人使用。

有下列情形之一者，應按銷售額依照增值稅稅率計算應納稅額，不得抵扣進項稅額，也不得使用增值稅專用發票。

（1）一般納稅人會計核算不健全，或者不能夠提供準確稅務資料的；會計核算不健全，不能向稅務機關準確提供增值稅銷項稅額、進項稅額、應納稅額數據及其他有關增值稅稅務資料的。

（2）納稅人銷售額超過小規模納稅人標準，未申請辦理一般納稅人認定手續的。

3. 增值稅專用發票的開具規定

已經領購增值稅專用發票的一般納稅人，在使用增值稅專用發票時仍有嚴格的條件。例如：直接銷售給消費者不能開具增值稅專用發票；開具增值稅專用發票各個項目必須填寫齊全，不得塗改；發票聯和抵扣聯必須加蓋財務專用章或發票專用章；必須按規定開具時限開具，不得提前或滯后；對已開具增值稅專用發票的銷售貨物，要及時足額計入銷售額徵稅，否則按偷稅論處。未按規定取得、保管增值稅專用發票以及銷售方開具的增值稅專用發票不符合規定要求的，不得抵扣進項稅額。

屬於下列情形之一的，不得開具增值稅專用發票。

（1）向消費者個人銷售貨物或者應稅勞務的；商業企業一般納稅人零售的菸、酒、食品、服裝、鞋帽（不包括勞保專用部分）、化妝品等消費品不得開具增值稅專用發票。

（2）銷售貨物或者應稅勞務適用免稅規定的。

（3）小規模納稅人銷售貨物或者應稅勞務的。

小規模納稅人不能開具增值稅專用發票，對銷售帶來一定影響，為此國家稅務機關總局規定，小規模納稅人符合規定條件需要開具增值稅專用發票的，銷售時可由稅務所代開增值稅專用發票。代開時以小規模納稅人使用的徵收率確定稅率。取得此發票的納稅人可以用發票上註明的進項稅額抵扣。

一般納稅人因銷售貨物退回或者折讓而退還給購買方的增值稅額，應從發生銷售貨物退回或者折讓當期的銷項稅額中扣減；因購進貨物退出或者折讓而收回的增值稅額，應從發生購進貨物退出或者折讓當期的進項稅額中扣減。

一般納稅人銷售貨物或者應稅勞務，開具增值稅專用發票后，發生銷售貨物退回或者折讓、開票有誤等情形，應按國家稅務總局的規定開具紅字增值稅專用發票。未按規定開具紅字增值稅專用發票的，增值稅額不得從銷項稅額中扣減。納稅人銷售發生銷貨退回或銷售折讓時，按規定將原發票註明作廢或重開具增值稅專用發票；在取得購買方所在的稅務機關開具的進貨退出或索取折讓證明單后，可以開具紅字增值稅

專用發票（電腦開票則開負數），作為當期扣減銷項稅額的憑證。

  4. 增值稅發票最高限額的規定

  增值稅專用發票實行最高開票限額管理。最高開票限額，是指單份增值稅專用發票開具的銷售額合計數不得達到的上限額度。最高開票限額由一般納稅人申請，稅務機關依法審批。最高開票限額為10萬元及以下的，由區縣級稅務機關審批；最高開票限額為100萬元的，由地市級稅務機關審批；最高開票限額為1,000萬元及以上的，由地市級稅務機關派人實地核查后將核查資料報省級稅務機關審核。

（二）增值稅專用發票電腦開票系統

  自2003年4月1日，所有增值稅一般納稅人必須通過防偽稅控系統開具增值稅專用發票，到2003年4月1日，所有手工增值稅專用發票將不得抵扣。自2003年3月1日開始，防偽稅控系統開具的增值稅專用發票必須自開具之日起90日內到稅務機關認證，在認證通過的當月申報抵扣進項稅額。2004年2月1日以後，開具的海關完稅憑證，應當在開具之日起90天後的第一個納稅申報期結束前向主管稅務機關申報抵扣。

  企業使用增值稅專用發票防偽稅控系統的一般程序如下：

  1. 系統設置

  系統設置包括了第一次安裝時進行初始化設置。初始化設置稅務信息，名字和稅號等資料，同時錄入銀行帳號、商品編碼和客戶編碼，還需要錄入地址、電話等信息。

  2. 發票管理

  （1）發票領用：購買發票需要帶上IC卡，將IC卡讀入開票系統。購買時需持財會報表和IC卡領用發票。

  （2）開具發票：確認發票代碼和號碼，注意區分商品信息中是否含稅，一張發票只能表現一種稅率，只能開八行商品，開完發票，打印即可保存。

  （3）開具帶銷貨清單的發票：如果商品行多於八行，需開清單，先確認是否含稅，只能在清單上寫商品，發票上不寫商品，清單一張可打12行。

  （4）開具帶折扣的專用發票：包含清單的，清單中的每行都可加折扣或多行統一折扣，但發票上只顯示一行折扣欄。不包含清單的，商品行與折扣行之間不許加入信息，折扣行算一行，每行或多行商品可加折扣，但總金額不可加折扣。

  （5）開具負數發票：商品與客戶都不用填寫，要有退回的正數發票，隔月發票需沖抵紅字增值稅專用發票。沖抵一部分的增值稅專用發票，需對方國稅局退貨證明，找不到明細記錄的，還需要手工輸入。

七、增值稅的納稅申報

  增值稅納稅人應按月進行納稅申報，申報期為次月1日起至15日止，如最後一日為法定節假日，順延1日；在每月1日至15日內有連續3日以上法定節假日的，按休假日天數順延。納稅人進行納稅申報必須實行電子信息採集。增值稅納稅人不能按期辦理納稅申報的，經稅務機關核准，可以延期申報。經核准延期辦理申報的，應當在納稅期內按照實際繳納的稅額或者稅務機關核定的稅額預繳稅款，並在核准的延期

內辦理稅款結算。納稅人享受減稅、免稅待遇的，在減稅、免稅期間也應當按照規定辦理納稅申報。

增值稅納稅申報程序：填寫納稅申報附表、主表，準備納稅申報的資料，申報稅務機關開具稅收繳款書，銀行劃款，最后記帳。

(一) 一般納稅人的納稅申報

1. 增值稅一般納稅人納稅申報表

（1）增值稅納稅申報表

增值稅納稅申報表見表2－3。

表2－3　　　　　　　　　　　　增值稅納稅申報表
（適用於增值稅一般納稅人）

根據《中華人民共和國增值稅暫行條例》第二十二條和二十三條的規定制定本表。納稅人不論有無銷售額，均應按主管稅務機關核定的納稅期限按期填報本表，並於次月1日起15日內，向當地稅務機關申報。

稅款所屬時間：自　　年　月　日至　　年　月　日

填表日期：　　年　月　日　　　　　　　　　　金額單位：元至角分

納稅人識別號：□□□□□□□□□□□□□□□　所屬行業：

納稅人名稱	（公章）	法定代表人姓名		註冊地址		營業地址	
開戶銀行及帳號		企業登記註冊類型				電話號碼	
項目		欄次	一般貨物及勞務		即徵即退貨物及勞務		
			本月數	本年累計	本月數	本年累計	
銷售額	（一）按適用稅率徵稅貨物及勞務銷售額	1					
	其中：應稅貨物銷售額	2					
	應稅勞務銷售額	3					
	納稅檢查調整的銷售額	4					
	（二）按簡易徵收辦法徵稅貨物銷售額	5					
	其中：納稅檢查調整的銷售額	6					
	（三）免、抵、退辦法出口貨物銷售額	7					
	（四）免稅貨物及勞務銷售額	8					
	其中：免稅貨物銷售額	9					
	免稅勞務銷售額	10					

表 2-3（續）

項目		欄次	一般貨物及勞務		即徵即退貨物及勞務	
			本月數	本年累計	本月數	本年累計
稅款計算	銷項稅額	11				
	進項稅額	12				
	上期留抵稅額	13				
	進項稅額轉出	14				
	免抵退貨物應退稅額	15				
	按適用稅率計算的納稅檢查應補繳稅額	16				
	應抵扣稅額合計	17 = 12 + 13 - 14 - 15 + 16				
	實際抵扣稅額	18（如 17 < 11，則為 17，否則為 11）				
	應納稅額	19 = 11 - 18				
	期末留抵稅額	20 = 17 - 18				
	簡易徵收辦法計算的應納稅額	21				
	按簡易徵收辦法計算的納稅檢查應補繳稅額	22				
	應納稅額減徵額	23				
	應納稅額合計	24 = 19 + 21 - 23				

表 2-3（續）

項目		欄次	一般貨物及勞務		即徵即退貨物及勞務	
			本月數	本年累計	本月數	本年累計
稅款繳納	期初未繳稅額(多繳為負數)	25				
	實收出口開具專用繳款書退稅額	26				
	本期已繳稅額	27 = 28 + 29 + 30 + 31				
	①分次預繳稅額	28				
	②出口開具專用繳款書預繳稅額	29				
	③本期繳納上期應納稅額	30				
	④本期繳納欠繳稅額	31				
	期末未繳稅額（多繳為負數）	32 = 24 + 25 + 26 - 27				
	其中：欠繳稅額（≥0）	33 = 25 + 26 - 27				
	本期應補（退）稅額	34 = 24 - 28 - 29				
	即徵即退實際退稅額	35				
	期初未繳查補稅額	36				
	本期入庫查補稅額	37				
	期末未繳查補稅額	38 = 16 + 22 + 36 - 37				
授權聲明	如果你已委託代理人申報，請填寫下列資料： 為代理一切稅務事宜，現授權 （地址）　　　　為本納稅人的代理申報人，任何與本申報表有關的往來文件，都可寄予此人。 　　　　　　　　　　　授權人簽字：		申報人聲明	此納稅申報表是根據《中華人民共和國增值稅暫行條例》的規定填報的，我相信它是真實的、可靠的、完整的。 　　　　　　　　　聲明人簽字：		
以下由稅務機關填寫						
收到日期			接收人		主管稅務機關蓋章	

填表說明：

①本申報表適用於增值稅一般納稅人填報。增值稅一般納稅人銷售按簡易辦法繳納增值稅的貨物，也使用本表。「稅款所屬時間」是指納稅人申報的增值稅應納稅額的所屬時間；「填表日期」是指納稅人填寫本表的具體日期；「納稅人識別號」欄，填寫稅務機關為納稅人確定的識別號，即：稅務登記證號碼；「所屬行業」欄，按照國民經濟行業分類與代碼中的最細項進行填寫；「納稅人名稱」欄，填寫納稅人單位名稱全稱；「法定代

表人姓名」欄，填寫納稅人法定代表人的姓名；「註冊地址」欄，填寫納稅人稅務登記證所註明的詳細地址；「營業地址」欄，填寫納稅人營業地的詳細地址；「開戶銀行及帳號」欄，填寫納稅人開戶銀行的名稱和納稅人在該銀行的結算帳號；「企業登記註冊類型」欄，按稅務登記證填寫；本表「電話號碼」欄，填寫納稅人註冊地和經營地的電話號碼；「一般貨物及勞務」是指享受即徵即退的貨物及勞務以外的其他貨物及勞務；「即徵即退貨物及勞務」是指納稅人按照稅法規定享受即徵即退稅收優惠政策的貨物及勞務。

②本表第1欄「（一）按適用稅率徵稅貨物及勞務銷售額」數據、第2欄「應稅貨物銷售額」數據、第3欄「應稅勞務銷售額」數據，填寫納稅人本期按適用稅率繳納增值稅的應稅貨物和應稅勞務的銷售額（銷貨退回的銷售額用負數表示），包括在財務上不作銷售但按稅法規定應繳納增值稅的視同銷售貨物和價外費用銷售額，外貿企業作價銷售進料加工復出口的貨物，稅務、財政、審計部門檢查按適用稅率計算調整的銷售額。第4欄「納稅檢查調整的銷售額」數據，填寫納稅人本期因稅務、財政、審計部門檢查，並按適用稅率計算調整的應稅貨物和應稅勞務的銷售額。

③本表第5欄「按簡易徵收辦法徵稅貨物的銷售額」數據，填寫納稅人本期按簡易徵收辦法徵收增值稅貨物的銷售額（銷貨退回的銷售額用負數表示），包括稅務、財政、審計部門檢查並按簡易徵收辦法計算調整的銷售額。

④本表第9欄「免稅貨物銷售額」數據、第10欄「免稅勞務銷售額」數據，填寫納稅人本期按照稅法規定直接免徵增值稅貨物的銷售額及適用零稅率貨物的銷售額（銷貨退回的銷售額用負數表示）。

（2）增值稅納稅申報表附列資料（表一）

增值稅納稅申報表附列資料（表一）見表2－4。

表2－4　　　　　　　　增值稅納稅申報表附列資料（表一）

（本期銷售情況明細）稅款所屬時間：　　年　月

納稅人名稱：（公章）

填表日期：　　年　月　日　　　　　　　　　　金額單位：元至角分

項目	欄次	應稅貨物 17%的稅率 份數	應稅貨物 17%的稅率 銷售額	應稅貨物 17%的稅率 銷項稅額	應稅貨物 13%的稅率 份數	應稅貨物 13%的稅率 銷售額	應稅貨物 13%的稅率 銷項稅額	應稅勞務 份數	應稅勞務 銷售額	應稅勞務 銷項稅額	小計 份數	小計 銷售額	小計 銷項稅額
防偽稅控統開具的增值稅專用發票	1												
非防偽稅控系統開具的增值稅專用發票	2												
開具普通發票	3												
未開具發票	4												
小計	5＝1＋2＋3＋4												
納稅檢查調整	6												

表2-4(續)

合計	7 = 5 + 6									
二、簡易徵收辦法徵收增值稅貨物的銷售額和應納稅額明細											
項目	欄次	6%徵收率			4%徵收率			小計		
^	^	份數	銷售額	應納稅額	份數	銷售額	應納稅額	份數	銷售額	應納稅額
防偽稅控系統開具的增值稅專用發票	8									
非防偽稅控系統開具的增值稅專用發票	9									
開具普通發票	10									
未開具發票	11									
小計	12 = 8 + 9 + 10 + 11									
納稅檢查調整	13									
合計	14 = 12 + 13									
三、免徵增值稅貨物及勞務銷售額明細											
項目	欄次	免稅貨物			免稅勞務			小計		
^	^	份數	銷售額	稅額	份數	銷售額	稅額	份數	銷售額	稅額
防偽稅控系統開具的增值稅專用發票	15									
開具普通發票	16									
未開具發票	17									
合計	18 = 15 + 16 + 17									

填表說明：

①表頭和表體相同部分請參照上表說明，「納稅人名稱」欄，應加蓋納稅人單位公章。

②本表「一、按適用稅率徵收增值稅貨物及勞務的銷售額和銷項稅額明細」和「二、簡易徵收辦法徵收增值稅貨物的銷售額和應納稅額明細」部分中的「防偽稅控系統開具的增值稅專用發票」「非防偽稅控系統開具的增值稅專用發票」「開具普通發票」「未開具發票」各欄數據均應包括銷貨退回或折讓、視同銷售貨物、價外費用的銷售額和銷項稅額。

③本表「一、按適用稅率徵收增值稅貨物及勞務的銷售額和銷項稅額明細」和「二、簡易徵收辦法徵收增值稅貨物的銷售額和應納稅額明細」部分中的「納稅檢查調整」欄數據應填寫納稅人本期因稅務、財政、審計部門檢查計算調整的應稅貨物、應稅勞務的銷售額、銷項稅額或應納稅額。

④本表「三、免徵增值稅貨物及勞務銷售額明細」部分中的「防偽稅控系統開具

的增值稅專用發票」欄數據，填寫本期因銷售免稅貨物而使用防偽稅控系統開具的增值稅專用發票的份數、銷售額和稅額，包括國有糧食收儲企業銷售的免稅糧食、政府儲備食用植物油等。

（3）增值稅納稅申報表附列資料（表二）

增值稅納稅申報表附列資料（表二）見表2-5。

表2-5　　　　　　　　增值稅納稅申報表附列資料（表二）

（本期進項稅額明細）稅款所屬時間：　　年　　月

納稅人名稱：（公章）

填表日期：　年　月　日　　　　　　　　　　　　金額單位：元至角分

一、申報抵扣的進項稅額				
項目	欄次	份數	金額	稅額
（一）認證相符的防偽稅控增值稅專用發票	1			
其中：本期認證相符且本期申報抵扣	2			
前期認證相符且本期申報抵扣	3			
（二）非防偽稅控增值稅專用發票及其他扣稅憑證	4			
其中：17%的稅率	5			
13%的稅率或扣除率	6			
10%的扣除率	7			
7%的扣除率	8			
6%的徵收率	9			
4%的徵收率	10			
（三）期初已徵稅款	11			
當期申報抵扣進項稅額合計	12			
二、進項稅額轉出額				
項目	欄次		稅額	
本期進項稅轉出額	13			
其中：免稅貨物用	14			
非應稅項目用	15			
非正常損失	16			
按簡易徵收辦法徵稅貨物用	17			
免、抵、退稅辦法出口貨物不得抵扣進項稅額	18			
納稅檢查調減進項稅額	19			
未經認證已抵扣的進項稅額	20			
	21			

表 2 - 5（續）

三、待抵扣進項稅額				
項目	欄次	份數	金額	稅額
（一）認證相符的防偽稅控增值稅專用發票	22			
期初已認證相符但未申報抵扣	23			
本期認證相符且本期未申報抵扣	24			
期末已認證相符但未申報抵扣	25			
其中：按照稅法規定不允許抵扣	26			
（二）非防偽稅控增值稅專用發票及其他扣稅憑證	27			
其中：17% 的稅率	28			
13% 的稅率及扣除率	29			
10% 的扣除率	30			
7% 的扣除率	31			
6% 的徵收率	32			
4% 的徵收率	33			
	34			
四、其他				
項目	欄次	份數	金額	稅額
本期認證相符的全部防偽稅控增值稅專用發票	35			
期初已徵稅款掛帳額	36			
期初已徵稅款餘額	37			
代扣代繳稅額	38			

納稅人名稱：（公章）　　填表日期：　　年　　月　　日　　　　金額單位：元至角分

註：第 1 欄 = 第 2 欄 + 第 3 欄 = 第 23 欄 + 第 35 欄 - 第 25 欄；

　　第 2 欄 = 第 35 欄 - 第 24 欄；

　　第 3 欄 = 第 23 欄 + 第 24 欄 - 第 25 欄；

　　第 4 欄等於第 5 欄至第 10 欄之和；

　　第 12 欄 = 第 1 欄 + 第 4 欄 + 第 11 欄；

　　第 13 欄等於第 14 欄至第 21 欄之和；

　　第 27 欄等於第 28 欄至第 34 欄之和。

填表說明：

①表頭和表體相同部分請參照上面兩個表的說明。

②本表「一、申報抵扣的進項稅額」部分各欄數據，分別填寫納稅人按稅法規定符合抵扣條件、在本期申報抵扣的進項稅額情況。

第 1 欄「（一）認證相符的防偽稅控增值稅專用發票」，填寫本期申報抵扣的認證

相符的防偽稅控增值稅專用發票情況，包括認證相符的紅字防偽稅控增值稅專用發票，應等於第 2 欄「本期認證相符且本期申報抵扣」與第 3 欄「前期認證相符且本期申報抵扣」數據之和。

第 2 欄「本期認證相符且本期申報抵扣」，填寫本期認證相符本期申報抵扣的防偽稅控增值稅專用發票情況，應與第 35 欄「本期認證相符的全部防偽稅控增值稅專用發票」減第 24 欄「本期已認證相符且本期未申報抵扣」后的數據相等。

第 3 欄「前期認證相符且本期申報抵扣」，填寫以前期認證相符本期申報抵扣的防偽稅控增值稅專用發票情況，應與第 23 欄「期初已認證相符但未申報抵扣」加第 24 欄「本期已認證相符且本期未申報抵扣」減第 25 欄「期末已認證相符但未申報抵扣」后數據相等。

第 4 欄「非防偽稅控增值稅專用發票及其他扣稅憑證」，填寫本期申報抵扣的非防偽稅控增值稅專用發票及其他扣稅憑證情況，應等於第 5 欄至第 10 欄之和。

③本表「二、進項稅額轉出額」部分填寫納稅人已經抵扣但按稅法規定應作進項稅額轉出的明細情況，但不包括銷售折扣、折讓、銷貨退回等應負數衝減當期進項稅額的情況。

2. 增值稅一般納稅人申報的資料

使用防偽稅控系統的增值稅納稅人，必須報送記錄當期納稅信息的 IC 卡、金稅卡（明細數據備份在軟盤的納稅人，還須報送備份數據軟盤）、增值稅專用發票存根聯明細表及增值稅專用發票抵扣聯明細表、增值稅專用發票匯總表及明細表、普通發票匯總表、納稅申報表及附表 1 至附表 6、利潤表和資產負債表、主管稅務機關規定的其他必報資料。

增值稅納稅人應當持有已開具的普通發票存根聯、符合抵扣條件並且在本期申報抵扣的增值稅專用發票抵扣聯、海關進口貨物完稅憑證、運輸發票、購進農產品普通發票的複印件、收購憑證的存根聯或報查聯、代扣代繳稅款憑證存根聯、主管稅務機關規定的其他備查資料。

納稅人在納稅申報期內，應及時將全部必報資料的電子數據報送主管稅務機關，並在主管稅務機關按照稅法規定確定的期限內，將紙質的必報資料報送主管稅務機關，稅務機關簽收后，一份退還納稅人，其餘留存。

(二) 小規模納稅人納稅申報

1. 增值稅小規模納稅人納稅申報表

增值稅小規模納稅人納稅申報表見表2-6。

表2-6　　　　　　　　增值稅納稅申報表（適用小規模納稅人）

納稅人識別號：□□□□□□□□□□□□□□□

納稅人名稱（公章）：　　　　　　　　　　　　　　金額單位：元（列至角分）

稅款所屬期：　　年　月　日至　　年　月　日　　　填表日期：　　年　月　日

	項目	欄次	本期數	本年累計
一、計稅依據	應徵增值稅貨物及勞務不含稅銷售額	1		
	其中：稅務機關代開的增值稅專用發票不含稅銷售額	2		
	稅控器具開具的普通發票不含稅銷售額	3		
	銷售使用過的應稅固定資產不含稅銷售額	4	——	——
	其中：稅控器具開具的普通發票不含稅銷售額	5	——	——
	（三）免稅貨物及勞務銷售額	6		
	其中：稅控器具開具的普通發票銷售額	7		
	（四）出口免稅貨物銷售額	8		
	其中：稅控器具開具的普通發票銷售額	9		
二、稅款計算	本期應納稅額	10		
	本期應納稅額減徵額	11		
	應納稅額合計	12＝10－11		
	本期預繳稅額	13		——
	本期應補（退）稅額	14＝12－13		——

表2-6(續)

納稅人或代理人聲明： 此納稅申報表是根據國家稅收法律的規定填報的，我確定它是真實的、可靠的、完整的。	如納稅人填報，由納稅人填寫以下各欄： 辦稅人員（簽章）：　　　　　　　　　　財務負責人（簽章）： 法定代表人（簽章）：　　　　　　　　　　聯繫電話：
	如委託代理人填報，由代理人填寫以下各欄： 代理人名稱：　　　　　　經辦人（簽章）：　　　聯繫電話： 代理人（公章）：

受理人：　　　　　受理日期：　　年　月　日　　　　受理稅務機關（簽章）：

　　本表為 A3 豎式一式三份：一份納稅人留存，一份主管稅務機關留存，一份徵收部門留存。

　　2. 增值稅小規模納稅人申報的資料

　　增值稅納稅人必須持有適用於小規模納稅人的增值稅納稅申報表、增值稅納稅申報表附列資料、財務會計報表（資產負債表、利潤表）。

　　小規模納稅人，不論有無銷售，均應按期向主管稅務機關報送增值稅納稅申報表（適用小規模納稅人）。

　　增值稅納稅申報表為一式兩聯：第一聯為申報聯，由納稅人按期向稅務機關申報；第二聯為收執聯，納稅人於申報時連同申報表交稅務機關蓋章后帶回作為申報憑證。

第五節　增值稅涉稅業務的帳務處理

一、一般納稅人增值稅業務的會計處理

（一）會計科目的設置和使用

　　1.「應交稅費——應交增值稅」會計科目

　　「應交稅費——應交增值稅」一級科目借方發生額反應為企業購進貨物或接受應稅勞務支付的進項稅額、實際已繳納的增值稅額和月終轉出的應交未交的增值稅額，貸方發生額反應銷售貨物、提供應稅勞務收取的銷項稅額、出口企業收到的出口退稅以及進項稅額轉出數和轉出多交增值稅；期末借方餘額反應企業尚未抵扣的增值稅。

　　在「應交稅費——應交增值稅」二級科目下，可設置「進項稅額」「已交稅金」

「減免稅款」「出口抵減內銷產品應納稅額」「轉出未交增值稅」「銷項稅額」「出口退稅」「進項稅額轉出」「轉出多交增值稅」等明細科目。

2.「應交稅費——未交增值稅」科目

「應交稅費——未交增值稅」科目的借方發生額反應企業上繳以前月份未交增值稅和月末自「應交稅費——應交增值稅」科目轉入的當月多交的增值稅，貸方發生額反應企業月末自「應交稅費——應交增值稅」科目轉入的當月未交的增值稅額；期末餘額，借方反應企業多交的增值稅，貸方反應企業未交的增值稅。

(二) 增值稅一般納稅人的會計處理

增值稅一般納稅人按照規定可以採用憑相關發票註明稅額抵扣的辦法抵扣購進貨物或者應稅勞務的進項稅額，所以增值稅帳務處理表現為兩個部分，即購進部分經過會計處理計入進項稅額，銷售部分以向購買方收取的增值稅作為銷項稅額。

1. 增值稅一般納稅人進項稅額的會計處理

(1) 購進貨物的會計處理。工業企業購進原材料已經入庫，或者商業企業購進已經付款的商品，收到增值稅專用發票時：

借：原材料（或者庫存商品等）
　　應交稅費——應交增值稅（進項稅額）
　貸：銀行存款（或者庫存現金、應付帳款等）

(2) 購進和銷售貨物取得符合抵扣進項稅額條件的運費發票時：

借：原材料——××材料運費
　　應交稅費——應交增值稅（進項稅額）
　貸：銀行存款（或者庫存現金、應付帳款等）

(進項稅額 = 運輸發票上符合抵扣條件的金額×7%)

【例2-8】四川鯤鵬有限公司某月購入原材料一批，取得的增值稅專用發票上註明價款為500,000元、增值稅額為85,000元，貨物已驗收入庫，支付給承運企業運費1,000元，取得運輸普通發票。上述款項已通過銀行支付。

可抵扣的增值稅進項稅額 = 85,000 + 1,000×7% = 85,070（元）

借：原材料　　　　　　　　　　　　　　　　　　500,930
　　應交稅費——應交增值稅（進項稅額）　　　　 85,070
　貸：銀行存款　　　　　　　　　　　　　　　　586,000

如購入上述原材料時取得普通發票，註明金額為585,000元，或者雖取得增值稅專用發票，但增值稅專用發票不符合抵扣要求，則應將進項稅額計入原材料成本，不得抵扣。

(3) 購進貨物取得普通發票或購進免稅貨物取得普通發票，不計提進項稅額。

借：原材料（或者庫存商品）
　貸：銀行存款

【例2-9】四川鯤鵬有限公司某月從小規模納稅人購入商品一批，普通發票上註明金額為6,000元，貨物驗收已入庫，貨款已全部支付。

借：庫存商品　　　　　　　　　　　　　　　　　　　　　　　6,000
　　貸：銀行存款　　　　　　　　　　　　　　　　　　　　　　6,000

當一般納稅人從小規模納稅人處購進商品，往往無法取得增值稅專用發票，一般納稅人不能夠憑普通發票進行進項稅額的抵扣，應將進項稅額計入貨物成本。

(4) 購買貨物，如果貨物已經入庫，但是未收到增值稅專用發票。

在月末暫作：

借：原材料——××材料估價
　　貸：應付帳款

增值稅專用發票收到后，用紅字衝上述分錄，然后按照正常的分錄進行會計處理。

(5) 工業企業委託外單位加工貨物的應稅勞務處理。

發出材料委託加工時：

借：委託加工材料
　　貸：原材料

支付加工費並收到增值稅專用發票時：

借：委託加工材料
　　　應交稅費——應交增值稅（進項稅額）
　　貸：銀行存款

借：原材料
　　貸：委託加工材料

【例2-10】四川鯤鵬有限公司為一般納稅人企業，某月將價值50,000元的材料運往其他企業代為加工，加工完畢收回時，取得代為加工企業開具的增值稅專用發票上註明加工費為8,000元、增值稅為1,360元，貨物已經驗收入庫，加工費已經用銀行存款支付。

發出原材料時：

借：委託加工物資　　　　　　　　　　　　　　　　　　　　　50,000
　　貸：原材料——某材料　　　　　　　　　　　　　　　　　　50,000

收到加工費專用發票時：

借：委託加工物資　　　　　　　　　　　　　　　　　　　　　8,000
　　　應交稅費——應交增值稅（進項稅額）　　　　　　　　　　1,360
　　貸：銀行存款　　　　　　　　　　　　　　　　　　　　　　9,360

加工收回的材料入庫時：

借：原材料　　　　　　　　　　　　　　　　　　　　　　　　58,000
　　貸：委託加工物資　　　　　　　　　　　　　　　　　　　　58,000

一般納稅人接受應稅勞務，按增值稅專用發票上註明的增值稅額，借記「應交稅費——應交增值稅（進項稅額）」，按增值稅專用發票上註明的應當計入加工、修理修配等物資成本的金額，借記「生產成本」「委託加工物資」「管理費用」等帳戶，按應支付或實付的金額，貸記「銀行存款」「應付帳款」等帳戶。

(6) 購進免稅農業產品，按經批准使用的收購憑證或對方開出的普通發票額計算

抵扣進項稅額。

  借：原材料等
    應交稅費——應交增值稅（進項稅額）
   貸：銀行存款（或者庫存現金、應付帳款等）

進項稅額 = 發票註明金額 × 13%

原材料 = 發票註明金額 − 進項稅額

【例 2 - 11】四川鯤鵬有限公司向收農民收購自產的農副產品總價為 50 萬元，使用經稅務機關批准的收購憑證。

進項稅額 = 500,000 × 13% = 65,000（元）

借：原材料	435,000
應交稅費——應交增值稅（進項稅額）	65,000
貸：銀行存款	500,000

  從 2002 年 1 月 1 日起，一般納稅人購買農業生產者銷售免稅農產品或向小規模納稅人購買的農業產品，準予按買價和 13% 的扣除率計算進項稅額，從當期銷項稅額中抵扣。企業購進貨物后，如果發生退貨，應衝減進項稅額；如果取得的增值稅專用發票填開有誤，應退還銷貨方並重新開具正確發票，否則按稅法規定將不能作為扣稅憑證，其進項稅額就需要列入貨物的購進成本。

  2. 增值稅一般納稅人進項稅額轉出的會計處理

  如果最初依據日常經營活動用貨物和應稅勞務，購進時進項稅額抵扣了當期的銷項稅額，但當這些貨物或者應稅勞務改變用途和目的時，本應形成的銷項稅額沒有實現。為了不破壞進項稅額與銷項稅額的對應關係，在會計處理上，需要將已計入「應交稅費——應交增值稅」借方的進項稅額從「應交稅費——應交增值稅」的貸方轉出，即借記有關成本、費用、損失帳戶，貸記「應交稅費——應交增值稅（進項稅額轉出）」帳戶。

  (1) 購進原材料和貨物用於福利的進項稅額轉出的會計處理

  外購原材料和貨物用於福利的其進項稅額最終沒有體現在銷項稅額之中，所以不應抵扣，在前期銷項稅額抵扣的情形下，應將其轉回，重新計算其應交增值稅。

  【例 2 - 12】四川鯤鵬有限公司為增值稅一般納稅人，1 月購進毛巾一批，取得的增值稅專用發票上註明價款為 40,000 元、增值稅額為 6,800 元，貨已驗收入庫，並支付全部貨款。2 月份將其作為福利分給職工。

1 月份購入毛巾時：

借：庫存商品	40,000
應交稅費——應交增值稅（進項稅額）	6,800
貸：銀行存款	46,800

2 月份作為福利分給職工時：

應轉出的進項稅額 = 6,800（元）

借：管理費用（生產成本等）	46,800

貸：庫存商品	40,000
應交稅費——應交增值稅（進項稅額轉出）	6,800

為生產、銷售購進的貨物，其進項稅額在購進時已計入「應交稅費——應交增值稅（進項稅額）」，購進后被用於非應稅項目、集體福利或個人消費時，應將其負擔的增值稅轉入相關成本、費用類帳戶。

（2）購進原材料和貨物用於免稅項目進項稅額轉出的會計處理

企業購進貨物，如果既用於應稅項目又用於非應稅項目，而進項稅額不能分別核算時，月末應按照免稅項目銷售額占全部銷售額的比例分攤不予抵扣的進項稅額，即按照：

$$\text{當期不予抵扣進項稅額} = \text{當期取得進項稅額} \times (\text{當期銷售免稅貨物金額} \div \text{當期銷售金額})$$

借記「主營業務成本」等帳戶，貸記「應交稅費——應交增值稅（進項稅額轉出）」帳戶。

借：主營業務成本
　　貸：應交稅費——應交增值稅（進項稅額轉出）

（3）非正常損失（如管理不善發生的火災、失竊、自然災害等）貨物進項稅額轉出的會計處理

企業因管理不善造成貨物被盜、火災、發生變質等損失或因自然災害給貨物造成的損失均屬於非正常損失。非正常損失有可能是購進貨物，也有可能是在產品和產成品。根據稅法的規定，非正常損失的購進貨物和非正常損失的在產品、產成品所耗用的購進貨物或者應稅勞務的進項稅額不得抵扣，在發生損失時，應將其進項稅額和損失貨物成本一起轉出。借記「待處理財產損溢」帳戶，貸記「原材料」「生產成本」「產成品」「庫存商品」等帳戶。

借：待處理財產損溢
　　貸：原材料
　　　　應交稅費——應交增值稅（進項稅額轉出）

3. 增值稅一般納稅人銷項稅額的會計處理

（1）一般銷售貨物提供應稅勞務的會計處理

借：銀行存款（應收帳款、應收票據等）
　　貸：主營業務收入
　　　　應交稅費——應交增值稅（銷項稅額）

【例2-13】四川鯤鵬有限公司銷售商品一批，開出的增值稅專用發票上註明價款為100,000元、增值稅額為1,700元。已經取得購貨方的銀行存款並將提貨單交給購貨方。

借：銀行存款	117,000
貸：主營業務收入	100,000
應交稅費——應交增值稅（銷項稅額）	17,000

採取直接收款方式銷售貨物，不論貨物是否發出，均以收到銷售額或取得索取銷

售額的憑證，並將提貨單交給購買方的當天，確認銷售額和納稅義務的發生，借記「銀行存款」，貸記「主營業務收入」「應交稅費——應交增值稅（銷項稅額）」帳戶。

(2) 在銷售中，採用商業折扣方法的會計處理

商業折扣是指銷貨方為了鼓勵購貨方多買而給予的價格折讓。

如果銷售額和折讓金額在同一張發票上的註明的，會計處理為：

借：銀行存款（商業折扣後的餘額）
　　貸：主營業務收入
　　　　應交稅費——應交增值稅（銷項稅額）

如果銷售額和折扣額不在同一張發票上註明的，則不能從銷售款中扣除折扣額，會計處理為：

借：銀行存款（商業折扣前的餘額）
　　貸：主營業務收入
　　　　應交稅費——應交增值稅（銷項稅額）

(3) 銷售購進的原材料的會計處理

借：銀行存款（應收帳款、應收票據等）
　　貸：其他業務收入
　　　　應交稅費——應交增值稅（銷項稅額）

二、小規模納稅人增值稅業務的會計處理

(一) 會計科目的設置

小規模納稅人在「應交稅費」帳戶下設置「應交稅費——應交增值稅」明細帳戶。該帳戶一般採用三欄式帳頁格式，借方反應上繳的增值稅額，貸方反應當月銷售貨物或提供應稅勞務應交的增值稅及銷售退回用紅字沖銷的增值稅。期末餘額一般在貸方，反應應交未交的增值稅額。

(二) 增值稅小規模納稅人的會計處理

1. 增值稅小規模納稅人購進貨物的會計處理

小規模納稅人購進貨物或接受勞務，不論收到增值稅專用發票還是普通發票，在會計上均無須反應進項稅額，按實際支付的款項，借記「原材料」「庫存商品」「物資採購」等帳戶，貸記「銀行存款」帳戶。

借：原材料（庫存商品、物資採購等）
　　貸：銀行存款

【例2－14】某小規模納稅人便利店購進貨物一批，取得的普通發票上註明價款為5,000元，貨款已支付。

借：原材料　　　　　　　　　　　　　　　　　　　　　　　5,000
　　貸：庫存現金（銀行存款等）　　　　　　　　　　　　　　5,000

2. 增值稅小規模納稅人銷售貨物的會計處理

小規模納稅人銷售貨物時，按貨物的不含稅銷售額，貸記「主營業務收入」帳戶，

按貨物不含稅銷售額與適用稅率的乘積，貸記「應交稅費——應交增值稅」帳戶，按銷售額與應交稅費的合計借記「銀行存款」「應收帳款」等帳戶。

借：銀行存款（應收帳款、應收票據等）
　貸：主營業務收入
　　　應交稅費——應交增值稅

【例2－15】某便利店為小規模納稅人，本月銷售商品一批，取得零售收入5,000元。

不含稅銷售額＝5,000÷（1＋3%）＝4,854.37（元）

借：銀行存款　　　　　　　　　　　　　　　　5,000
　貸：應交稅費——應交增值稅　　　　　　　　　 145.63
　　　主營業務收入　　　　　　　　　　　　　4,854.37

3. 增值稅小規模納稅人上繳增值稅的會計處理

每月月末，增值稅小規模納稅人應在納稅期限內申報繳納增值稅，借記「應交稅費——應交增值稅」帳戶，貸記「銀行存款」「庫存現金」等帳戶。

借：應交稅費——應交增值稅
　貸：銀行存款（庫存現金等）

第六節　營業稅改徵增值稅

營業稅改徵增值稅（簡稱營改增）是指以前繳納營業稅的應稅項目改成繳納增值稅，增值稅只對產品或者服務的增值部分納稅，減少了重複納稅的環節，是根據經濟社會發展新形勢，從深化改革的總體部署出發做出的重要決策，目的是加快財稅體制改革、進一步減輕企業賦稅。

一、營業稅改徵增值稅的徵收範圍

營業稅改徵增值稅涉及的範圍是交通運輸業以及部分現代服務業。交通運輸業包括陸路運輸、水路運輸、航空運輸、管道運輸。現代服務業包括研發和技術服務、信息技術服務、文化創意服務、物流輔助服務、有形動產租賃服務、鑒證諮詢服務等。

二、營業稅改徵增值稅的稅率

建築業和房地產業一般納稅人適用11%的稅率，金融業和生活服務業一般納稅人適用6%的稅率。小規模納稅人統一按3%的徵收率計徵。

表 2-7　　　　　　　　　　　　　營改增最新稅目稅率表

大類	中類	小類	徵收品目	原來營業稅稅率	增值稅稅率
銷售服務	交通運輸服務	陸路運輸服務	鐵路運輸服務	3%	11%
			其他陸路運輸服務		
		水路運輸服務	水路運輸服務		
		航空運輸服務	航空運輸服務		
		管道運輸服務	管道運輸服務		
	郵政服務	郵政普遍服務	郵政普遍服務	3%	11%
		郵政特殊服務	郵政特殊服務		
		其他郵政服務	其他郵政服務		
	電信服務	基礎電信服務	基礎電信服務	3%	11%
		增值電信服務	增值電信服務		6%
	建築服務（新增）	工程服務	工程服務	3%	11%
		安裝服務	安裝服務		
		修繕服務	修繕服務		
		裝飾服務	裝飾服務		
		其他建築服務	其他建築服務		
	金融服務（新增）	貸款服務	貸款服務	5%	6%
		直接收費金融服務	直接收費金融服務		
		保險服務	人壽保險服務		
			財產保險服務		
		金融商品轉讓	金融產品轉讓		
	現代服務	研發和技術服務	研發服務	5%	6%
			合同能源管理服務		
			工程勘察服務		
			專業技術服務		
		信息技術服務	軟件服務	5%	6%
			電路設計及測試服務		
			信息系統服務		
			業務流程管理服務		
			信息系統增值服務		
		文化創意服務（商標和著作權轉讓重分類至銷售無形資產）	設計服務	3%/5%	6%
			知識產權服務		
			廣告服務		
			會議展覽服務		
		物流輔助服務	航空服務	3%/5%	6%
			港口碼頭服務		
			貨運客運場站服務		
			打撈救助服務		
			裝卸搬運服務		
			倉儲服務		
			收派服務		

表2-7(續)

大類	中類	小類	徵收品目	原來營業稅稅率	增值稅稅率
銷售服務	現代服務	租賃服務	不動產融資租賃（新增）	5%	11%
			不動產經營租賃（新增）		
			有形動產融資租賃服務		17%
			有形動產經營租賃		
		鑒證諮詢服務	認證服務	5%	6%
			鑒證服務		
			諮詢服務		
		廣播影視服務	廣播影視節目（作品）製作服務	3%/5%	6%
			廣播影視節目（作品）發行服務		
			廣播影視節目（作品）播映服務		
		商務輔助服務（新增）	企業管理服務	5%	6%
			經紀代理服務		
			人力資源服務		
			安全保護服務		
		其他現代服務（新增）	其他現代服務	3%/5%	6%
	生活服務（新增）	文化體育服務	文化服務	3%/5%，娛樂業5%～20%	6%
			體育服務		
		教育醫療服務	教育服務		
			醫療服務		
		旅遊娛樂服務	旅遊服務		
			娛樂服務		
		餐飲住宿服務	餐飲服務		
			住宿服務		
		居民日常服務	居民日常服務		
		其他生活服務	其他生活服務		
銷售無形資產	銷售無形資產（新增）	專利技術和非專利技術	專利技術和非專利技術	5%	6%（除銷售土地使用權適用11%）
		商標	商標		
		著作權	著作權		
		商譽	商譽		
		自然資產使用權	自然資產使用權（含土地使用權）		
		其他權益性無形資產	其他權益性無形資產		

表2-7(續)

大類	中類	小類	徵收品目	原來營業稅稅率	增值稅稅率
銷售不動產	銷售不動產（新增）	建築物	建築物	5%	11%
		構築物	構築物		

三、營業稅改徵增值稅的特點

　　營改增的最大特點是減少重複徵稅，可以促使社會形成更好的良性循環，有利於企業降低稅負。營改增可以說是一種減稅的政策。全面實施營改增，可以促進有效投資帶動供給，以供給帶動需求。對企業來講，提高了盈利能力，能進一步推進轉型發展。

　　營改增最大的變化，就是避免了營業稅重複徵稅、不能抵扣、不能退稅的弊端，實現了增值稅「道道徵稅，層層抵扣」的目的，能有效降低企業稅負。更重要的是，營改增改變了市場經濟交往中的價格體系，把營業稅的「價內稅」變成了增值稅的「價外稅」，形成了增值稅進項和銷項的抵扣關係，這將從深層次上影響到產業結構的調整及企業的內部架構。

習　　題

一、單項選擇題

　　1. 一般納稅人銷售應稅消費品時，如果開具的是普通發票，在計算消費稅時，銷售額應按下列（　　）公式換算。
　　　　A. 含增值稅銷售額÷（1－增值稅稅率）
　　　　B. 含增值稅銷售額÷（1＋增值稅稅率）
　　　　C. 含增值稅銷售額÷（1－消費稅稅率）
　　　　D. 含增值稅銷售額÷（1＋消費稅稅率）
　　2. 2016年5月中旬，某商店（增值稅小規模納稅人）購進童裝150套，「六一」兒童節之前以每套98元的含稅價格全部零售出去，該商店當月銷售這批童裝應納增值稅（　　）元。
　　　　A. 428.16　　　　　　　　　　B. 588.17
　　　　C. 832.08　　　　　　　　　　D. 882.35
　　3. 單位和個體經營者銷售已使用過的（　　）應按簡易辦法計算繳納增值稅。
　　　　A. 住宅　　　　　　　　　　　B. 小轎車
　　　　C. 家具　　　　　　　　　　　D. 自行車
　　4. 1954年，正式提出增值稅概念的國家是（　　）。

A. 英國 　　　　　　　　　　　B. 法國
C. 美國 　　　　　　　　　　　D. 荷蘭

5. 中國現行的增值稅的基本稅率是（　　）。
   A. 4% 　　　　　　　　　　　B. 6%
   C. 13% 　　　　　　　　　　 D. 17%

6. 生產下列貨物應按13%徵收增值稅的有（　　）。
   A. 農機 　　　　　　　　　　 B. 汽車
   C. 家用電器 　　　　　　　　 D. 辦公用品

7. 將購買的貨物用於下列項目，其進項稅額準予抵扣的是（　　）。
   A. 用於修建展廳 　　　　　　 B. 用於發放獎品
   C. 無償贈送給客戶 　　　　　 D. 作為發放職工的福利

8. 下列項目中，應確認收入計算銷項稅額的項目有（　　）。
   A. 將購買的貨物用於集體福利
   B. 將購買的貨物用於非應稅項目
   C. 將購買的貨物交加工單位委託加工后收回繼續生產使用的貨物
   D. 將購買的貨物作為投資給其他單位

9. 增值稅起徵點的規定，只適用於（　　）。
   A. 企業 　　　　　　　　　　 B. 事業單位
   C. 自然人個人 　　　　　　　 D. 個體經營者

10. 下列項目中，屬於視同銷售行為應當計算銷項稅額的有（　　）。
    A. 將購買的貨物用於非應稅項目 　 B. 將購買的貨物委託外單位加工
    C. 購買的貨物無償贈送他人 　　　 D. 將購買的貨物用於集體福利

11. 下列項目中，不得從計稅銷售額中扣除的有（　　）。
    A. 折扣額與銷售額同開在一張發票情形下的折扣額
    B. 銷售折扣額
    C. 銷售折讓額
    D. 銷售退貨額

12. 下列項目中，關於銷項稅額確認時間的正確說法是（　　）。
    A. 購銷方式銷售的，為將提貨單交給賣方的當天
    B. 直接收款方式銷售的，為發貨當天
    C. 預收貨款方式銷售的，為收款當天
    D. 將自產貨物用於集體福利和個人消費的為貨物移送當天

二、多項選擇題

1. 下列項目中，屬於增值稅免稅貨物的是（　　）。
   A. 各類藥品
   B. 向社會收購的古書和舊書
   C. 居民用煤

D. 供殘疾人專用的輪椅、假肢
2. 增值稅一般納稅人銷售下列貨物時，不得開具增值稅專用發票的有（　　）。
   A. 銷售報關出口的貨物
   B. 銷售代銷貨物
   C. 直接銷售給使用單位的汽車
   D. 銷售免稅貨物
3. 下列項目中，屬於增值稅一般納稅人適用低稅率的貨物有（　　）。
   A. 糧食、植物油
   B. 向社會收購的古書和舊書
   C. 農產品、農機用具
   D. 報紙雜誌
4. 增值稅的徵稅範圍包括（　　）。
   A. 在中國境內從事修理修配業務
   B. 在中國境內銷售無形資產
   C. 在中國境內銷售不動產
   D. 出口貨物
5. 納稅人銷售貨物或應稅勞務，增值稅納稅義務發生時間為（　　）。
   A. 簽訂銷售合同的當天
   B. 發出貨物的當天
   C. 提供加工、修理修配勞務的當天
   D. 收訖銷售款的當天

三、判斷題

1. 納稅人銷售或者進口貨物及提供加工、修理修配勞務一律適用17%的稅率。
（　　）

2. 納稅人銷售貨物或應稅勞務的價格明顯偏低並無正當理由的，由主管稅務機關核定其銷售額。
（　　）

3. 納稅人銷售貨物或應稅勞務，應當向購買方包括消費者開具增值稅專用發票。
（　　）

4. 企業在銷售貨物中，為了鼓勵購物方盡早償還貨款，按付款時間給予購貨方一定比例的貨款折扣，可以從貨物銷售額中減除。
（　　）

5. 納稅人採取以舊換新方式銷售貨物的，不得從新貨物銷售額中減除收購舊貨物的款額。
（　　）

6. 納稅人總、分機構不在同一縣（市）的，應分別向各自所在地主管稅務機關申報納稅。
（　　）

四、計算題

1. 某大型商場為增值稅一般納稅人，本月零售各類商品銷售額為1,000萬元（含

稅價）。本月購進商品80萬元，增值稅專用發票上註明增值稅13.6萬元；支付電費5萬元，增值稅專用發票上註明增值稅0.85萬元。試計算該月繳納的增值稅額。

2. 某棉紡織廠為增值稅一般納稅人，2011年4月發生以下經濟業務：

（1）向農業生產者購進棉花，買價400,000元；

（2）購進燃料動力400,000元，增值稅專用發票上註明增值稅進項稅額68,000元；

（3）從小規模納稅人購進輔助材料一批，對方開具的普通發票上列明價款15,000元；

（4）本月銷售產品銷售額計1,000,000元；

（5）將本廠生產的價值200,000元的產品作為投資，提供給聯營單位。

要求：根據上述資料，計算該廠當月應納增值稅稅額。

3. 某百貨大樓為增值稅一般納稅人，2016年1月發生以下幾筆經濟業務，購銷貨物的稅率為17%。

（1）購入貨物的增值稅專用發票上註明貨物金額400萬元、增值稅68萬元，同時支付貨物運費4萬元、建設基金1,000元、裝卸費200元、運輸途中保險費2,000元，取得運費發票。

（2）銷售貨物價款為800萬元。另外，用以舊換新方式向消費者個人銷售貨物收到現金50萬元（已扣除舊貨款8.5萬元）。

（3）贈送給客戶禮品共計4萬元（不含增值稅）。

（4）上年購進的貨物用於職工福利，進價1萬元，售價1.2萬元。

（5）上年購進的貨物發生損失，進價4,000元，售價5,000元。

要求：根據以上資料，計算該商場當月應納的增值稅稅額。

4. 某電視機廠為增值稅一般納稅人，稅率為17%，當月發生以下業務：

（1）5月1日，向各大商場銷售電視機2,000臺，每臺不含稅銷售單價5,000元，開具增值稅專用發票；

（2）5月7日，發貨給外省分支機構200臺電視機用於銷售，並支付運費等費用1,000元，其中，取得的運輸單位開具的發票上註明運費600元、建設基金100元、裝卸費100元、保險費200元；

（3）5月12日，採取以舊換新方式，從消費者手中收購舊型號電視機，銷售新型號電視機100臺，含稅單價5,850元；

（4）5月15日，購進生產電視機用原材料一批，取得的增值稅專用發票上註明價款2,000,000元、增值稅額340,000元，材料已經驗收入庫；

（5）5月20日，向某高校贈送電視機20臺。

要求：根據上述資料，計算該廠當月應納增值稅稅額。

5. 某五金公司為增值稅一般納稅人，稅率17%，當月發生以下業務：

（1）銷售甲產品給某大商場，開具增值稅專用發票，取得不含稅銷售額為80萬元；另外開具普通發票，取得銷售甲產品的送貨運輸費收入5.85萬元；

（2）銷售乙產品，開具普通發票，取得含稅銷售額29.25萬元；

（3）銷售使用過的進口摩托車5輛，開具普通發票，每輛取得含稅銷售額1.04萬元；該摩托車原值每輛0.9萬元；

（4）購進貨物取得的增值稅專用發票上註明支付貨款60萬元、進項稅額10.2萬元，貨物已經驗收入庫；另外支付購貨的運輸費用6萬元，取得運輸公司開具的普通發票。

要求：根據上述資料，計算該廠當月應納增值稅稅額。

五、增值稅帳務處理題

1. 甲公司將自產的產品用於個人消費，該批產品的成本價為200萬元，市場售價為300萬元。假設甲公司為一般納稅人，增值稅稅率為17%。

2. 甲公司2016年5月份繳納增值稅共500,000元，其中應繳增值稅額為600,000元；2007年6月繳納增值稅800,000元，其中本月應交增值稅額600,000元，上月應交增值稅額100,000元，多交了增值稅100,000元。

3. 某商業企業從生產廠家購進貨物不含稅價為20,000元，增值稅稅額為3,400元，雙方約定，貨物全部售出後生產廠家返還資金2,340元。

六、問答題

1. 什麼是增值稅？
2. 增值稅的納稅人有哪些？
3. 具有混合銷售行為和兼營行為的怎樣納稅？
4. 增值稅的稅率有幾檔？徵稅的貨物和勞務有哪些？
5. 一般納稅人怎樣計算應納增值稅稅額？
6. 怎樣確定當期銷售額？
7. 哪些進項稅額可以抵扣？
8. 在哪些情況下進項稅額不能抵扣？
9. 小規模納稅人怎樣計算應納增值稅稅額？
10. 增值稅的起徵點是怎樣規定的？
11. 進口貨物怎樣計算繳納增值稅？
12. 增值稅出口退稅的範圍是什麼？
13. 出口貨物怎樣辦理增值稅退（免）稅？
14. 出口退（免）稅怎樣計算？
15. 增值稅的主要免稅、減稅規定有哪些？
16. 增值稅的納稅期限和納稅地點是怎樣規定的？

第三章 消費稅

學習目的：通過本章學習，瞭解消費稅的概念和特點；熟悉消費稅的納稅人、徵稅範圍、稅目及稅率，納稅義務發生時間、納稅地點和納稅期限等問題；掌握不同納稅環節下消費稅應納稅額的計算，熟悉納稅申報表的填列；掌握各種情況下消費稅的會計處理。

第一節 消費稅概述

一、消費稅的概念

消費稅是以消費品的流轉額作為課稅對象的各種稅收的統稱，是政府向消費品徵收的稅項。消費稅是在對貨物普遍徵收增值稅的基礎上，選擇少數消費品再徵收的一個稅種，主要是為了調節引導消費方向。

二、消費稅的特點

(一) 徵收對象特定

中國目前的消費稅暫行條例列舉了菸、酒、化妝品等14個稅目。消費稅的徵收是根據國家的產業政策和消費政策，有目的性地選擇特定的部分商品進行徵收，對相關產業和消費行為具有相關的指導性和引導性。

(二) 徵收環節單一

消費稅不同於增值稅，增值稅是在每一個環節都要對增值部分徵收，而消費稅一般只是對應稅消費品在生產、委託加工或者進口環節徵稅，在以后的批發、零售環節中不再繳納消費稅，同一個產品一般只是徵收一道消費稅，徵收環節上採用一次課徵制。

(三) 稅率和計稅方法多樣

消費稅對每一種應稅消費品的稅率均有單獨的考慮，有明顯的政策和消費指導意圖，所以應稅消費品稅率高低不一，有很強的針對性和指向性。計稅方法實行從量計徵、從價計徵和混合計徵三種方法。消費稅主要是實行從價計徵，小部分消費稅應稅商品實行從量計徵，只有卷菸和白酒實行從價和從量的混合計徵方法，從價定率和從量定額徵收方式並存。

三、消費稅納稅義務人

在中華人民共和國境內生產、委託加工和進口規定消費品的單位和個人，以及國務院確定的銷售規定的消費品的其他單位和個人，為消費稅的納稅義務人。其中，消費稅納稅義務人的單位是指企業、行政單位、事業單位、軍事單位、社會團體及其他單位；個人是指個體工商戶及其他個人。

第二節　消費稅的基本內容

一、消費稅的徵稅對象和範圍

消費稅以在中國境內生產、委託加工和進口規定的消費品為徵稅對象，全部應稅消費品可以概括為以下四大類：

（1）過度消費會對身體健康、社會環境等方面造成影響和危害的消費品，比如菸、酒、鞭炮和菸火；

（2）高檔品和奢侈品，比如化妝品、貴重首飾及珠寶玉石、高爾夫球及球具、高檔手錶和遊艇；

（3）不可再生和替代的資源或能源，比如成品油、一次性木筷和實木地板；

（4）高能耗和具有一定財政意義的消費品，比如小汽車、摩托車和汽車輪胎。

納稅人生產的應稅消費品，於納稅人銷售時納稅。納稅人自產自用的應稅消費品，用於連續生產的應稅消費品的，不納稅。所謂用於連續生產應稅消費品，是指納稅人將自產自用的應稅消費品作為直接材料生產最終應稅消費品。自產自用應稅消費品構成最終應稅消費品的實體用於其他方面的，於移送使用時納稅。所謂其他方面，是指納稅人將自產自用應稅消費品用於生產非應稅消費品、在建工程、管理部門、非生產機構、提供勞務、饋贈、贊助、集資、廣告、樣品、職工福利、獎勵等方面。委託加工的應稅消費品，除受託方為個人外，由受託方在向委託方交貨時代收代繳稅款。委託加工的應稅消費品，委託方用於連續生產應稅消費品的，所納稅款準予按規定抵扣。進口的應稅消費品，於報關進口時納稅。

納稅人兼營不同稅率的應當繳納消費稅的消費品，是指納稅人生產銷售兩種稅率以上的應稅消費品。納稅人兼營不同稅率的應當繳納消費稅的消費品，應當分別核算不同稅率應稅消費品的銷售額、銷售數量；未分別核算銷售額、銷售數量，或者將不同稅率的應稅消費品組成成套消費品銷售的，從高適用稅率。

二、消費稅的稅率

消費稅的稅目、稅率，依照下面的消費稅稅目稅率表執行。消費稅的稅目、稅率的調整，由國務院決定。消費稅稅目稅率表見表3-1。

表 3-1　　　　　　　　　　消費稅稅目稅率表

稅目	稅率	備註說明
一、菸		
1. 卷菸，每標準箱 5 萬支，每標準條（200 支）調撥價格在 70 元（不含增值稅）以上（含 70 元）的卷菸為甲類卷菸，低於此價格的為乙類卷菸		包括進口卷菸、白包卷菸、手工卷菸等
（1）甲類卷菸	45% 加 0.003 元／支	
（2）乙類卷菸	30% 加 0.003 元／支	
2. 卷菸批發環節	5%	
3. 雪茄菸	25%	包括各種規格、型號的雪茄菸
4. 菸絲	30%	包括以菸葉為原料加工生產的不經卷制的散裝菸
二、酒及酒精		
1. 白酒	20% 加 0.5 元／500 克（或者 500 毫升）	含果木或者穀物為原料的蒸餾酒比照糧食白酒徵稅；用甜菜釀制的白酒，比照薯類白酒徵稅
2. 黃酒	240 元／噸	包括各種原料釀制的黃酒和酒度超過 12 度（含 12 度）的土甜酒
3. 啤酒，每噸出廠價（含包裝物及包裝物押金）在 3,000 元（不含增值稅）以上（含 3,000 元）的啤酒為甲類啤酒，低於此價格的為乙類啤酒		
（1）甲類啤酒　　包括包裝和散裝的啤酒	250 元／噸	
（2）乙類啤酒	220 元／噸	
（3）娛樂業、飲食業自制啤酒	250 元／噸	
4. 其他酒	10%	包括糠麩白酒、其他原料白酒、土甜酒、複製酒、果木酒、汽酒、藥酒等
5. 酒精	5%	包括用蒸餾法和合成方法生產的各種工業酒精、醫藥酒精、食用酒精等
三、化妝品	30%	包括各類美容、修飾類化妝品，高檔護膚類化妝品和成套化妝品。美容、修飾類化妝品是指香水、香水精、香粉、口紅、指甲油、胭脂、眉筆、唇筆、藍眼油、眼睫毛以及成套化妝品
四、貴重首飾及珠寶玉石		

表3－1(續)

稅目	稅率	備註說明
1. 金銀首飾、鉑金首飾和鑽石及鑽石飾品	5%	在零售環節徵收消費稅，僅限於金、銀和金基、銀基合金首飾，以及金銀和金基、銀基合金的鑲嵌首飾
2. 其他貴重首飾和珠寶玉石	10%	在生產環節銷、售環節徵收消費稅，包括各種珠寶首飾和經採掘、打磨、加工的各種珠寶玉石
五、鞭炮、焰火	15%	包括各種鞭炮、焰火
六、成品油		
1. 汽油		自2009年1月1日起，實行燃油稅費改革，取消原先養路費用等六大收費項目，改徵收燃油稅。燃油稅的徵收是通過提高消費稅的定額稅率來實現的。其中，汽油包括了車用汽油、航空汽油和起動汽油；柴油包括了輕柴油、重柴油、農用柴油和軍用柴油
（1）含鉛汽油	0.28元/升	
（2）無鉛汽油	0.20元/升	
2. 柴油	0.10元/升	
3. 航空煤油	0.10元/升	
4. 石油腦	0.20元/升	
5. 溶劑油	0.20元/升	
6. 潤滑油	0.20元/升	
7. 燃料油	0.10元/升	
七、汽車輪胎	3%	2001年1月1日起對子午線輪胎免徵消費稅，對翻新輪胎停止徵收消費稅
八、摩托車		
1. 氣缸容量（排氣量，下同）在250毫升（含250毫升）以下的	3%	
2. 氣缸容量在250毫升以上的	10%	
九、小汽車		
1. 乘用車		
（1）氣缸容量（排氣量，下同）在1.0升（含1.0升）以下的	1%	
（2）氣缸容量在1.0升以上至1.5升（含1.5升）的	3%	
（3）氣缸容量在1.5升以上至2.0升（含2.0升）的	5%	
（4）氣缸容量在2.0升以上至2.5升（含2.5升）的	9%	

表3-1(續)

税目	税率	備註說明
（5）氣缸容量在2.5升以上至3.0升（含3.0升）的	12%	
（6）氣缸容量在3.0升以上至4.0升（含4.0升）的	25%	
（7）氣缸容量在4.0升以上	40%	
2. 中輕型商用客車	5%	
十、高爾夫球及球具	10%	
十一、高檔手錶	20%	
十二、遊艇	10%	
十三、木制一次性筷子	5%	
十四、實木地板	5%	

消費稅的徵稅對象具體劃分為14個稅目，分別為菸、酒、化妝品、護膚護髮品、貴重首飾及珠寶玉石、鞭炮菸火、汽油、柴油、汽車輪胎、摩托車、小汽車、高爾夫球及球具、高檔手錶、遊艇、木制一次性筷子、實木地板等。稅率採用有差別的比例稅率和定額稅率兩種。

第三節 消費稅的計算

一、直接銷售應稅消費品應納稅額的計算

（一）應稅消費品直接銷售額，不包括應向購貨方收取的增值稅稅款

如果納稅人應稅消費品的銷售額中未扣除增值稅稅款或者因不得開具增值稅專用發票而發生價款和增值稅稅款合併收取的，在計算消費稅時，應當換算為不含增值稅稅款的銷售額。其換算公式為：

應稅消費品的銷售額 = 含增值稅的銷售額 ÷（1 + 增值稅稅率或者徵收率）

消費稅實行從價定率、從量定額，或者從價定率和從量定額複合計稅（以下簡稱複合計稅）的辦法計算應納稅額。應納稅額的計算公式為：

實行從價定率辦法計算的應納稅額 = 銷售額 × 消費稅比例稅率

實行從量定額辦法計算的應納稅額 = 銷售數量 × 單位消費稅定額稅率

實行複合計稅辦法計算的應納稅額 = 銷售額 × 消費稅比例稅率 + 銷售數量 × 單位消費稅定額稅率

銷售額為納稅人銷售應稅消費品向購買方收取的全部價款和價外費用。價外費用，是指售價外向購買方收取的手續費、補貼、基金、集資費、返還利潤、獎勵費、違約

金、滯納金、延期付款利息、賠償金、代收款項、代墊款項、包裝費、包裝物租金、儲備費、優質費、運輸裝卸費以及其他各種性質的價外收費。

(二) 納稅人應稅消費品的計稅價格明顯偏低並無正當理由的，由主管稅務機關核定其計稅價格

應稅消費品的計稅價格的核定權限規定如下：
(1) 卷菸、白酒和小汽車的計稅價格由國家稅務總局核定，送財政部備案；
(2) 其他應稅消費品的計稅價格由省、自治區和直轄市國家稅務局核定；
(3) 進口的應稅消費品的計稅價格由海關核定。

(三) 直接銷售應稅消費品涉及包裝物的處理

應稅消費品連同包裝物銷售的，無論包裝物是否單獨計價以及在會計上如何核算，均應並入應稅消費品的銷售額中繳納消費稅。如果包裝物不作價隨同產品銷售，而是收取押金，此項押金則不應並入應稅消費品的銷售額中徵稅。但對因逾期未收回的包裝物不再退還的或者已收取的時間超過 12 個月的押金，應並入應稅消費品的銷售額，按照應稅消費品的適用稅率繳納消費稅。

對既作價隨同應稅消費品銷售，又另外收取押金的包裝物的押金，凡納稅人在規定的期限內沒有退還的，均應並入應稅消費品的銷售額，按照應稅消費品的適用稅率繳納消費稅。

【例3－1】某菸廠出售卷菸 20 個標準箱，每標準條調撥價格為 80 元，共計 300,000元，菸絲 45,000 元，不退包裝物，採取托收承付結算方式，貨已發出並辦好托收手續。計算應納消費稅稅額如下：

20×150 + 300,000×45% + 45,000×30% = 151,500（元）

【例3－2】某酒廠以糧食白酒 100,000 箱（每箱 120 元，每箱 6 瓶，每瓶 500 克）換取建築材料，滿足擴建工廠需要。計算應納消費稅稅額如下：

100,000×120×25% + 100,000×6×0.5×1 = 330,000（元）

【例3－3】某菸廠購買已稅菸絲 2,000 千克，每千克 30 元，未扣增值稅。加工成卷菸 200 個標準箱，每標準箱調撥價格為 7,500 元，全部售出。計算應納消費稅稅額如下：

菸絲不含增值稅銷售額 = 2,000×30/（1 + 17%）= 51,282（元）

卷菸應納消費稅額 = 200×150 + 200×7,500×30% － 51,282×30% = 428,718（元）

【例3－4】四川鯤鵬有限公司採購原油 40 噸，委託煉油廠加工成汽油 12 噸。計算應納消費稅稅額如下：

12×1,388×0.2 = 3,331.20（元）

二、自產自用的應稅消費品應納稅額的計算

消費稅納稅人自產自用的應稅消費品，按照納稅人生產的同類消費品的銷售價格

計算納稅；沒有同類消費品銷售價格的，按照組成計稅價格計算納稅。

同類消費品的銷售價格，是指納稅人或者代收代繳義務人當月銷售的同類消費品的銷售價格，如果當月同類消費品各期銷售價格高低不同，應按銷售數量加權平均計算。銷售的應稅消費品有下列情況之一的，不得列入加權平均計算：

（1）銷售價格明顯偏低並無正當理由的；

（2）無銷售價格的。如果當月無銷售或者當月未完結，應按照同類消費品上月或者最近月份的銷售價格計算納稅。

實行從價定率辦法計算納稅的組成計稅價格的計算公式為：

組成計稅價格 =（成本＋利潤）÷（1－比例稅率）

實行複合計稅辦法計算納稅的組成計稅價格的計算公式為：

組成計稅價格 =（成本＋利潤＋自產自用數量×定額稅率）÷（1－比例稅率）

式中：成本是指應稅消費品的產品生產成本；利潤是指根據應稅消費品的全國平均成本利潤率計算的利潤。應稅消費品全國平均成本利潤率由國家稅務總局確定。

三、委託加工的應稅消費品應納稅額的計算

委託加工的應稅消費品，是指由委託方提供原料和主要材料，受託方只收取加工費和代墊部分輔助材料加工的應稅消費品。對於由受託方提供原材料生產的應稅消費品，或者受託方先將原材料賣給委託方，然后再接受加工的應稅消費品，以及由受託方以委託方名義購進原材料生產的應稅消費品，不論在財務上是否作銷售處理，都不得作為委託加工應稅消費品，而應當按照銷售自制應稅消費品繳納消費稅。

消費稅納稅人委託加工的應稅消費品，按照受託方的同類消費品的銷售價格計算納稅；沒有同類消費品銷售價格的，按照組成計稅價格計算納稅。

實行從價定率辦法計算納稅的組成計稅價格的計算公式為：

組成計稅價格 =（材料成本＋加工費）÷（1－比例稅率）

實行複合計稅辦法計算納稅的組成計稅價格計算公式為：

組成計稅價格 =（材料成本＋加工費＋委託加工數量×定額稅率）÷（1－比例稅率）

公式中的材料成本是指委託方所提供加工材料的實際成本。委託加工應稅消費品的納稅人，必須在委託加工合同上如實註明（或者以其他方式提供）材料成本，凡未提供材料成本的，受託方主管稅務機關有權核定其材料成本。加工費是指受託方加工應稅消費品向委託方所收取的全部費用，包括代墊輔助材料的實際成本。

四、進口的應稅消費品應納稅額的計算

對消費稅納稅人進口的應稅消費品，按照組成計稅價格計算納稅。

實行從價定率辦法計算納稅的組成計稅價格的計算公式為：

組成計稅價格 =（關稅完稅價格＋關稅）÷（1－消費稅比例稅率）

實行複合計稅辦法計算納稅的組成計稅價格的計算公式為：

組成計稅價格 =（關稅完稅價格＋關稅＋進口數量×消費稅定額稅率）

÷（1－消費稅比例稅率）

公式中的關稅完稅價格是指海關核定的關稅計稅價格。

第四節　消費稅的徵收管理

一、消費稅的納稅環節

納稅人生產的應稅消費品直接用於銷售的，於銷售時納稅，即生產銷售環節納稅。

納稅人自產自用的應稅消費品用於連續生產的，不納稅；用於其他方面的，於移送使用時納稅。

納稅人委託加工的，當受託方為個體業戶時，由委託方自行申報納稅；除此之外，由受託方向委託方交貨時代收代繳消費稅。

進口的應稅消費品，於報關進口時納稅，即進口環節納稅。

出口的應稅消費品辦理退稅后，發生退關，或者國外退貨進口時予以免稅的，報關出口者必須及時向其機構所在地或者居住地主管稅務機關申報補繳已退的消費稅稅款。

納稅人直接出口的應稅消費品辦理免稅后，發生退關或者國外退貨，進口時已予以免稅的，經機構所在地或者居住地主管稅務機關批准，可暫不辦理補稅，待其轉為國內銷售時，再申報補繳消費稅。

納稅人銷售的應稅消費品，如因質量等原因由購買者退回時，經機構所在地或者居住地主管稅務機關審核批准后，可退還已繳納的消費稅稅款。

二、消費稅的納稅義務發生時間

（1）納稅人銷售應稅消費品的，按不同的銷售結算方式分別為：

①採取賒銷和分期收款結算方式的，為書面合同約定的收款日期的當天，書面合同沒有約定收款日期或者無書面合同的，為發出應稅消費品的當天；

②採取預收貨款結算方式的，為發出應稅消費品的當天；

③採取托收承付和委託銀行收款方式的，為發出應稅消費品並辦妥托收手續的當天；

④採取其他結算方式的，為收訖銷售款或者取得索取銷售款憑據的當天。

（2）納稅人自產自用應稅消費品的，為移送使用的當天。

（3）納稅人委託加工應稅消費品的，為納稅人提貨的當天。

（4）納稅人進口應稅消費品的，為報關進口的當天。

三、消費稅的納稅期限

消費稅的納稅期限分別為1日、3日、5日、10日、15日、1個月或者1個季度。納稅人的具體納稅期限，由主管稅務機關根據納稅人應納稅額的大小分別核定；不能

按照固定期限納稅的，可以按次納稅。

納稅人以 1 個月或者 1 個季度為 1 個納稅期的，自期滿之日起 15 日內申報納稅；以 1 日、3 日、5 日、10 日或者 15 日為 1 個納稅期的，自期滿之日起 5 日內預繳稅款，於次月 1 日起 15 日內申報納稅並結清上月應納稅款。

納稅人進口應稅消費品，應當自海關填發海關進口消費稅專用繳款書之日起 15 日內繳納稅款。

四、消費稅的納稅地點

消費稅由稅務機關徵收。納稅人銷售的應稅消費品，以及自產自用的應稅消費品，除國務院財政、稅務主管部門另有規定外，應當向納稅人機構所在地或者居住地的主管稅務機關申報納稅。

委託加工的應稅消費品，除受託方為個人外，由受託方向機構所在地或者居住地的主管稅務機關解繳消費稅稅款。委託個人加工的應稅消費品，由委託方向其機構所在地或者居住地主管稅務機關申報納稅。納稅人到外縣（市）銷售或者委託外縣（市）代銷自產應稅消費品的，於應稅消費品銷售後，向機構所在地或者居住地主管稅務機關申報納稅。

進口的應稅消費品，應當向報關地海關申報納稅。個人攜帶或者郵寄進境的應稅消費品的消費稅，連同關稅一併計徵。具體辦法由國務院關稅則委員會會同有關部門制定。進口的應稅消費品，由進口人或者其代理人向報關地海關申報納稅。

納稅人的總機構與分支機構不在同一縣（市）的，應當分別向各自機構所在地的主管稅務機關申報納稅；經財政部、國家稅務總局或者其授權的財政、稅務機關批准，可以由總機構匯總向總機構所在地的主管稅務機關申報納稅。

五、消費稅的減免稅規定

對生產銷售達到低污染排放限值的小轎車、越野車和小客車減徵 30% 的消費稅。低污染排放限值是指相當於「歐Ⅱ」排放標準。

減徵稅額＝按法定稅率計算的消費稅額×30%

徵稅額＝按法定稅率計算的消費稅額－減徵稅額

對消費稅納稅人出口應稅消費品，免徵消費稅，國務院另有規定的除外。出口應稅消費品的免稅辦法，由國務院財政、稅務主管部門規定。

六、消費稅的納稅申報

（一）消費稅納稅申報表

消費稅納稅人納稅申報是指消費稅納稅人依照稅收法律法規規定或主管稅務機關依法確定的申報期限，向主管稅務機關辦理消費稅納稅申報的業務。消費稅納稅申報表見表 3－2。

表 3-2　　　　　　　　　　　　　　**消費稅納稅申報表**

填表日期：　年　月　日
納稅編碼
納稅人識別號
納稅人名稱：　　　　　　　　　　　　　　　　地　　址：
稅款所屬期：　年　月　日至　年　月　日　　　聯繫電話：

| 應稅消費品名稱 | 適用稅目 | 應稅銷售額（數量） | 適用稅率（單位稅額） | 當期準予扣除外購應稅消費品買價（數量） |||| 外購應稅消費品適用稅率（單位稅額） |
					合計	期初庫存外購應稅消費品買價（數量）	當期購進外購應稅消費品買價（數量）	期末庫存外購應稅消費品買價（數量）	
1	2	3	4	5=6+7-8	6	7	8	9
合計								

| 應納消費稅 || 當期準予扣除外購應稅消費品已納稅款 | 當期準予扣除委託加工應稅消費品已納稅款 ||||
本期	累計		合計	期初庫存委託加工應稅消費品已納稅款	當期收回委託加工應稅消費品已納稅款	期末庫存委託加工應稅消費品已納稅款
15=3×4-10 或 3×4-11 或 3×4-10-11	16	10=5×9	11=12+13+14	12	13	14

| 已納消費稅 || 本期應補（退）稅金額 ||||
本期	累計	合計	上期結算稅額	補交本年度欠稅	補交以前年度欠稅
17	18	19=15-26-27	20	21	22

| 截至上年底累計欠稅額 | 本年度新增欠稅額 || 減免稅額 | 預繳稅額 | 多繳稅額 |
	本期	累計			
23	24	25	26=3×4×徵減幅度	27	28

如納稅人填報，由納稅人填寫以下各欄		如委託代理人填報，由代理人填寫以下各欄			備註
會計主管：（簽章）	納稅人（公章）	代理人名稱		代理人（公章）	
		代理人地址			
		經辦人		電話	
以下由稅務機關填寫					
收到申報表日期			接收人		

填表說明：

（1）第2欄「適用稅目」必須按照《中華人民共和國消費稅暫行條例》規定的稅目填寫。

（2）第10欄，準予抵扣項目無減稅優惠的按10＝5×9的勾稽關係填報；準予抵扣項目有減稅優惠的按10＝5×9×（1－減徵幅度）的勾稽關係填報。目前準予抵扣且有減稅優惠的項目為石腦油、潤滑油，減徵幅度為70％。

（3）第26欄，全額免稅的應稅消費品按「26＝3×4」填報，減徵稅款的應稅消費品按「26＝3×4×減徵幅度」填報。目前有減稅優惠的項目為石腦油、溶劑油、潤滑油、燃料油減徵幅度為70％。

本表一式三份，區（分）局、計徵局、納稅人各一份。

（二）消費稅納稅申報準備的資料

消費稅納稅申報準備的資料有消費稅納稅申報表，外購應稅消費品連續生產應稅消費品的，提供外購應稅消費品增值稅專用發票（抵扣聯）原件和複印件。如果外購應稅消費品的增值稅專用發票屬於匯總填開的，除提供增值稅專用發票（抵扣聯）原件和複印件外，還應提供隨同增值稅專用發票取得的由銷售方開具並加蓋財務專用章或發票專用章的銷貨清單原件和複印件。委託加工收回應稅消費品連續生產應稅消費品的，提供代扣代收稅款憑證原件和複印件。進口應稅消費品連續生產應稅消費品的，提供海關進口消費稅專用繳款書原件和複印件。扣繳義務人必須報送消費稅代扣代繳稅款報告表。汽油、柴油消費稅納稅人還需報送：生產企業生產經營情況表（油品）；生產企業產品銷售明細表（油品）；主管部門下達的月度生產計劃；企業根據生產計劃制訂的月份排產計劃。抵減進口葡萄酒消費稅退稅納稅人還需報送海關進口消費稅專用繳款書複印件。

第五節　消費稅涉稅業務的帳務處理

一、會計科目的設置和使用

消費稅會計科目的設置是為了反應消費稅的應交、已繳、欠繳和多繳消費稅的情況。消費稅的核算需要在會計一級科目「應交稅費」下增設明細二級科目下「應交消費稅」，進行明細科目的會計核算。其借方發生額反應企業實際繳納的消費稅和待扣的消費稅，貸方發生額反應企業按照規定應繳納的消費稅；期末借方餘額表示多繳納的消費稅，期末貸方餘額表示尚未繳納的消費稅。消費稅在按照規定繳納時，借記「營業稅金及附加」，貸記「應交稅費——應交消費稅」。

二、消費稅的會計處理

（一）企業生產應稅消費品的消費稅的會計處理

1. 直接銷售應稅消費品的會計處理

計算消費稅時：

借：營業稅金及附加
　　貸：應交稅費——應交消費稅
實際繳納消費稅時：
借：應交稅費——應交消費稅
　　貸：銀行存款
2. 自產自用的應稅消費品的會計處理
借：在建工程
　　貸：應交稅費——應交消費稅
3. 包裝物應交消費稅的會計處理

（1）隨同產品出售但不單獨計價的包裝物並入銷售額計算，應繳納的消費稅與因產品銷售應繳納的消費稅一起計入產品「營業稅金及附加」，借記「營業稅金及附加」等科目，貸記「應交稅費——應交消費稅」科目。

（2）隨同產品出售但單獨計價的包裝物，收入計入其他業務收入，按規定應繳納的消費稅相應計入其他業務支出。即按單獨計價包裝物應繳納的消費稅，借記「其他業務支出」科目，貸記「應交稅費——應交消費稅」科目。

（3）出租、出借包裝物收取的押金，如果包裝物逾期未收回而將押金沒收，沒收的押金轉入其他業務收入，按規定應繳納的消費稅，也應計入其他業務支出，借記「其他業務支出」等科目，貸記「應交稅費——應交消費稅」科目。

出租包裝物收取押金時：
借：銀行存款
　　貸：其他應付款
逾期未收回包裝物沒收押金時（含增值稅）：
借：其他應付款
　　貸：其他業務收入（不含增值稅的收入）
　　　　應交稅費——應交增值稅（銷項稅額）
計算押金收入應繳納的消費稅時：
借：其他業務支出
　　貸：應交稅費——應交消費稅

(二) 企業委託加工應稅消費品的消費稅的會計處理

（1）企業委託加工應稅消費品，收回後直接出售的，支付的消費稅應該計入加工材料的成本之中。
借：委託加工物資
　　貸：銀行存款（現金等）

（2）企業委託加工應稅消費品，收回後繼續生產應稅消費品的，可以做消費稅抵扣。
借：應交稅費——應交消費稅
　　貸：銀行存款（現金等）

（三）企業生產應稅消費品發生銷貨退回情形的消費稅的會計處理

發生應稅消費品銷貨退回時：
借：應交稅費——應交消費稅
　　貸：營業稅金及附加
收到退回的消費稅稅款時：
借：銀行存款
　　貸：應交稅費——應交消費稅

習　題

一、單項選擇題

1. 以下應稅消費品中，適用比例稅率的有（　　）。
   A. 啤酒　　　　　　　　　B. 汽油
   C. 黃酒　　　　　　　　　D. 其他酒

2. 自產自用的應當繳納消費稅的應稅消費品的組成計稅價格公式是（　　）。
   A. （成本＋利潤）÷（1＋消費稅稅率）
   B. （成本＋利潤）÷（1－消費稅稅率）
   C. （完稅價格＋關稅）÷（1－消費稅稅率）
   D. （完稅價格＋關稅）÷（1＋消費稅稅率）

3. 一般納稅人銷售應稅消費品時，如果開具的是普通發票，在計算消費稅時，銷售額應按下列（　　）公式換算。
   A. 含增值稅銷售額÷（1－增值稅稅率）
   B. 含增值稅銷售額÷（1＋增值稅稅率）
   C. 含增值稅銷售額÷（1－消費稅稅率）
   D. 含增值稅銷售額÷（1＋消費稅稅率）

4. 委託加工收回的應稅消費品由委託方收回後直接出售，應繳納的稅金有（　　）。
   A. 消費稅　　　　　　　　B. 消費稅和增值稅
   C. 增值稅　　　　　　　　D. 什麼稅都不交

5. 下列外購已稅消費品連續生產應稅消費品銷售時，準予扣除外購時已納消費稅的有（　　）。
   A. 外購已稅汽車輪胎生產的小轎車
   B. 外購已稅珠寶玉石生產的金銀首飾
   C. 外購已稅酒生產的勾兌酒
   D. 外購已稅兩輪摩托車改裝的三輪摩托車

二、多項選擇題

1. 下列應稅消費品中，採用複合計稅方法計算消費稅的有（　　）。
   A. 菸絲　　　　　　　　B. 卷菸
   C. 白酒　　　　　　　　D. 酒精
2. 從價定率計徵消費稅時，銷售額中應包括（　　）。
   A. 價款　　　　　　　　B. 價外費用
   C. 消費稅金　　　　　　D. 增值稅金
3. 下列商品中適用定額稅率徵收消費稅的商品有（　　）。
   A. 汽油　　　　　　　　B. 柴油
   C. 小汽車　　　　　　　D. 啤酒
4. 下列貨物徵收消費稅的有（　　）。
   A. 啤酒　　　　　　　　B. 汽車輪胎
   C. 電視機　　　　　　　D. 金銀首飾

三、判斷題

1. 消費稅的徵稅環節與增值稅一樣，都是從生產到流通的所有環節。（　　）
2. 對應稅消費品徵收消費稅后，不再徵收消費稅。（　　）
3. 計徵消費稅和增值稅的價格，均為含消費稅金不含增值稅金的價格。（　　）
4. 當貨物為應稅消費品時，對其徵收增值稅的同時也應對其徵收消費稅。（　　）
5. 企業受託加工應稅消費品代收代繳的消費稅，在採用組成計稅價格計稅時，組價的構成應當是材料成本與加工費之和。（　　）
6. 委託加工收回的應稅消費品尚未銷售，由於受託方未代收代繳消費稅，委託方應看成自制應稅消費品補交消費稅。（　　）

四、計算題

1. 某卷菸廠（增值稅一般納稅人）委託某菸絲加工廠（增值稅小規模納稅人）加工一批菸絲，卷菸廠提供的菸葉在委託加工合同上註明成本8萬元。菸絲加工完，卷菸廠提貨時，加工廠收取加工費，開具的普通發票上註明金額1.272萬元，並代扣代繳了菸絲的消費稅。卷菸廠將這批加工收回的菸絲50%對外直接銷售，收入6.5萬元，另50%當月全部用於生產卷菸。本月銷售卷菸40標準箱，取得不含稅收入60萬元。

請根據以上業務計算：

（1）卷菸廠應納的消費稅稅額；

（2）受託方應納的增值稅稅額（菸絲消費稅稅率為30%，卷菸消費稅稅率為45%，固定稅額為標準箱150元）。

2. 某酒廠本月發生以下業務：

（1）自制糧食白酒5噸，對外售出4噸，收到不含稅銷售額20萬元（含包裝費3萬元），另收取包裝物押金（單獨核算）0.2萬元；

（2）以自製薯類白酒 500 千克繼續加工成藥酒 600 千克，全部售出，普通發票上註明銷售額 7.2 萬元；

　　（3）從另一酒廠購入糧食白酒 400 千克（已納消費稅 0.4 萬元），全部勾兌成低度白酒出售，數量 500 千克，取得不含稅收入 2.5 萬元。

　　請計算該酒廠本月應納消費稅。（白酒定額稅率為 0.25 元/千克，比例稅率為 25%，藥酒比例稅率為 10%）

　　3. 某化妝品有限公司委託某化工廠加工化妝品 1,000 套。化工廠沒有該種化妝品同類產品的銷售價格，該批化妝品原料成本為 4,550 元，支付加工費 1,400 元，增值稅 238 元，同時兩個月前收取包裝物租金 2,340 元，押金 23,400 元，購銷雙方約定，兩個月歸還包裝物並退還押金，但購貨方違約逾期未歸還包裝物，沒收押金。則某化工廠應代收代繳消費稅為多少元？（已知化妝品消費稅稅率為 30%）

五、消費稅帳務處理題

　　1. 某摩托車公司 2016 年 2 月銷售摩托車 100 部，每部售價 2 萬元（不含增值稅），貨款未收。摩托車每部成本為 1 萬元；適用消費稅稅率為 10%。

　　2. 某汽車製造企業 2016 年 3 月將自產的一輛汽車用於在建工程，同類汽車銷售價為 30 萬元，該汽車成本為 20 萬元，適用消費稅稅率為 5%。

六、問答題

　　1. 什麼是消費稅？
　　2. 消費稅的納稅人有哪些？
　　3. 消費稅的稅目有哪些？稅率（稅額標準）是多少？
　　4. 消費稅的應納稅額怎樣計算？
　　5. 出口的應稅消費品是否可以免退消費稅？
　　6. 消費稅的納稅義務發生時間是怎樣規定的？
　　7. 消費稅的納稅期限和納稅地點是怎樣規定的？

第四章　營業稅

學習目的：通過本章學習，應掌握營業稅的基本徵稅制度，會判斷是否屬於營業稅納稅人；能熟練計算應納營業稅稅額和代扣代繳的營業稅；會根據企業實際業務資料填製營業稅月度納稅申報表、相關附表及稅款繳納。

第一節　營業稅概述

一、營業稅的概念

營業稅是對在中華人民共和國境內提供應稅勞務的單位和個人，就其營業額徵收的一種稅。營業稅屬於流轉稅性質的稅種，是地方各級政府財政收入的重要來源。

1993年12月13日，國務院頒布了《中華人民共和國營業稅暫行條例》，1993年12月25日財政部制定了《中華人民共和國營業稅暫行條例實施細則》，從1994年1月1日起實行。2008年11月5日國務院第34次常務會議對原條例進行了修訂，2008年12月15日財政部、國家稅務總局制定了實施細則，從2009年1月1日起正式執行。

二、營業稅的特點

營業稅與其他稅種相比，具有以下特點：

(一) 徵收面廣

營業稅的徵稅範圍非常廣泛，涵蓋除商業批發、零售以及加工、修理修配勞務以及銷售服務、銷售不動產與無形資產以外的第三產業以及第二產業的建築業。不分國有、集體、私營和外資企業，不分城市和鄉鎮，不分是單位還是個體經營，都是營業稅的徵稅範圍。隨著社會主義市場經濟的發展和人民消費水平的提高，第三產業迅速發展，營業稅收入穩定，增長較快。

(二) 以營業額全額為計稅依據

營業稅屬流轉稅，計稅依據為營業額，稅額不受成本、費用高低的影響，對保證財政收入的穩定增長具有重要的作用。

(三) 按行業設計稅目稅率

一方面，營業稅對同一行業，不論經濟性質如何，均按同一稅率徵稅，稅負公平、合理，便於在平等條件下開展競爭；另一方面，營業稅根據不同行業的經營特點，適

當分檔制定差別比例稅率,以實行區別對待。

(四) 徵收簡便

營業稅一般以營業收入全額為計稅依據,實行比例稅率,且按行業設計稅目稅率,容易掌握和控制,計徵簡便易行,有利於節省徵收費用。

第二節 營業稅的基本內容

一、營業稅的納稅人和扣繳義務人

(一) 納稅人

1. 一般規定

在中華人民共和國境內提供應稅勞務的單位和個人,為營業稅的納稅人。單位是指各種性質的企業(內資及涉外)、行政單位、事業單位、軍事單位、社會團體及其他單位,不包括單位依法不需要辦理稅務登記的內設機構,個人是指個體工商戶和其他個人。

2. 特殊規定

(1) 單位以承包、承租、掛靠方式經營的,承包人、承租人、掛靠人(以下統稱承包人)發生應稅行為,承包人以發包人、出租人、被掛靠人(以下統稱發包人)名義對外經營並由發包人承擔相關法律責任的,以發包人為納稅人;否則,以承包人為納稅人。

(2) 中央鐵路營運業務的納稅人為鐵道部;合資鐵路營運業務的納稅人為合資鐵路公司;地方鐵路營運業務的納稅人為地方鐵路管理機構;基建臨管線營運業務的納稅人為基建臨管線管理機構。

(二) 扣繳義務人

(1) 中華人民共和國境外的單位或者個人在境內提供應稅勞務、轉讓無形資產或者銷售不動產,在境內未設有經營機構的,以其境內代理人為扣繳義務人;在境內沒有代理人的,以受讓方或者購買方為扣繳義務人。

(2) 國務院財政、稅務主管部門規定的其他扣繳義務人。

二、營業稅的徵稅範圍

營業稅的徵稅範圍為在中華人民共和國境內提供應稅勞務。

三、營業稅的應稅行為

(一) 一般應稅行為

營業稅的應稅行為是指有償提供應稅勞務的行為。所謂有償,是指從受讓方取得

貨幣、貨物或其他經濟利益。

單位或者個體工商戶聘用的員工為本單位或者雇主提供條例規定的勞務，不屬於營業稅的徵收範圍。加工和修理、修配勞務，不屬於應稅勞務（屬非應稅勞務）。

(二) 混合銷售行為

1. 混合銷售行為的概念

對於納稅人的一項銷售行為如果既涉及應稅勞務又涉及貨物，為混合銷售行為。即從事貨物的生產、批發中既涉及應納營業稅的應稅勞務，又涉及應納增值稅的貨物銷售，我們稱為混合銷售。貨物是指有形動產，包括電力、熱力、氣體在內。

2. 混合銷售行為的稅務處理

(1) 從事貨物生產、批發或零售的企業、企業性單位及個體經營者的混合銷售行為，視為銷售貨物，不徵收營業稅；其他單位和個人的混合銷售行為，視為提供應稅勞務，應當徵收營業稅。

所謂從事貨物生產、批發或零售的企業、企業性單位及個體經營者，包括以從事貨物的生產、批發或零售為主，並兼營應稅勞務的企業、企業性單位及個體經營者在內。

所謂以從事貨物的生產、批發或零售為主，並兼營應稅勞務是指納稅人的年貨物銷售額中與營業稅應稅勞務營業額的合計數中，年貨物銷售額超過50%，營業稅應稅勞務營業額不到50%。

(2) 納稅人的下列混合銷售行為，應當分別核算應稅勞務的營業額和貨物的銷售額，其應稅勞務的營業額繳納營業稅，貨物銷售額不繳納營業稅；未分別核算的，由主管稅務機關核定其應稅勞務的營業額：

①提供建築業勞務的同時銷售自產貨物的行為；

②財政部、國家稅務總局規定的其他情形。

特殊規定：從事運輸業務的單位和個人，發生銷售貨物並負責運輸所售貨物的混合銷售行為應當徵收增值稅，而不是徵稅營業稅。

(三) 兼營行為

1. 兼營行為的概念

對於納稅人兼營營業稅應稅行為和貨物或者非應稅勞務的，稱為兼營行為。

2. 兼營行為的稅務處理

(1) 納稅人兼營應稅行為和貨物或者非應稅勞務的，應當分別核算應稅行為的營業額和貨物或者非應稅勞務的銷售額，其應稅行為營業額繳納營業稅，貨物或者非應稅勞務銷售額不繳納營業稅；未分別核算的，由主管稅務機關核定其應稅行為營業額。

(2) 納稅人兼營免稅、減稅項目的，應當分別核算免稅、減稅項目的營業額；未分別核算營業額的，不得免稅、減稅。

(3) 兼營有幾種情形：

①不同稅種的兼營，納稅人既從事營業稅應稅行為和增值稅貨物或者非應稅勞務的；

②同一稅種不同稅目的兼營，如納稅人從事兩個以上營業稅應稅項目的經營；

③同一稅種應稅和減稅、免稅的兼營，應當分別核算免稅、減稅項目的營業額；未分別核算營業額的，不得免稅、減稅。

第三節　營業稅的計算

一、營業稅的計稅依據

（1）營業稅的計稅依據是營業額，營業額為納稅人提供應稅勞務的全部價款和價外費用。價外費用包括收取的手續費、補貼、基金、集資費、返還利潤、獎勵費、違約金、滯納金、延期付款利息、賠償金、代收款項、代墊款項、罰息及其他各種性質的價外收費。價外費用不包括同時符合以下條件代為收取的政府性基金或者行政事業性收費：

①由國務院或者財政部批准設立的政府性基金，由國務院或者省級人民政府及其財政、價格主管部門批准設立的行政事業性收費；

②收取時開具省級以上財政部門印製的財政票據；

③所收款項全額上繳財政。

（2）納稅人發生應稅行為，如果將價款與折扣額開在同一張發票上註明的，以折扣后的價款為營業額；如果將折扣額另開發票的，不論其在財務上如何處理，均不得從營業額中扣除。

（3）納稅人提供建築業勞務（不含裝飾勞務）的，其營業額應當包括工程所用原材料、設備及其他物資和動力價款在內，但不包括建設方提供的設備的價款。

（4）娛樂業的營業額為經營娛樂業收取的全部價款和價外費用，包括門票收費、臺位費、點歌費、菸酒、飲料、茶水、鮮花、小吃等收費及經營娛樂業的其他各項收費。

（5）納稅人價格明顯偏低並無正當理由或所列視同發生應稅行為而無營業額的，按下列順序確定其營業額：

①按納稅人最近時期發生同類應稅行為的平均價格核定；

②按其他納稅人最近時期發生同類應稅行為的平均價格核定；

③按下列公式核定：

營業額＝營業成本或者工程成本×（1＋成本利潤率）÷（1－營業稅稅率）

（6）納稅人兼有不同稅目的應當繳納營業稅的勞務（簡稱應稅勞務）、轉讓無形資產或者銷售不動產，應當分別核算不同稅目的營業額、轉讓額、銷售額（統稱營業額），未分別核算營業額的，從高適用稅率。

（7）納稅人的營業額計算繳納營業稅后因發生退款減除營業額的，應當退還已繳納營業稅稅款或者從納稅人以後的應繳納營業稅稅額中減除。

二、營業稅的稅收優惠

對從事營業稅應稅項目的個人，營業稅規定了起徵點。營業稅起徵點幅度如下：按期納稅的，為月營業額5,000～20,000元；按次納稅的，為每次（日）營業額300～500元。

各省、自治區、直轄市人民政府所屬地方稅務機關可以在規定的幅度內，根據當地實際情況確定本地區適用的起徵點，並報國家稅務總局備案。納稅人營業額未達到國務院財政、稅務主管部門規定的營業稅起徵點的，免徵營業稅；達到起徵點的，應按營業額全額計算繳納營業稅。

營業稅起徵點，是指納稅人營業額合計達到起徵點。

【例4-1】成都市武侯區李先生開設一個體餐館，2009年1～3月的營業額分別為4,900元、5,000元和5,100元，當地稅務局規定的營業稅起徵點為5,000元。請計算李先生2009年1～3月分別應當繳納多少營業稅。

解：根據營業稅政策：

（1）李先生2009年1月的營業額低於起徵點，不需要繳納營業稅。

（2）李先生2009年2月的營業額達到起徵點，應當徵收營業稅。

營業稅應納稅額 = 5,000 × 5% = 250（元）

（3）2009年3月的營業額超過了起徵點，應當徵收營業稅。

營業稅應納稅額 = 5,100 × 5% = 255（元）

第四節　營業稅的徵收管理

一、營業稅的繳納

（一）納稅義務發生時間

（1）營業稅納稅義務發生時間為納稅人提供應稅勞務並收訖營業收入款項或者取得索取營業收入款項憑據的當天，國務院財政、稅務主管部門另有規定的，從其規定。

①所稱收訖營業收入款項，是指納稅人應稅行為發生過程中或者完成后收取的款項。

②所稱取得索取營業收入款項憑據的當天，為書面合同確定的付款日期的當天；未簽訂書面合同或者書面合同未確定付款日期的，為應稅行為完成的當天。

（2）營業稅扣繳義務發生時間為納稅人營業稅納稅義務發生的當天。

（二）納稅期限和納稅地點

1. 納稅期限

（1）營業稅的納稅期限分別為5日、10日、15日、1個月或者1個季度。納稅人的具體納稅期限，由主管稅務機關根據納稅人應納稅額的大小分別核定，不能按照固

定期限納稅的，可以按次納稅。

（2）納稅人以 1 個月或者 1 個季度為一個納稅期的，自期滿之日起 15 日內申報納稅；以 5 日、10 日或者 15 日為一個納稅期的，自期滿之日起 5 日內預繳稅款，於次月 1 日起 15 日內申報納稅並結清上月應納稅款。

（3）扣繳義務人解繳稅款的期限，依照前兩項的規定執行。

（4）納稅人應當向應稅勞務發生地的主管稅務機關申報納稅而自應當申報納稅之月起超過 6 個月沒有申報納稅的，由其機構所在地或者居住地的主管稅務機關補徵稅款。

2. 納稅地點

（1）納稅人提供應稅勞務應當向其機構所在地或者居住地的主管稅務機關申報納稅。但是，納稅人提供的建築業勞務以及國務院財政、稅務主管部門規定的其他應稅勞務，應當向應稅勞務發生地的主管稅務機關申報納稅。

（2）扣繳義務人應當向其機構所在地或居住地的主管稅務機關申報繳納其扣繳的稅款。

（三）營業稅的徵收機關

營業稅由稅務機關徵收。鐵道部門、各銀行總行、各保險總公司的營業稅由國家稅務局徵收和管理，其他營業稅由地方稅務局徵收和管理。

（四）營業稅的徵收管理

營業稅的徵收管理應當遵守《中華人民共和國稅收徵收管理法》的規定，但如果《中華人民共和國營業稅暫行條例》有特別規定，應當優先適用《中華人民共和國營業稅暫行條例》的規定。

二、營業稅納稅申報

（一）納稅申報表的填製方法

營業稅納稅申報表是營業稅納稅人每個月度向稅務機關申報繳納稅款的書面憑證，是稅務機關與納稅人雙方辦理納稅與徵收管理必不可少的資料。營業稅納稅申報表的式樣如表 4－1 所示。

營業稅納稅申報表各個欄目的填列說明如下：

填表日期：填寫申報日的日期。

納稅人識別號：填寫納稅人稅務登記證的號碼。

納稅人名稱：填寫納稅人（單位或個人）的全稱。

稅款所屬時期：填寫應納該稅款的所屬日期。

稅目：填寫納稅項目所屬的稅目。

經營項目：填寫繳納營業稅的具體項目。

全部收入：填寫納稅人本期的營業收入。

不徵稅項目：填寫納稅人屬於不徵稅的收入項目的金額。

減除項目：填寫納稅人應從本期計稅營業額中扣除的收入項目金額。

表4-1 營業稅納稅申報表

填表日期　　年　月　日

納稅人識別號：

金額單位：元（列至角分）

稅目	經營項目	營業額					稅率 %	本期			
^	^	全部收入	不徵稅項目	減除項目	減免稅項目	應稅營業額	^	應納稅額	減免稅額	已納稅額	應補退稅額
1	2	3	4	5	6	7	8	9	10	11	12
合計											

如納稅人填報，由納稅人填寫以下各項			委託代理人填報時由代理人填寫以下各項		
會計主管（簽章）	納稅人（公章）	代理人名稱		代理人（公章）	備註
^	^	地址		^	^
^	^	經辦人		電話	^
以下由稅務機關填寫					
收到填報日期					接收人	

減免稅項目：填寫納稅人屬於已經批准的，政策規定實施減免稅的收入項目金額。

應稅營業額：填寫納稅人收入總額減去不徵稅項目、減除項目、減免稅項目後的餘額。

稅率：填寫各個納稅項目的適用稅率。

應納稅額：填寫申報期納稅人應繳納的營業稅額。

在本表中它所構成的勾稽關係為：「應納稅額＝應稅營業額×稅率」。

減免稅額：填寫本期享受國家政策減免的數額，在本表中它所構成的關係式為：「減免稅額＝減免稅項目金額×稅率」。

已納稅額：填寫本期申報的內容中，前期已經繳納過的稅額（一般以5天、10天、15天為一個納稅期的納稅人，通常都會出現這種情況）。

應補退稅額：填寫本期尚應該補繳或者應該退還的營業稅額。在本表中構成的關係式為：「應補退稅額＝應納稅額－減免稅額－已納稅額」，計算結果為正數時則要補繳營業稅，為負數時則要退還營業稅，或者留下期抵繳。

納稅人（公章）：加蓋納稅人章印，以承擔法律責任。

主管會計（簽名）：由納稅人的主管會計簽章，以對此申報承擔法律責任。

代理人名稱：填寫從事代理申報的人員或單位名稱。

代理人地址：填寫代理人的工作地址；代理人（公章）：加蓋代理人的章印，以承擔法律責任。

經辦人：由從事代理的經辦人簽字以承擔法律責任。

電話：填寫代理單位的電話。

備註：填寫本次申報中需要說明的方面。

收到填報日期：由稅務機關填寫收到該申報的日期。

接受人：填寫稅務機關的接收本申報人的姓名。

（二）營業稅納稅申報的方式

根據《中華人民共和國稅收徵收管理法》的規定，納稅人、扣繳義務人可以直接到稅務機關的納稅大廳申報稅款或報送扣繳表，也可以採取郵寄、網上申報、數據電文或其他方式進行辦理。

（三）營業稅納稅申報舉例分析

【例4－2】四川鯤鵬有限公司，納稅人識別號為4201063345858××，2009年1月份取得營業收入100萬元，由該公司財務部自己申報納稅，財務部主管謝紅生，地方稅務辦稅大廳接受申報表人劉紅，2009年2月12日該單位向稅務機關申報稅款，如表4－2所示。

表4－2　　　　　　　　　　　　營業稅納稅申報表

填報日期：2009年2月12日

納稅人識別號：4201063345858××

金額單位：元（列至角分）

納稅人名稱		四川鯤鵬有限公司				稅款所屬日期		2009年1月			
稅目	經營項目	營業額				稅率	本期				
		全部收入	不徵稅項目	減除項目	減免稅項目	應稅營業額	%	應納稅額	減免稅額	已納稅額	應補退稅額
1	2	3	4	5	6	7	8	9	10	11	12
服務業	賓館收入	1,000,000	50,000	20,000	100,000	830,000	5	41,500	5,000	0	36,500

表4-2(續)

合計		1,000,000	50,000	20,000	100,000	83,0,000	5%	41,500	5,000	0	36,500

如納稅人填報，由納稅人填寫以下各項				委託代理人填報時由代理人填寫以下各項		
會計主管 （簽章）	納稅人 （公章）	代理人名稱		代理人（公章）		備註
		地址		電話		
		經辦人				

以下由稅務機關填寫			
收到填報日期	2009年2月12日	接收人	劉紅

第五節　營業稅涉稅業務的帳務處理

一、帳戶的設置

根據不同情況設置「應交稅費——應交營業稅」「稅金及附加」和「固定資產清理」等帳戶。取得應稅收入時，借記「銀行存款」「應收帳款」等帳戶，貸記「主營業務收入」「其他業務收入」等帳戶；計提營業稅金時，借記「稅金及附加」帳戶，貸記「應交稅費——應交營業稅」帳戶；企業繳納營業稅時，借記「應交稅費——應交營業稅」帳戶，貸記「銀行存款」帳戶。

二、營業稅的基本帳務處理

（一）計提營業稅的會計處理

　　借：稅金及附加（或）其他業務成本
　　　　固定資產清理（銷售不動產）
　　　　應付帳款（代扣的營業稅）
　　　貸：應交稅費——應交營業稅

（二）繳納的帳務處理

　　借：應交稅費——應交營業稅
　　　貸：銀行存款

（三）年終清算的帳務處理

　　（1）多計時應衝回：
　　借：應交稅費——應交營業稅
　　　貸：稅金及附加

（2）退回多繳時：
借：銀行存款
　　貸：稅金及附加
（3）補計時：
借：稅金及附加
　　貸：應交稅費——應交營業稅

第五章　城市維護建設稅與教育費附加

學習目的：通過本章學習，能按月計算城市維護建設稅與教育費附加金額，會辦理城市維護建設稅與教育費附加的納稅申報，能進行城市維護建設稅與教育費附加涉稅業務會計處理。

第一節　城市維護建設稅的基本內容

一、城市維護建設稅的概念

城市維護建設稅是指對從事生產經營的單位、個人和其他經濟組織，以其實際繳納的增值稅、消費稅、營業稅稅額之和為計稅依據所徵收的一種稅。

現行的城市維護建設稅，是國務院於1985年2月8日通過的《中華人民共和國城市維護建設稅暫行條例》予以設立，並於1985年1月1日在全國範圍內實行。國家開徵城市維護建設稅，目的就是為了擴大和維護城市建設的資金來源，不斷推進城市的建設維護。

二、城市維護建設稅的特點

城市維護建設稅與其他稅種相比，主要有以下特點：

（一）屬附加稅

中國現行開徵的所有稅種中，唯獨城市維護建設稅沒有獨立的計稅依據，附加於「增值稅、消費稅、營業稅」稅額，本身並沒有特定的、獨立的徵稅對象，是一種附加稅。

（二）課稅面廣

由於城市維護建設稅是隨增值稅、消費稅、營業稅（簡稱「三稅」）附徵，而增值稅、消費稅、營業稅是中國的主體稅種，其徵收範圍涉及第二產業和第三產業的所有納稅人，只要繳納「三稅」的單位和個人，除享受「三稅」減免稅之外，都要繳納城市維護建設稅，因此，城市維護建設稅的課稅面十分廣泛。

（三）以城市規模設計稅率

根據不同的城市規模，按城市市區、縣城、建制鎮、農村分別設置差別稅率，城市市區適用稅率較高，縣城、建制鎮以及農村適用稅率相對較低。稅率越高，徵稅越

多，這樣設計，與城鎮規模越大，所需建設資金愈多相適應，較好地照顧了城市建設的不同需要。

(四) 稅款專用

城市維護建設稅，雖然納入財政預算，但在預算中其款項用途只能用來保證城市公共事業和公共設施的建設和維護，實行專款專用，不得作為他用，其實質就是一種受益稅。

三、城市維護建設稅的納稅人

城市維護建設稅以繳納增值稅、消費稅、營業稅的單位和個人為納稅人。單位是指各種性質的企業、行政單位、事業單位、軍事單位、社會團體及其他單位。不包括單位依法不需要辦理稅務登記的內設機構和外商投資企業和外國企業。外商投資企業和外國企業暫不繳納城市維護建設稅。個人是指個體工商戶和其他個人。

只要繳納了增值稅、消費稅、營業稅中的任何一種稅的單位和個人，都必須同時繳納城市維護建設稅。

四、城市維護建設稅的徵稅範圍及對象

城市維護建設稅隨增值稅、消費稅、營業稅附徵，因此徵稅範圍寬泛，包括城市、縣城、建制鎮以及稅法規定徵收「三稅」的其他地區。城市、縣城、建制鎮應以行政區劃為標準，確定徵稅範圍，不得隨意縮小和擴大。城市維護建設稅的徵稅對象與增值稅、消費稅、營業稅的徵稅對象一致。

第二節 城市維護建設稅的計算與徵收管理

一、計稅依據及稅率

(一) 計稅依據

計算徵收城市維護建設稅，以納稅人實際繳納的增值稅、消費稅、營業稅稅額之和為計稅依據，包括對納稅人查補的增值稅、消費稅、營業稅稅額，但不包括對其加收的滯納金和罰款。

(二) 稅率

城市維護建設稅實行地區差別比例稅率。以納稅人所在的地域不同，具體分為7%、5%、1%三個檔次。適用範圍是：城市市區稅率為7%，縣城、建制鎮稅率為5%，城市市區、縣城、建制鎮以外的地區稅率為1%。

確定納稅人繳納城市維護建設稅適用稅率的前提，就是要看納稅人的生產經營所在地所處的地域是城市市區還是縣城、建制鎮或其他農村地區。一般情況下，應該按照納稅人從事生產經營所在地確定適用稅率。也就是說，即使是城市市區的企業，若

在建制鎮範圍以外的農村從事生產經營，由於生產經營地在農村，也只能適用1%的稅率計算繳納城市維護建設稅，反之亦然。

對於貨物運輸業按代開票納稅人管理的單位和個人，在代開貨物運輸發票時，一律按照所繳納營業稅額的7%預繳城市維護建設稅。在代開票時已徵收的屬於規定減免稅的城市維護建設稅及高於城市維護建設稅稅率徵收的稅款，在下一個徵稅期實行退稅。

另外，對於由受託方代收、代扣「三稅」的單位和個人，以及流動經營無固定納稅地點的單位和個人，應按納稅人繳納「三稅」所在地的適用稅率，就地繳納城市維護建設稅。

二、應納稅額的計算

納稅人應繳納的城市維護建設稅額，以實際繳納「三稅」總額，依據適用稅率計算。其計算公式為：

應納稅額＝（實繳增值稅額＋實繳消費稅額＋實繳營業稅額）×適用稅率

【例5－1】成都市區的某菸廠，2008年12月，應繳納增值稅1,000萬元，按政策規定辦理退庫30萬元，繳納消費稅500萬元；同年9月出售閒置房產一棟，取得收入600萬元因未申報納稅被查補營業稅及罰款40萬元，在12月份繳納，其中罰款10萬元。計算該廠實際應繳納的城市維護建設稅額。

解：應納稅額＝[（1,000－30）＋500＋（40－10）]×7%＝105（萬元）

三、稅收優惠

鑒於城市維護建設稅是以納稅人實際繳納的增值稅、消費稅、營業稅為計稅依據，隨「三稅」同徵，因此，在稅法上，對城市維護建設稅沒有單獨規定減免稅優惠事項。其稅收優惠，是隨增值稅、消費稅、營業稅的減免而減免。

對於一些特殊事項的減免，國家另行做了規定：

（1）海關代徵進口產品增值稅、消費稅時，不徵收城市維護建設稅；

（2）出口退稅的，不退還已經國稅機關正式審核批准的當期免抵的增值稅額為計稅依據，計算繳納的城市維護建設稅；

（3）對增值稅、消費稅、營業稅實行先徵後返、先徵後退、即徵即退等優惠方法的，除另有規定外，對隨「三稅」附徵的城市維護建設稅，一律不予退還。

四、徵收管理

城市維護建設稅比照增值稅、消費稅、營業稅有關規定實施徵收管理。城市維護建設稅納稅申報期限與增值稅、消費稅、營業稅的納稅申報期限一致。城市維護建設稅的納稅地點，納稅人直接繳納「三稅」的，與增值稅、消費稅、營業稅的納稅地點相同，在繳納「三稅」地繳納城市維護建設稅。實行代徵、代扣、代收增值稅、消費稅、營業稅的，負有扣繳義務的單位和個人，在履行代收「三稅」義務時，同時要依

照當地適用稅率，代徵、代扣、代收城市維護建設稅。對於無固定經營地點的流動經營者，應隨增值稅、消費稅、營業稅在經營所在地，按其當地適用稅率繳納城市維護建設稅。

第三節　教育費附加

一、教育費附加的概念

教育費附加是以單位和個人實際繳納的增值稅、消費稅、營業稅的稅額為計徵依據，按照規定計徵比例計算繳納的一種附加費。它是一種具有稅收性質的專項基金。國務院於1986年4月28日頒布了《徵收教育費附加暫行規定》，當年7月1日在全國範圍內開始徵收教育費附加。

二、徵收範圍及計徵依據

凡繳納增值稅、消費稅、營業稅的單位和個人，都應當繳納教育費附加。外商投資企業和外國企業暫不繳納教育費附加。教育費附加的計徵依據就是單位和個人實際繳納增值稅、消費稅、營業稅的稅額，並隨「三稅」同時繳納。

三、計徵比率

教育費附加計徵比率為3%。

四、教育費附加的計算

應繳教育費附加的計算公式為：

應繳教育費附加＝(實繳增值稅稅額＋實繳消費稅稅額＋實繳營業稅稅額)×計徵比率

五、減免規定和徵收管理

教育費附加的減免規定與徵收管理，比照城市維護建設稅的有關規定辦理。

六、城市維護建設稅和教育費附加涉稅業務的帳務處理

計提城市維護建設稅和教育費附加是以實際繳納的增值稅、營業稅、消費稅稅額為計稅依據的。

計提時：
借：營業稅金及附加（主營業務收入時）
　　貸：應交稅費——應交城市維護建設稅
　　　　　　　　——應交教育費附加

上繳時：
借：應交稅費——應交城市維護建設稅

——應交教育費附加
貸：銀行存款（或庫存現金）

習　題

一、單項選擇題

1. 下列項目中，不屬於城市維護建設稅納稅人的有（　　）。
   A. 私營企業　　　　　　　　B. 個體工商戶
   C. 外商投資企業　　　　　　D. 事業單位
2. 下列說法正確的有（　　）。
   A. 只要繳納增值稅就會繳納城市維護建設稅
   C. 只要退還「三稅」就退還城市維護建設稅
   B. 同時繳納增值稅、消費稅、營業稅的納稅人才能成為城市維護建設稅的納稅人
   D. 城市維護建設稅的納稅人是繳納增值稅、消費稅、營業稅的單位和個人。
3. 下列項目中，不作為城市維護建設稅計稅依據的是（　　）。
   A. 納稅人被認定為偷稅少繳的增值稅款
   B. 納稅人被認定為抗稅少繳的消費稅款
   C. 納稅人欠繳的營業稅
   D. 對欠繳增值稅加收的滯納金
4. 市區某納稅人無故拖欠了消費稅10萬元，經查出後，補交了拖欠的消費稅，同時加罰了滯納金600元。應按以下辦法繳納城市維護建設稅的是（　　）。
   A. 補繳城市維護建設稅7,000元
   B. 補繳城市維護建設稅的滯納金1.2元
   C. 補繳城市維護建設稅7,000元，滯納金42元
   D. 補繳城市維護建設稅7,000元，滯納金14元
5. 設在縣城的甲企業代收代繳市區乙企業的消費稅，對乙企業城市維護建設稅的處理辦法是（　　）。
   A. 由乙企業在市區按7%繳納城市維護建設稅
   B. 由乙企業將7%的城市維護建設稅交甲企業代徵
   C. 由乙企業按7%的稅率自行選擇納稅地點
   D. 由甲企業按5%的稅率代收乙企業的城市維護建設稅
6. 下列情況中，符合城市維護建設稅有關規定的是（　　）。
   A. 個體經營者不繳納城市維護建設稅
   B. 流動經營的納稅人在經營地繳納城市維護建設稅
   C. 流動經營的納稅人在居住地繳納城市維護建設稅
   D. 城市維護建設稅的減免只有省、市、自治區政府有權決定

7. 下列具有特定目的的稅種有（   ）。
   A. 增值稅　　　　　　　　　　B. 企業所得稅
   C. 城市維護建設稅　　　　　　D. 房產稅

二、多項選擇題

1. 下列情況中，不繳納城市維護建設稅的有（   ）。
   A. 外商繳納的營業稅
   B. 外商繳納的消費稅滯納金
   C. 某內資企業本月進口貨物海關代徵了增值稅
   D. 某服務性內資業企業本年直接免徵營業稅

2. 下列項目中，不屬於城市維護建設稅計稅依據的是（   ）。
   A. 納稅人實際繳納的「三稅」
   B. 納稅人減免退稅的「三稅」
   C. 納稅人計算出的應繳「三稅」
   D. 受託方代扣代繳的「三稅」

3. 某納稅人按稅法規定，增值稅先徵後返。其城市維護建設稅的處理辦法是（   ）。
   A. 繳納增值稅同時繳城市維護建設稅
   B. 返增值稅同時返還城市維護建設稅
   C. 繳增值稅時，按比例返還已繳城市維護建設稅
   D. 返還增值稅時不返還城市維護建設稅

4. 下列項目中，符合城市維護建設稅納稅地點規定的有（   ）。
   A. 取得輸油收入的管道局，為管道局所在地
   B. 流動經營無固定地點的單位，為單位註冊地
   C. 流動經營無固定地點的單位，為居住所在地
   D. 代徵代扣「三稅」的單位和個人，為代徵代扣地

5. 某生產企業生產銷售柴油，取得的銷售收入應納（   ）。
   A. 增值稅　　　　　　　　　　B. 消費稅
   C. 城市維護建設稅　　　　　　D. 教育費附加

三、判斷題

1. 城市維護建設稅隨增值稅、消費稅、營業稅的納稅環節分別在銷售、進口等環節繳納。（   ）
2. 城市維護建設稅的徵稅範圍不包括農村。（   ）
3. 由受託方代收代繳消費稅的，應代收代繳的城市維護建設稅按委託方所在地的適用稅率計算。（   ）
4. 進口環節代徵增值稅也要代徵教育費附加。（   ）
5. 機關服務中心為機關內部提供后勤服務所取得的收入，在 2006 年 12 月 31 日以

前，免徵城市維護建設稅和教育費附加。　　　　　　　　　　　　（　　）

6. 不論「三稅」採用何種退免形式，除出口退稅外，隨「三稅」附徵的城市維護建設稅和教育費附加都可以退（返）。　　　　　　　　　　　　　　　　（　　）

四、計算題

1. 某縣城生產護膚品的納稅人本月繳納增值稅10萬元、消費稅30萬元，補繳上月應納消費稅2萬元，當月取得出口退還增值稅5萬元，獲批出口免抵增值稅4萬元，繳納進口關稅8萬元、進口增值稅20萬元、進口消費稅10萬元。要求：計算本月應繳的城市維護建設稅和教育費附加。

2. 某市區化妝品生產企業2016年1月隱瞞銷售取得的現金46,800元，2016年2月28日被稅務機關查實，應如何查補城市維護建設稅和教育費附加？

3. 某位於鎮的卷菸廠，2016年2月繳納消費稅40,000元、增值稅30,000元，被查補消費稅10,000元、增值稅5,000元，處以罰款8,000元，加收滯納金600元。要求：計算城市維護建設稅和教育費附加數額。

第六章　關稅

學習目的：通過本章學習，要求掌握關稅的納稅義務人，掌握關稅的徵稅對象及稅則，掌握關稅的完稅價格及其應納稅額的計算，瞭解關稅的稅收優惠，瞭解關稅徵收管理的相關規定。

第一節　關稅概述

一、關稅的概念

關稅是指國家授權海關對出入關境的貨物和物品徵收的一種稅。

所謂關境也稱海關境域或關稅領域，是《中華人民共和國海關法》（以下簡稱《海關法》）全面實施的領域。通常情況下，一國的關境與國境是一致的，包括國家全部的領海、領土和領空。但是在國境內設置免徵關稅的自由港或者自由貿易區時，關境就小於國境。根據《中華人民共和國香港特別行政區基本法》和《中華人民共和國澳門特別行政區基本法》的規定，香港和澳門保持自由港地位，為中國單獨的關稅區，即單獨關境區。單獨關境區是不完全適用該國海關法律法規或實施單獨海關管理制度的區域。當幾個國家結成關稅同盟，組成一個共同的關境，實施統一的關稅法令和統一的對外稅則時，這些國家彼此之間的貨物進出國境不徵收關稅，只對來自或運往其他國家的貨物進出共同關境時徵收關稅，這些國家的關境大於國境，如歐洲聯盟。

關稅是隨著商品交換和商品流通領域的不斷擴大以及國際貿易的不斷發展而產生和逐步發展的。中國關稅歷史悠久，西周時期就在邊境設立關卡，《周禮地官》中就有最早關於「關市之徵」的記載，徵稅的目的是「關市之賦，以待王之膳服」。清初時設立江、浙、閩、粵四處海關，其后在不平等條約下增開對外通商口岸設立海關，徵收關稅。

新中國成立后，建立了完全獨立自主的關稅制度。現行關稅法律規範以全國人民代表大會於2000年7月修正頒布的《中華人民共和國海關法》為法律依據，以2003年11月國務院根據《中華人民共和國海關法》修訂並頒布的《中華人民共和國進出口關稅條例》和《中華人民共和國海關入境旅客行李物品和個人郵遞物品徵收進口稅辦法》為基本法規，由負責關稅政策制定和徵收管理的主管部門依據本法規擬定的管理辦法和實施細則為主要內容。

二、關稅的特點

(一) 統一的國境徵稅

封建社會由於封建割據，導致國內關卡林立、重複徵稅，所以那時的關稅主要為國內關稅或內地關稅，它嚴重地阻礙著商品經濟發展。資本主義生產方式取代封建生產方式之後，主張國內自由貿易和商品自由流通，因而紛紛廢除舊時的內地關稅，實行統一的國境關稅。近代關稅只對進出口貨物在邊境口岸徵一次稅。

(二) 由國家專設的海關機關統一徵收

近代國家的關稅是由主權國家設在邊境、沿海口岸或境內水陸空國際交往通道的海關機關，根據國家制定的關稅稅法、稅則徵收的，其他任何單位和個人均無權徵收關稅。關稅由海關總署及所屬機構具體管理和徵收，徵收關稅是海關工作的一個重要組成部分。

(三) 關稅是執行國家經濟政策的一種手段

國家徵收關稅不只是為了滿足政府財政上的需要，更重要的是利用關稅來貫徹執行統一的對外經濟政策，實現國家的政治經濟目的。在中國現階段，關稅被用來爭取實現平等互利的對外貿易，保護並促進國內工農業生產發展，為社會主義市場經濟服務。

(四) 實行復式稅則

關稅的稅則是關稅課稅範圍及其稅率的法則。復式稅則是指一個稅目設有兩個或兩個以上的稅率，根據進口貨物原產國的不同，分別適用高低不同的稅率。復式稅則是一個國家對外貿易政策的體現。目前，在國際上除極個別國家外，各國關稅普遍實行復式稅則。

三、關稅的作用

關稅在調節經濟、促進改革開放方面，在正確保護民族企業生產、防止國外的經濟侵襲、爭取關稅互惠、促進對外貿易發展、增加國家財政收入方面，都具有重要作用。

(一) 維護國家主權和經濟利益

當今世界，經濟和貿易競爭異常激烈，關稅已成為各國政府維護本國政治、經濟權益乃至進行國際經濟鬥爭的一個重要武器。中國根據平等互利和對等原則，通過關稅復式稅則的運用等方式，爭取國際的關稅互惠並反對他國對中國進行關稅歧視，促進了對外經濟技術交往，擴大了對外經濟合作。此外，利用關稅和其他國家簽訂互惠協定，可以爭得國家間的平等貿易往來；關稅壁壘可以作為保護本國生產的防衛手段；歧視性關稅可以作為實現本國政治目標的工具；等等。可見，關稅在維護國家主權和經濟利益方面起著極其重要和難以替代的的作用。

（二）保護和促進本國產業的發展

一個國家採取什麼樣的關稅政策，是由該國的經濟發展水平、產業結構狀況、國際貿易收支狀況以及參與國際經濟競爭的能力等多種因素決定的。中國作為發展中國家，一直十分重視利用關稅保護本國的「幼稚工業」，促進進口替代工業發展，關稅在保護和促進本國工農業生產的發展方面發揮了重要作用。

（三）調節國民經濟和對外貿易活動

關稅是國家重要的經濟槓桿，通過調節稅率的高低和關稅的減免，可以影響進出口規模、國民經濟活動。例如：調節出口產品生產企業的利潤水平，有意識地引導各類產品的生產；調節進出口商品數量和結構，促進國內市場商品的供需平衡，保護國內市場的物價穩定；通過徵收附加稅，減少進口數量，改變外貿逆差過大的不利狀況；等等。

（四）國家財政收入的主要來源

從世界大多數國家尤其是發達國家的稅制結構分析，關稅收入在整個財政收入中的比重不大，並呈下降趨勢。但是，一些發展中國家，其中主要是那些國內工業不發達、工商稅源有限、國民經濟主要依賴於某種或某幾種初級資源產品出口，以及國內許多消費品主要依賴於進口的國家，徵收進出口關稅仍然是它們取得財政收入的重要渠道之一。中國關稅收入是財政收入的重要組成部分。

四、關稅的分類

（一）關稅按徵收對象，劃分為進口稅、出口稅和過境稅

1. 進口稅

進口稅是指海關在外國貨物進口時所課徵的關稅。進口稅通常在外國貨物進入關境或國境時徵收，或在外國貨物從保稅倉庫提出運往國內市場時徵收。為了保護本國市場和增加財政收入，現今世界各國的關稅主要是徵進口稅。

2. 出口稅

出口稅是指海關在本國貨物出口時所課徵的關稅。為了降低出口貨物的成本，提高本國貨物在國際市場上的競爭能力，世界各國一般少徵或不徵出口稅。但為了限制本國某些產品或自然資源的輸出，或為了保護本國生產、本國市場供應和增加財政收入以及某些特定的需要，有些國家也徵收出口稅。

3. 過境稅

過境稅又稱通過稅，是指對外國貨物通過本國國境或關境時徵收的一種關稅。過境稅最早主要是為了增加國家財政收入而徵收的。現在由於各國的交通事業發展，競爭激烈，徵收過境稅，不僅妨礙國際商品流通，而且還減少港口、運輸、倉儲等方面的收入，於是便逐步廢除了過境稅的條款。

（二）關稅按計徵方式，劃分為從量關稅、從價關稅、混合關稅和選擇性關稅

1. 從量關稅

從量關稅是以徵稅對象的數量為計稅依據，按每單位數量預先制定的應稅額計徵。

2. 從價關稅

從價關稅是以徵稅對象的價格為計稅依據，根據一定比例的稅率進行計徵。

3. 混合關稅

混合關稅是指對進口貨物同時制定出從價、從量兩種方式，分別計算稅額，以兩種稅額之和作為該貨物的應徵稅額。

4. 選擇性關稅

對同一種貨物在稅則中規定從價、從量兩種稅率，在徵稅時選擇其中徵收稅額較多的一種，以免因物價波動影響財政收入，也可以選擇稅額較少的一種標準計算關稅。

（三）關稅按差別待遇和特定的實施情況，劃分為進口附加稅、差價稅、特惠稅和普遍優惠制

1. 進口附加稅

進口附加稅是指除了徵收一般進口稅以外，根據某種目的再加徵額外的關稅，主要有反貼補稅和反傾銷稅。

2. 差價稅

差價稅又稱差額稅，是指當某種本國生產的產品國內價格高於同類的進口商品價格時，為了削弱進口商品的競爭能力，保護國內生產和國內市場，按國內價格與進口價格之間的差額徵收的關稅。

3. 特惠稅

特惠稅又稱優惠稅，是指對某個國家或地區進口的全部商品或部分商品，給予特別優惠的低關稅或免稅待遇。但它不適用於從非優惠國家或地區進口的商品。

4. 普遍優惠制

普遍優惠制簡稱普惠制，它是發展中國家在聯合國貿易與發展會議上經過長期鬥爭，在1968年通過建立普惠制決議后取得的。該決議規定，發達國家承諾對從發展中國家或地區輸入的商品，特別是製成品和半成品，給予普遍的、非歧視性的和非互惠的優惠關稅待遇。

第二節　關稅的納稅人徵稅對象及關稅稅則

一、關稅的納稅義務人

進口貨物的收貨人、出口貨物的發貨人、進出境物品的所有人，是關稅的納稅義務人。進出口貨物的收、發貨人是依法取得對外貿易經營權，進口或者出口貨物的法人或者其他社會團體。進出境物品的所有人包括該物品的所有人和推定為所有人的人。

一般情況下，對於攜帶進境的物品，推定其攜帶人為所有人；對分離運輸的行李，推定相應的進出境旅客為所有人；對以郵遞方式進境的物品，推定其收件人為所有人；以郵遞或其他運輸方式出境的物品，推定其寄件人或托運人為所有人。

二、關稅的徵收對象

關稅的徵稅對象是准許進出境的貨物和物品。貨物是指貿易性商品，物品是指入境旅客隨身攜帶的行李物品、個人郵遞物品、各種運輸工具上的服務人員攜帶進口的自用物品、饋贈物品以及其他方式進境的個人物品。

三、關稅稅則

（一）關稅稅則的概況

海關進出口稅則簡稱關稅稅則，是一個國家制定和公布的對進出其關境的貨物徵收關稅的條例和稅率的分類表。

中國現行的關稅稅則是按照國際通行的稅則制度建立的。稅則商品分類目錄自1992年1月1日起採用《商品名稱及編碼協調制度》（以下簡稱HS）的商品分類目錄。《商品名稱及編碼協調制度》是一個科學、系統的國際貿易商品分類體系，是國際上多個商品分類目錄協調的產物，適合於與國際貿易有關的多方面的需要，如海關、統計、貿易、運輸、生產等，成為國際貿易商品分類的一種「標準語言」。

（二）HS及中國現行稅則的商品分類

1. 總體結構

HS的總體結構有三部分：一是歸類總規則，共6條，規定了分類原則和方法，以保證對HS使用和解釋的一致性，使某一具體商品能夠始終歸入一個唯一編碼；二是類、章、目和子目註釋，嚴格界定了相應的商品範圍，闡述專用術語的定義或區分某些商品的技術標準及界限；三是按順序編排的目與子目編碼及條文，採用六位編碼，將所有商品分為22類、98章（其中第77章是留做備用的空章），章下再分為目和子目。編碼前兩位數代表「章」，前四位數代表「目」，第五、六位數代表「子目」。

2. 類

HS中的「類」基本上按社會生產部類分類，將屬於同一生產部類的產品歸在同一類中。具體情況分類如下：

第一類：活動物；動物產品。

第二類：植物產品。

第三類：動、植物油、脂及其分解產品；精製的食用油脂；動、植物蠟。

第四類：食品；飲料、酒及醋；菸草及菸草代用品的製品。

第五類：礦產品。

第六類：化學工業及其相關工業的產品。

第七類：塑料及其製品；橡膠及其製品。

第八類：生皮、皮革、毛皮及其製品；鞍具及挽具；旅行用品、手提包及類似容

器；動物腸線（鹽膠絲除外）製品。

　　第九類：木及木製品；木炭；軟木及軟木製品；稻草、秸稈、針茅或其他編結材料製品；籃筐及柳條編織品。

　　第十類：木漿及其他纖維狀纖維素漿；回收（廢碎）紙或紙板；紙、紙板及其製品。

　　第十一類：紡織原料及其紡織製品。

　　第十二類：鞋、帽、傘、杖、鞭及其零件；已加工的羽毛及其製品；人造花；人髮製品。

　　第十三類：石料、石膏、水泥、石棉、雲母及類似材料的製品；陶瓷產品；玻璃及其製品。

　　第十四類：天然或養殖珍珠、寶石或半寶石、貴金屬、包貴金屬及其製品；仿首飾；硬幣。

　　第十五類：賤金屬及其製品。

　　第十六類：機器、機械器具、電氣設備及其零件；錄音機及放聲機、電視圖、像、聲音的錄制和重放設備及其零件、附件。

　　第十七類：車輛、航空器、船舶及有關運輸設備。

　　第十八類：光學、照相、電影、計量、檢驗、醫療或外科用儀器及設備、精密儀器及設備；鐘表；樂器；上述物品的零件、附件。

　　第十九類：武器、彈藥及零件、附件。

　　第二十類：雜項製品。

　　第二十一類：藝術品、收藏品及古物。

　　第二十二類：特殊交易品及未分類品

　　3. 章

　　HS 中的「章」的分類有兩種情況：一是按商品原材料的屬性分類，相同原料的產品一般歸入同一章，在章內按產品加工程度從原料到成品順序排列；二是按商品的用途或性能分類。HS 各章都有一個「其他」子目，使任何國際貿易商品都能在這個分類體系找到適當位置。

　　4. 中國子目

　　中國現行稅則採用八位編碼，前六位等效採用 HS 編碼，第七、八位為中國根據中國進出口商品的實際情況，在 HS 基礎上延伸的兩位編碼，也稱增列稅目。

第三節　關稅的完稅價格及應納稅額的計算

一、一般進口貨物的完稅價格

（一）以成交價格為基礎的完稅價格

　　根據《海關法》的規定，進口貨物的完稅價格包括貨物的貨價、貨物運抵中國境

內輸入地點起卸前的運輸及其相關費用、保險費。中國境內輸入地為入境海關地，包括內陸河、江口岸，一般為第一口岸。貨物的貨價以成交價格為基礎。進口貨物的成交價格是指買方為購買該貨物，並按《完稅價格辦法》有關規定調整后的實付或應付價格。

1. 對進口貨物成交價格的要求

進口貨物成交價格應當符合下列要求：

（1）買方對進口貨物的處置或使用不受限制，但國內法律、行政法規規定的限制和對貨物轉售地域的限制，以及對貨物價格無實質影響的限制除外；

（2）貨物的價格不得受到使該貨物成交價格無法確定的條件或因素的影響；

（3）賣方不得直接或間接獲得因買方轉售、處置或使用進口貨物而產生的任何收益，除非能夠按照《完稅價格辦法》有關規定做出調整；

（4）買賣雙方之間沒有特殊關係，如果有特殊關係，應當符合《完稅價格辦法》的有關規定。

2. 對實付或應付價格進行調整的有關規定

實付或應付價格是指買方為購買進口貨物直接或間接支付的總額，即作為賣方銷售進口貨物的條件，由買方向賣方或為履行賣方義務向第三方已經支付或將要支付的全部款項。

（1）如下列費用或者價值未包括在進口貨物的實付或者應付價格中，應當計入完稅價格：

①由買方負擔的除購貨佣金以外的佣金和經紀費。購貨佣金是指買方為購買進口貨物向自己的採購代理人支付的勞務費用；經紀費是指買方為購買進口貨物向代表買賣雙方利益的經紀人支付的勞務費用。

②由買方負擔的與該貨物視為一體的容器費用。

③由買方負擔的包裝材料和包裝勞務費用。

④與該貨物的生產和向中華人民共和國境內銷售有關的，由買方以免費或者以低於成本的方式提供並可以按適當比例分攤的料件、工具、模具、消耗材料及類似貨物的價款，以及在境外開發、設計等相關服務的費用。

⑤與該貨物有關並作為賣方向中國銷售該貨物的一項條件，應當由買方直接或間接支付的特許權使用費。特許權使用費是指買方為獲得與進口貨物相關的、受著作權保護的作品、專利、商標、專有技術和其他權利的使用許可而支付的費用。但是在估定完稅價格時，進口貨物在境內的複製權費不得計入該貨物的實付或應付價格之中。

⑥賣方直接或間接從買方對該貨物進口后轉售、處置或使用所得中獲得的收益。

上列所述的費用或價值，應當由進口貨物的收貨人向海關提供客觀量化的數據資料。如果沒有客觀量化的數據資料，完稅價格由海關按《完稅價格辦法》規定的方法進行估定。

（2）下列費用，如能與該貨物實付或者應付價格區分，不得計入完稅價格：

①廠房、機械、設備等貨物進口后的基建、安裝、裝配、維修和技術服務的費用；

②貨物運抵境內輸入地點之后的運輸費用、保險費和其他相關費用；

③進口關稅及其他國內稅收。

3. 對買賣雙方之間有特殊關係的規定

買賣雙方之間有特殊關係的，經海關審定其特殊關係未對成交價格產生影響，或進口貨物的收貨人能證明其成交價格與同時或大約同時發生的下列價格相近，該成交價格海關應當接受：

（1）向境內無特殊關係的買方出售的相同或類似貨物的成交價格；

（2）按照使用倒扣價格有關規定所確定的相同或類似貨物的完稅價格；

（3）按照使用計算價格有關規定所確定的相同或類似貨物的完稅價格。

有下列情形之一的，應當認定買賣雙方有特殊關係：①買賣雙方為同一家族成員；②買賣雙方互為商業上的高級職員或董事；③一方直接或間接地受另一方控制；④買賣雙方都直接或間接地受第三方控制；⑤買賣雙方共同直接或間接地控制第三方；⑥一方直接或間接地擁有、控制或持有對方 5% 或以上公開發行的有表決權的股票或股份；⑦一方是另一方的雇員、高級職員或董事；⑧買賣雙方是同一合夥的成員，或買賣雙方在經營上相互有聯繫，一方是另一方的獨家代理、經銷或受讓人，如果有上述關係的，也應當視為有特殊關係。

（二）進口貨物海關估價方法

進口貨物的價格不符合成交價格條件或者成交價格不能確定的，海關應當依次以相同貨物成交價格方法、類似貨物成交價格方法、倒扣價格方法、計算價格方法及其他合理方法確定的價格為基礎，估定完稅價格。

1. 相同或類似貨物成交價格方法

相同或類似貨物成交價格方法，即以與被估價的進口貨物同時或大約同時（在海關接受申報進口之日的前后各 45 天以內）進口的相同或類似貨物的成交價格為基礎，估定完稅價格。

以該方法估定完稅價格時，應使用與該貨物相同商業水平且進口數量基本一致的相同或類似貨物的成交價格，但對因運輸距離和運輸方式不同，在成本和其他費用方面產生的差異應當進行調整。在沒有上述的相同或類似貨物的成交價格的情況下，可以使用不同商業水平或不同進口數量的相同或類似貨物的成交價格，但對因商業水平、進口數量、運輸距離和運輸方式不同，在價格、成本和其他費用方面產生的差異應當做出調整。

以該方法估定完稅價格時，應當首先使用同一生產商生產的相同或類似貨物的成交價格，只有在沒有這一成交價格的情況下，才可以使用同一生產國或地區生產的相同或類似貨物的成交價格。如果有多個相同或類似貨物的成交價格，應當以最低的成交價格為基礎，估定進口貨物的完稅價格。

相同貨物是指與進口貨物在同一國家或地區生產的，在物理性質、質量和信譽等所有方面都相同的貨物，但表面的微小差異允許存在；類似貨物是指與進口貨物在同一國家或地區生產的，雖然不是在所有方面都相同，但具有相似的特徵、相似的組成材料、同樣的功能，並且在商業中可以互換的貨物。

2. 倒扣價格方法

倒扣價格方法，即以被估的進口貨物、相同或類似進口貨物在境內銷售的價格為基礎估定完稅價格。以該方法估定完稅價格時，應當扣除下列項目：

（1）該貨物的同等級或同種類貨物，在境內銷售時的利潤和一般費用及通常支付的佣金；

（2）貨物運抵境內輸入地點后的運費、保險費、裝卸費及其他相關費用；

（3）進口關稅、進口環節稅或其他與進口或銷售上述貨物有關的國內稅。

3. 計算價格方法

計算價格方法即按下列各項的總和計算出的價格估定完稅價格：

（1）生產該貨物所使用的原材料價值和進行裝配或其他加工的費用；

（2）與向境內出口銷售同等級或同種類貨物的利潤、一般費用相符的利潤和一般費用；

（3）貨物運抵境內輸入地點起卸前的運輸及相關費用、保險費。

4. 其他合理方法

使用其他合理方法時，應當根據《完稅價格辦法》規定的估價原則，以在境內獲得的數據資料為基礎估定完稅價格。但不得使用以下價格：

（1）境內生產的貨物在境內的銷售價格；

（2）可供選擇的價格中較高的價格；

（3）貨物在出口地市場的銷售價格；

（4）以計算價格方法規定的有關各項之外的價值或費用計算的價格；

（5）出口到第三國或地區的貨物的銷售價格；

（6）最低限價或武斷虛構的價格。

二、特殊進口貨物的完稅價格

（一）加工貿易進口料件及其製成品

加工貿易進口料件及其製成品需徵稅或內銷補稅的，海關按照一般進口貨物的完稅價格規定，審定完稅價格。其中：

（1）進口時需徵稅的進料加工進口料件，以該料件申報進口時的價格估定。

（2）內銷的進料加工進口料件或其製成品（包括殘次品、副產品），以料件原進口時的價格估定。

（3）內銷的來料加工進口料件或其製成品（包括殘次品、副產品），以料件申報內銷時的價格估定。

（4）出口加工區內的加工企業內銷的製成品（包括殘次品、副產品），以製成品申報內銷時的價格估定。

（5）保稅區內的加工企業內銷的進口料件或其製成品（包括殘次品、副產品），分別以料件或製成品申報內銷時的價格估定。如果內銷的製成品中含有從境內採購的料件，則以所含從境外購入的料件原進口時的價格估定。

（6）加工貿易加工過程中產生的邊角料，以申報內銷時的價格估定。
（二）保稅區、出口加工區貨物

從保稅區或出口加工區銷往區外、從保稅倉庫出庫內銷的進口貨物（加工貿易進口料件及其製成品除外），以海關審定的價格估定完稅價格。對經審核銷售價格不能確定的，海關應當按照一般進口貨物估價辦法的規定，估定完稅價格。如銷售價格中未包括在保稅區、出口加工區或保稅倉庫中發生的倉儲、運輸及其他相關費用的，應當按照客觀量化的數據資料予以計入。

（三）運往境外修理的貨物

運往境外修理的機械器具、運輸工具或其他貨物，出境時已向海關報明，並在海關規定期限內復運進境的，應當以海關審定的境外修理費和料件費為完稅價格。

（四）運往境外加工的貨物

運往境外加工的貨物，出境時已向海關報明，並在海關規定期限內復運進境的，應當以海關審定的境外加工費和料件費，以及該貨物復運進境的運輸及其相關費用、保險費估定完稅價格。

（五）暫時進境貨物

對於經海關批准的暫時進境的貨物，應當按照一般進口貨物估價辦法的規定，估定完稅價格。

（六）租賃方式進口貨物

租賃方式進口的貨物中，以租金方式對外支付的租賃貨物，在租賃期間以海關審定的租金作為完稅價格；留購的租賃貨物，以海關審定的留購價格作為完稅價格；承租人申請一次性繳納稅款的，經海關同意，按照一般進口貨物估價辦法的規定估定完稅價格。

（七）留購的進口貨樣等

對於境內留購的進口貨樣、展覽品和廣告陳列品，以海關審定的留購價格作為完稅價格。

（八）予以補稅的減免稅貨物

減稅或免稅進口的貨物需予補稅時，應當以海關審定的該貨物原進口時的價格，扣除折舊部分價值作為完稅價格。其計算公式為：

完稅價格＝海關審定的該貨物原進口時的價格×[1－申請補稅時實際已使用的時間(月)÷(監管年限×12)]

（九）以其他方式進口的貨物

以易貨貿易、寄售、捐贈、贈送等其他方式進口的貨物，應當按照一般進口貨物估價辦法的規定，估定完稅價格。

三、出口貨物的完稅價格

(一) 以成交價格為基礎的完稅價格

出口貨物的完稅價格，由海關以該貨物向境外銷售的成交價格為基礎審查確定，並應包括貨物運至中國境內輸出地點裝載前的運輸及其相關費用、保險費。但其中包含的出口關稅稅額，應當扣除。

出口貨物的成交價格，是指該貨物出口銷售到中國境外時買方向賣方實付或應付的價格。出口貨物的成交價格中含有支付給境外的佣金的，如果單獨列明，應當扣除。

(二) 出口貨物海關估價方法

出口貨物的成交價格不能確定時，完稅價格由海關依次使用下列方法估定：
(1) 同時或大約同時向同一國家或地區出口的相同貨物的成交價格；
(2) 同時或大約同時向同一國家或地區出口的類似貨物的成交價格；
(3) 根據境內生產相同或類似貨物的成本、利潤和一般費用、境內發生的運輸及其相關費用、保險費計算所得的價格；
(4) 按照合理方法估定的價格。

四、進出口貨物完稅價格中的運輸及相關費用與保險費的計算

(一) 以一般陸運、空運、海運方式進口的貨物

在進口貨物的運輸及相關費用、保險費計算中，海運進口貨物，計算至該貨物運抵境內的卸貨口岸；如果該貨物的卸貨口岸是內河（江）口岸，則應當計算至內河（江）口岸。陸運進口貨物，計算至該貨物運抵境內的第一口岸；如果運輸及其相關費用、保險費支付至目的地口岸，則計算至目的地口岸。空運進口貨物，計算至該貨物運抵境內的第一口岸；如果該貨物的目的地為境內的第一口岸外的其他口岸，則計算至目的地口岸。

陸運、空運和海運進口貨物的運費和保險費，應當按照實際支付的費用計算。如果進口貨物的運費無法確定或未實際發生，海關應當按照該貨物進口同期運輸行業公布的運費率（額）計算運費；按照「貨價加運費」兩者總額的3‰計算保險費。

(二) 以其他方式進口的貨物

郵運的進口貨物，應當以郵費作為運輸及其相關費用、保險費；以境外邊境口岸價格條件成交的鐵路或公路運輸進口貨物，海關應當按照貨價的1%計算運輸及其相關費用、保險費；作為進口貨物的自駕進口的運輸工具，海關在審定完稅價格時，可以不另行計入運費。

(三) 出口貨物

出口貨物的銷售價格如果包括離境口岸至境外口岸之間的運輸費、保險費的，該運輸費、保險費應當扣除。

五、應納稅額的計算

（一）從價稅應納稅額的計算

其計算公式為：

關稅稅額＝應稅進（出）口貨物數量×單位完稅價格×稅率

（二）從量稅應納稅額的計算

其計算公式為：

關稅稅額＝應稅進（出）口貨物數量×單位貨物稅額

（三）複合稅應納稅額的計算

中國目前實行的複合稅都是先計徵從量稅，再計徵從價稅。其計算公式為：

關稅稅額＝應稅進（出）口貨物數量×單位貨物稅額＋應稅進（出）口貨物數量×單位完稅價格×稅率

第六節　關稅的徵收管理

一、關稅繳納

進口貨物自運輸工具申報進境之日起 14 日內，出口貨物在貨物運抵海關監管區后裝貨 24 小時以前，應由進出口貨物的納稅義務人向貨物進（出）境地海關申報，海關根據稅則歸類和完稅價格計算應繳納的關稅和進口環節代徵稅，並填發稅款繳款書。納稅義務人應當自海關填發稅款繳款書之日起 15 日內，向指定銀行繳納稅款。如關稅繳納期限的最後 1 日是週末或法定節假日，則關稅繳納期限順延至週末或法定節假日過後的第 1 個工作日。為方便納稅義務人，經申請且海關同意，進（出）口貨物的納稅義務人可以在設有海關的指運地（啓運地）辦理海關申報、納稅手續。

關稅納稅義務人因不可抗力或者在國家稅收政策調整的情形下，不能按期繳納稅款的，經海關總署批准，可以延期繳納稅款，但最長不得超過 6 個月。

二、關稅的強制執行

納稅義務人未在關稅繳納期限內繳納稅款，即構成關稅滯納。為保證海關徵收關稅決定的有效執行和國家財政收入的及時入庫，《海關法》賦予海關對滯納關稅的納稅義務人強制執行的權利。強制措施主要有：

（1）徵收關稅滯納金。滯納金自關稅繳納期限屆滿滯納之日起，至納稅義務人繳納關稅之日止，按滯納稅款萬分之五的比例按日徵收，週末或法定節假日不予扣除。其計算公式為：

關稅滯納金金額＝滯納關稅稅額×滯納金徵收比率×滯納天數

（2）強制徵收。如納稅義務人自海關填發繳款書之日起 3 個月仍未繳納稅款，經海關關長批准，海關可以採取強制扣繳、變價抵繳等強制措施。強制扣繳即海關從納稅義務人在開戶銀行或者其他金融機構的存款中直接扣繳稅款。變價抵繳即海關將應稅貨物依法變賣，以變賣所得抵繳稅款。

三、關稅退還

關稅退還是關稅納稅義務人按海關核定的稅額繳納關稅后，因某種原因的出現，海關將實際徵收多於應當徵收的稅額（稱為溢徵關稅）退還給原納稅義務人的一種行政行為。根據《海關法》的規定，海關多徵的稅款，海關發現後應當立即退還。

按規定，有下列情形之一的，進出口貨物的納稅義務人可以自繳納稅款之日起 1 年內，書面聲明理由，連同原納稅收據向海關申請退稅並加算銀行同期活期存款利息，逾期不予受理。

（1）因海關誤徵，多納稅款的；
（2）海關核准免驗進口的貨物，在完稅後，發現有短卸情形，經海關審查認可的；
（3）已徵出口關稅的貨物，因故未將其運出口，申報退關，經海關查驗屬實的。

對已徵出口關稅的出口貨物和已徵進口關稅的進口貨物，因貨物品種或規格原因（非其他原因）原狀復運進境或出境的，經海關查驗屬實的，也應退還已徵關稅。海關應當自受理退稅申請之日起 30 日內，做出書面答覆並通知退稅申請人。本規定強調的是，「因貨物品種或規格原因，原狀復運進境或出境的。」如果屬於其他原因且不能以原狀復運進境或出境，不能退稅。

四、關稅補徵和追徵

補徵和追徵是海關在關稅納稅義務人按海關核定的稅額繳納關稅后，發現實際徵收稅額少於應當徵收的稅額（稱為短徵關稅）時，責令納稅義務人補繳所差稅款的一種行政行為。《海關法》根據短徵關稅的原因，將海關徵收短徵關稅的行為分為補徵和追徵兩種。由於納稅人違反海關規定造成短徵關稅的，稱為追徵；非因納稅人違反海關規定造成短徵關稅的，稱為補徵。

區分關稅追徵和補徵的目的是為了區別不同情況適用不同的徵收時效，超過時效規定的期限，海關就喪失了追補關稅的權力。根據《海關法》的規定，進出境貨物和物品放行後，海關發現少徵或者漏徵稅款，應當自繳納稅款或者貨物、物品放行之日起 1 年內，向納稅義務人補徵；因納稅義務人違反規定而造成的少徵或者漏徵的稅款，自納稅義務人應繳納稅款之日起 3 年以內可以追徵，並從繳納稅款之日起按日加收少徵或者漏徵稅款萬分之五的滯納金。

五、關稅納稅爭議

為保護納稅人合法權益，《海關法》和《關稅條例》都規定了納稅義務人對海關確定的進出口貨物的徵稅、減稅、補稅或者退稅等有異議時，有提出申訴的權利。在納稅義務人同海關發生納稅爭議時，可以向海關申請復議，但同時應當在規定期限內

按海關核定的稅額繳納關稅，逾期則構成滯納，海關有權按規定採取強制執行措施。

納稅爭議的內容包括：進出境貨物和物品的納稅義務人對海關在原產地認定、稅則歸類、稅率或匯率適用、完稅價格確定、關稅減徵、免徵、追徵、補徵和退還等徵稅行為是否合法或適當，是否侵害了納稅義務人的合法權益，而對海關徵收關稅的行為表示異議。

納稅爭議的申訴程序：納稅義務人自海關填發稅款繳款書之日起30日內，向原徵稅海關的上一級海關書面申請復議。逾期申請復議的，海關不予受理。海關應自收到復議申請之日起60日內做出復議決定，並以復議決定書的形式答覆納稅義務人；納稅義務人對海關復議決定仍然不服的，可以自收到復議決定書之日起15日內，向人民法院提請裁決。

六、原產地規定

（一）全部產地生產標準

全部產地生產標準是指進口貨物「完全在一個國家內生產或製造」，生產或製造國即為該貨物的原產國。完全在一國生產或製造的進口貨物包括：

（1）在該國領土或領海內開採的礦產品；
（2）在該國領土上收穫或採集的植物產品；
（3）在該國領土上出生或由該國飼養的活動物及從其所得產品；
（4）在該國領土上狩獵或捕撈所得的產品；
（5）在該國的船只上卸下的海洋捕撈物，以及由該國船只在海上取得的其他
（6）在該國加工船加工上述第（5）項所列物品所得的產品；
（7）在該國收集的只適用於做再加工製造的廢碎料和廢舊物品；
（8）在該國完全使用上述第（1）項至第（7）項所列產品加工成的製成品。

（二）實質性加工標準

實質性加工標準是適用於確定有兩個或兩個以上國家參與生產的產品的原產國的標準。其基本含義是：經過幾個國家加工、製造的進口貨物，以最后一個對貨物進行經濟上可以視為實質性加工的國家作為有關貨物的原產國。實質性加工是指產品加工后，在進出口稅則中四位數稅號一級的稅則歸類已經有了改變，或者加工增值部分所占新產品總值的比例已超過30%及以上的。

（三）其他

對機器、儀器、器材或車輛所用零件、部件、配件、備件及工具，如與主件同時進口且數量合理的，其原產地按主件的原產地確定，分別進口的則按各自的原產地確定。

七、關稅減免

（一）法定減免稅

法定減免稅是稅法中明確列出的減稅或免稅。符合稅法規定可予減免稅的進出口

貨物，納稅義務人無須提出申請，海關可按規定直接予以減免稅。

《海關法》和《中華人民共和國進出口關稅條例》明確規定，下列貨物、物品予以減免關稅：

（1）關稅稅額在人民幣50元以下的一票貨物，可免徵關稅。

（2）無商業價值的廣告品和貨樣，可免徵關稅。

（3）外國政府、國際組織無償贈送的物資，可免徵關稅。

（4）進出境運輸工具裝載的途中必需的燃料、物料和飲食用品，可予免稅。

（5）經海關核准暫時進境或者暫時出境，並在6個月內復運出境或者復運進境的貨樣、展覽品、施工機械、工程車輛、工程船舶、供安裝設備時使用的儀器和工具、電視或者電影攝制器械、盛裝貨物的容器以及劇團服裝道具，在貨物收發貨人向海關繳納相當於稅款的保證金或者提供擔保后，可予暫時免稅。

（6）為境外廠商加工、裝配成品和為製造外銷產品而進口的原材料、輔料、零件、部件、配套件和包裝物料，海關按照實際加工出口的成品數量免徵進口關稅；或者對進口料、件先徵進口關稅，再按照實際加工出口的成品數量予以退稅。

（7）因故退還的中國出口貨物，經海關審查屬實，可予免徵進口關稅，但已徵收的出口關稅不予退還。

（8）因故退還的境外進口貨物，經海關審查屬實，可予免徵出口關稅，但已徵收的進口關稅不予退還。

（9）進口貨物如有以下情形，經海關查明屬實，可酌情減免進口關稅：

①在境外運輸途中或者在起卸時，遭受損壞或者損失的；

②起卸後海關放行前，因不可抗力遭受損壞或者損失的；

③海關查驗時已經破漏、損壞或者腐爛，經證明不是保管不慎造成的。

（10）無代價抵償貨物，即進口貨物在徵稅放行後，發現貨物殘損、短少或品質不良，而由國外承運人、發貨人或保險公司免費補償或更換的同類貨物，可以免稅。但有殘損或質量問題的原進口貨物如未退運國外；其進口的無代價抵償貨物應照章徵稅。

（11）中國締結或者參加的國際條約規定減徵、免徵關稅的貨物、物品，按照規定予以減免關稅。

（12）法律規定減徵、免徵的其他貨物。

(二) 特定減免

特定減免特稱政策性減免。在法定減免之外，國家按照國際通行規則和中國實際情況，制定發布的有關進出口貨物減免關稅的政策，稱為特定或政策性減免。特定減免貨物一般有地區、企業和用途的限制，海關需要進行后續管理，也需要減免稅統計。

1. 科教用品

國務院制定了《科學研究和教學用品免徵進口稅收暫行規定》，對科學研究機構和學校，不以營利為目的，在合理數量範圍內進口國內不能生產的科學研究和教學用品，直接用於科學研究和教學的，免徵進口關稅和進口環節增值稅、消費稅。該規定對享受該優惠的科研機構和學校資格、類別及可以免稅的物品都做了明確的規定。

2. 殘疾人專用品

為支持殘疾人的健康工作，國務院制定了《殘疾人專用品免徵進口稅收暫行規定》，對健康、福利機構、假肢廠和榮譽軍人康復醫院進口國內不能生產的、對規定的殘疾人專用品免徵進口關稅和進口環節增值稅、消費稅。該規定對免稅的殘疾人專用品種類和品名都做了明確的規定。

3. 扶貧、慈善性捐贈物資

為促進公益事業的健康發展，經國務院批准，財政部、國家稅務總局、海關總署發布了《扶貧、慈善性捐贈物資免徵進口稅收的暫行辦法》。對境外自然人、法人或者其他組織等境外捐贈人，無償向經國務院主管部門依法批准成立的，以人道救助和發展扶貧、慈善事業為宗旨的社會團體以及國務院有關部門和各省、自治區、直轄市人民政府捐贈的，直接用於扶貧、慈善事業的物資，免徵進口關稅和進口環節增值稅。所稱扶貧、慈善事業是指非營利的扶貧濟困、慈善救助等社會慈善和福利事業。該辦法對可以免稅的捐贈物資種類和品名做了明確規定。

4. 加工貿易產品

（1）加工裝配和補償貿易。加工裝配即來料加工、來樣加工及來件裝配，是指由境外客商提供全部或部分原輔料、零配件和包裝物料，必要時提供設備，由我方按客商要求進行加工裝配，成品交外商銷售，我方收取工繳費。客商提供的作價設備價款，我方用工繳費償還。補償貿易是指由境外客商提供或國內單位利用國外出口信貸進口生產技術或設備，由我方生產，以返銷產品方式分期償還對方技術、設備價款或貸款本息的交易方式。因有利於較快地提高出口產品生產技術，改善中國產品質量和品種，擴大出口，增加中國外匯收入，國家給予一定的關稅優惠：進境料件不予徵稅，准許在境內保稅加工為成品后返銷出口；進口外商的不作價設備和作價設備，分別按照外商投資項目和國內投資項目的免稅規定執行；剩餘料件或增產的產品，經批准轉內銷時，價值在進口料件總值2%以內，且總價值在3,000元以下的，可予免稅。

（2）進料加工。經批准有權經營進出口業務的企業使用進料加工專項外匯進口料件，並在1年內加工或裝配成品外銷出口的業務，稱為進料加工業務。對其關稅優惠為：對專為加工出口商品而進口的料件，海關按實際加工復出口的數量，免徵進口稅；加工的成品出口，免徵出口稅，但內銷料件及成品照章徵稅；對加工過程中產生的副產品、次品、邊角料，海關根據其使用價值分析估價徵稅或者酌情減免稅；剩餘料件或增產的產品，經批准轉內銷時，價值在進口料件總值2%以內且總價值在5,000元以下的，可予免稅。

5. 邊境貿易進口物資

為了鼓勵中國邊境地區積極發展與中國毗鄰國家間的邊境貿易與經濟合作，國家制定了有關扶持、鼓勵邊境貿易和邊境地區發展對外經濟合作的政策措施。邊境貿易有邊民互市貿易和邊境小額貿易兩種形式。邊民互市貿易是指邊境地區邊民在邊境線20里以內、經政府批准的開放點或指定的集市上進行的商品交換活動。邊民通過互市貿易進口的商品，每人每日價值在3,000元以下的，免徵進口關稅和進口環節增值稅。邊境小額貿易是指沿陸地邊境線經國家批准對外開放的邊境縣（旗）、邊境城市轄區內

經批准有邊境小額貿易經營權的企業，通過國家指定的陸地邊境口岸，與毗鄰國家邊境地區的企業或其他貿易機構之間進行的貿易活動。邊境小額貿易企業通過指定邊境口岸進口原產於毗鄰國家的商品，除菸、酒、化妝品以及國家規定必須照章徵稅的其他商品外，進口關稅和進口環節增值稅減半徵收。

6. 保稅區進出口貨物

為了創造完善的投資、營運環境，開展為出口貿易服務的加工整理、包裝、運輸、倉儲、商品展出和轉口貿易，國家在境內設立了保稅區，即與外界隔離的全封閉方式，在海關監控管理下進行存放和加工保稅貨物的特定區域。保稅區的主要關稅優惠政策有：①進口供保稅區使用的機器、設備、基建物資、生產用車輛，為加工出口產品進口的原材料、零部件、元器件、包裝物料，供儲存的轉口貨物以及在保稅區內加工運輸出境的產品免徵進口關稅和進口環節稅；②保稅區內企業進口專為生產加工出口產品所需的原材料、零部件、包裝物料，以及轉口貨物予以保稅；③從保稅區運往境外的貨物，一般免徵出口關稅等。

7. 出口加工區進出口貨物

為加強與完善加工貿易管理，嚴格控制加工貿易產品內銷，保護國內相關產業，並為出口加工企業提供更寬鬆的經營環境，帶動國產原材料、零配件的出口，國家設立了出口加工區。出口加工區的主要關稅優惠政策有：①從境外進入區內生產性的基礎設施建設項目所需的機器、設備和建設生產廠房；倉儲設施所需的基建物資，區內企業生產所需的機器、設備、模具及其維修用零配件，區內企業和行政管理機構自用合理數量的辦公用品，予以免徵進口關稅和進口環節稅。②區內企業為加工出口產品所需的原材料、零部件、元器件、包裝物料及消耗性材料，予以保稅。③對加工區運往區外的貨物，海關按照對進口貨物的有關規定辦理報關手續，並按照製成品徵稅。④對從區外進入加工區的貨物視同出口，可按規定辦理出口退稅。

8. 進口設備

為進一步擴大利用外資，引進國外先進技術和設備，促進產業結構的調整和技術進步，保持國民經濟持續、快速、健康發展，國務院決定自 1998 年 1 月 1 日起，對國家鼓勵發展的國內投資項目和外商投資項目進口設備，在規定範圍內免徵進口關稅和進口環節增值稅。具體為：①對符合《外商投資產業指導目錄》鼓勵類和限制乙類，並轉讓技術的外商投資項目，在投資總額內進口的自用設備，以及外國政府貸款和國際金融組織貸款項目進口的自用設備、加工貿易外商提供的不作價進口設備，除《外商投資項目不予免稅的進口商品目錄》所列商品外，免徵進口關稅和進口環節增值稅；②對符合《當前國家重點鼓勵發展的產業、產品和技術目錄》的國內投資項目，在投資總額內進口的自用設備，除《國內投資項目不予免稅的進口商品目錄》所列商品外，免徵進口關稅和進口環節增值稅；③對符合上述規定的項目，按照合同隨設備進口的技術及配套件、備件，也免徵進口關稅和進口環節增值稅。

9. 特定行業或用途的減免稅政策

為鼓勵、支持部分行業或特定產品的發展，國家制定了部分特定行業或用途的減免稅政策，這類政策一般對可減免稅的商品列有具體清單。如為支持中國海洋和陸上

特定地區石油、天然氣開採作業，對相關項目進口國內不能生產或性能不能滿足要求的，直接用於開採作業的設備、儀器、零附件、專用工具，免徵進口關稅和進口環節增值稅等。

(三) 臨時減免稅

臨時減免稅是指以上法定和特定減免稅以外的其他減免稅，即由國務院根據《海關法》對某個單位、某類商品、某個項目或某批進出口貨物的特殊情況，給予特別照顧，一案一批，專文下達的減免稅。一般有單位、品種、期限、金額或數量等限制，不能比照執行。

中國已加入世界貿易組織，為遵循統一、規範、公平、公開的原則，有利於統一稅法、公平稅負、平等競爭，國家嚴格控制減免稅，一般不辦理個案臨時性減免稅；對特定減免稅也在逐步規範、清理，對不符合國際慣例的稅收優惠政策將逐步予以廢止。

習　題

一、單項選擇題

1. 反補貼稅的徵收不得超過（　　）。
   A. 傾銷差額　　　　　　　　B. 正常關稅
   C. 補貼數額　　　　　　　　D. 最惠國關稅
2. 關稅的稅收客體是（　　）
   A. 進出口貨物　　　　　　　B. 進出口商人
   C. 進口國海關　　　　　　　D. 實際消費者
3. 以增加國家收入為目的徵收的關稅是（　　）。
   A. 財政關稅　　　　　　　　B. 保護關稅
   C. 過境關稅　　　　　　　　D. 差價關稅
4. 普惠制的主要原則是（　　）。
   A. 普遍的、非歧視的、非互惠的、永久的
   B. 普遍的、非歧視的、非互惠的
   C. 非普遍的、非歧視的、非互惠的
   D. 非普遍的、歧視的、互惠的

二、多項選擇題

1. 一個國家對進口商品，除了徵收正常進口關稅外，還往往根據目的加徵額外關稅，叫做進口附加稅，其中包括（　　）。
   A. 差價稅　　　　　　　　　B. 反傾銷稅
   C. 特惠稅　　　　　　　　　D. 反補貼稅

2. 關稅和其他稅收一樣，具有（　　）。
   A. 強制性　　　　　　　　　　　B. 無償性
   C. 預定性　　　　　　　　　　　D. 直接性
3. 進口稅一般可分為（　　）。
   A. 普惠制稅　　　　　　　　　　B. 最惠國稅
   C. 特惠稅　　　　　　　　　　　D. 普通稅
4. 從價稅的主要優點在於（　　）。
   A. 徵收比較簡單
   B. 隨物價漲跌而漲跌，能起到保護作用
   C. 稅賦較為公平
   D. 物價下跌時，更能起到保護作用
5. 一國徵收出口稅的目的是（　　）。
   A. 保證本國生產　　　　　　　　B. 增加財政收入
   C. 擴大出口　　　　　　　　　　D. 保證本國市場供應

三、判斷題

1. 以保護本國工農業為目的而對外國商品進口徵收的關稅，在其他條件不變的情況下，稅率越高越能達到保護的目的。　　　　　　　　　　　　　　　　　　（　　）
2. 在單一稅則下，一種商品項下只設一個稅率，簡單明確，易於管理，因此目前絕大多數國家都採用單一稅則。　　　　　　　　　　　　　　　　　　　　（　　）
3. 在發達國家的關稅結構中，有效關稅稅率遠大於名義關稅稅率。　（　　）
4. 對來自不同國家的商品進口稅不同，因此，關稅比非關稅具有更大的靈活性。
   　　　　　　　　　　　　　　　　　　　　　　　　　　　　　　　　（　　）
5. 不限進口國別或地區，而由進口商的申請先後批給一定的額度，這種配額叫全球配額。　　　　　　　　　　　　　　　　　　　　　　　　　　　　　　（　　）
6. 自願出口配額與一般進口配額制一樣，都是進口國限制進口的一項措施。
   　　　　　　　　　　　　　　　　　　　　　　　　　　　　　　　　（　　）
7. 一些進口國利用海關估價變相地提高進口商品的價格，這是一種非關稅壁壘措施。　　　　　　　　　　　　　　　　　　　　　　　　　　　　　　　　（　　）
8. 在進口配額制下，一定時期內規定一定的進口數量，超過了規定的限額，則禁止進口。　　　　　　　　　　　　　　　　　　　　　　　　　　　　　　（　　）
9. 關稅是進出口貨物經過一國國境時，由政府設置的海關向其進出口商所徵收的稅收。　　　　　　　　　　　　　　　　　　　　　　　　　　　　　　（　　）
10. 目前國際貿易條約與協定一般都採用有條件的最惠國待遇條款。（　　）
11. 關稅屬於間接稅。　　　　　　　　　　　　　　　　　　　　　（　　）

四、計算分析題

甲化妝品公司為增值稅一般納稅人，主要從事化妝品的生產、進口和銷售業務，

2016 年 9 月發生以下經濟業務：

（1）從國外進口一批化妝品，海關核定的關稅完稅價格為 112 萬元，公司按規定向海關繳納了關稅、消費稅和進口環節增值稅，並取得了相關完稅憑證。

（2）向公司員工發放一批新研發的化妝品作為職工福利，該批化妝品不含增值稅的銷售價格為 75 萬元。

（3）委託乙公司加工一批化妝品，提供的材料成本為 86 萬元，支付乙公司加工費 5 萬元，當月收回該批委託加工的化妝品，乙公司沒有同類消費品銷售價格。

已知：化妝品適用的消費稅稅率為 30%，關稅稅率為 25%。要求：

（1）計算該公司當月進口環節應繳納的消費稅稅額。

（2）計算該公司當月作為職工福利發放的化妝品應繳納的消費稅稅額。

（3）計算乙公司受託加工的化妝品在交貨時應代收代繳的消費稅稅額。

第七章　資源類稅

學習目的：通過本章學習，要求掌握資源稅和城鎮土地使用稅的納稅義務人，掌握資源稅和城鎮土地使用稅的稅目、稅率，掌握資源稅和城鎮土地使用稅的課稅數量，及其應納稅額的計算；瞭解資源稅和城鎮土地使用稅的稅收優惠，瞭解資源稅和城鎮土地使用稅的徵收管理與納稅申報。

第一節　資源稅

一、資源稅概述

（一）資源稅的概念

　　資源稅是以自然資源為課稅對象而徵收的一種稅。目前在中國開徵的資源稅，是對在中國境內開採礦產品及生產鹽的單位和個人，就其應稅產品銷售數量或自用數量為計稅依據而徵收的。

　　資源的範圍很廣，從物質內容上看，包括礦產資源、土地資源、水資源、太陽能資源、空氣資源、動物資源、植物資源、海洋資源等。對其中一部分資源徵收資源稅，可以體現國家對資源產品的特定調控意圖。

　　中國開徵資源稅的歷史久遠。早在周朝就有「山澤之賦」，對在山上伐木、採礦、狩獵、水上捕魚、煮鹽等，都要徵稅；戰國時期秦國開始對鹽的生產、運銷課徵「鹽課」；明朝的「坑冶之課」，實際上就是礦稅，其徵收對象包括金、銀、銅、鋁、朱砂等礦產品。北洋軍閥和國民黨統治時期，也徵收過礦區稅、礦產稅和礦統稅，這三種稅實際上屬於資源稅中的礦稅。新中國成立後，《全國稅政實施要則》規定對鹽的生產、運銷徵收鹽稅。1984年9月18日國務院根據第六屆全國人民代表大會常務委員會第七次會議的決定發布了《中華人民共和國資源稅條例（草案）》，並於當年10月1日起正式開徵，但其徵收範圍僅限於原油、天然氣、煤炭三種資源，同時國務院頒布了《中華人民共和國鹽稅條例（草案）》，將鹽稅從原工商稅中分離出來，重新成為一個獨立的稅種。隨著中國市場經濟的不斷發展，資源稅在徵稅範圍等諸多方面已經不能適應新形勢的需要。為此，根據普遍徵收、級差調節的原則，1993年12月25日國務院頒布了《中華人民共和國資源稅暫行條例》，擴大了資源稅的徵稅範圍，將鹽稅歸並到資源稅中，同時提高了徵收稅額，修訂后的資源稅自1994年1月1日起施行。

(二) 中國現行資源稅的特徵

1. 只對特定資源徵稅

從理論上講，資源稅的課稅對象應包括具有商品屬性的國有自然資源，如礦藏、水源、森林、山嶺、草原、灘塗等。但考慮到中國的實際情況，現行資源稅既不是對各種自然資源徵稅，也不是對所有具有商品屬性的資源都徵稅，而只是對其中的礦產品資源和鹽資源徵稅。在具體確定徵稅範圍時，對礦產資源的絕大多數礦種採取了根據礦產品價格和採掘業的時機情況選擇品目、分批分步實施徵收資源稅的辦法，凡列入資源稅稅目稅額表的礦種，都屬於徵稅範圍。1984年10月資源稅開徵之初，只對原油、天然氣和煤炭三種產品開徵了資源稅。目前包括在徵收範圍內的有煤炭、原油、天然氣、有色金屬礦產品、黑色金屬礦產品、非金屬礦產品和鹽七種資源產品。從資源稅的改革和政府宏觀經濟調控的客觀需要出發，中國資源稅的徵收範圍應逐步擴大，有計劃地將水資源、森林資源、草原資源、土地資源及其他礦產品等列入徵稅範圍。

2. 實行從量定額徵收

中國現行資源稅法規定資源稅以應稅資源產品的銷售量為計稅依據，實行從量定額計稅。另外，由於開採同一應稅產品的資源條件（如資源品位、儲量、開採難易程度、地理位置等）存在差異，其單位稅額也呈現相應的差異。一般來說，資源條件好、負擔能力強的，單位稅額就相應高一些；反之，單位稅額就相應低一些。從量定額徵收有一定的優點，即便於計徵和繳納，而且可以根據資源條件直接確定稅額，在一定時期內保持穩定，這樣既可以調節級差收入，又能促進企業加強經營管理，提高經濟效益。但從量定額徵收也存在一些缺點，如不能體現資源的稀缺性特徵，不利於促使資源充分有效配置等。因此，目前資源稅的改革方案又考慮將從量定額徵收改為從價定率徵收或從量與從價相結合的方式。

3. 具有級差收入稅的特點

各種自然資源在客觀上都存在著好壞、貧富、貯存狀況、開採條件、地理位置和選礦條件等種種差異。由於這些客觀因素的影響，必然導致各資源開發者和使用者在資源豐瘠和收益多少上存在較大差異。中國資源稅通過對同一資源實行高低不同的差別稅率，直接調節同一種資源由於所處的地理位置不同，內部結構、成分不同以及開發條件不同等客觀原因造成的級差收入，一方面增加國家財政收入；另一方面平衡企業利潤水平，為企業競爭創造公平的外部環境，以促進資源的合理開發利用。

4. 具有受益稅的特點

在中國，國家既是自然資源的所有者，又是政治權力的行使者。資源稅實質上是國家憑藉其政治權力和自然資源所有權的雙重權力對開採者徵收的一種稅。一方面體現了有償開發利用國有資源的原則，另一方面體現了稅收的強制性、固定性等特點。單位或者個人開發經營國有自然資源，既要為擁有開發權而付出一定代價，又因為享受國有自然資源有義務支付一定的費用。因此說，資源稅具有受益稅的特徵。

(三) 資源稅的作用

資源稅的開徵，為構建中國的資源占用課稅體系奠定了基礎，對於完善中國的稅

制結構，拓寬稅收的調節領域，全面發揮稅收的職能作用具有重要意義。資源稅開徵以來，經過不斷改進，其課徵範圍逐漸擴大，計徵方法日趨完善，已經成為中國現行稅制體系中的一個重要稅種。

在社會主義市場經濟條件下，資源稅的作用主要有以下幾個方面：

1. 有利於國有資源的合理開採，節約使用和有效配置

開徵資源稅，可以根據資源和開發條件的優劣，確定不同的稅額，把資源的開採和利用，同納稅人的自身利益緊密結合，既有利於國家加強對自然資源的保護和管理，防止亂採濫用資源，又有利於經營者出於對自身利益的考慮，提高資源的開發和利用效率，最大限度有效節約地開發和利用國家資源。在中國尚未建立專門的環保稅的今天，資源稅被公認為中國最具有環保作用的綠色稅種。

2. 有利於合理調節資源級差收入，促進開採企業間的公平競爭

中國的資源稅，屬於比較典型的級差資源稅。是根據應稅產品的品種、質量、存在形式、開採方式以及企業所處地理位置和交通運輸條件等客觀因素的差異確定差別稅率，從而使條件優越者稅負較高，反之則稅負較低，這種稅率設計使資源稅能夠比較有效地調節由於自然資源條件差異等客觀因素給企業帶來的級差收入，緩解企業收益分配上的矛盾，減少或排除資源條件差異對企業盈利水平的影響，促進資源開發企業之間以及資源利用企業之間在較為平等的基礎上開展競爭，為企業發展創造有利的外部條件。

3. 有利於發揮稅收槓桿的整體功能，保證國家財政收入

雖然資源稅對調節納稅人的級差收入水平發揮了一定的作用，但還不夠充分，而且與其他稅種，如企業所得稅、增值稅、產品稅等之間的關聯度較差。鑒於此，中國對資源稅與產品稅、增值稅、企業所得稅進行了配套改革，建立了資源稅、增值稅與企業所得稅相輔相成的綜合調節機制，使稅收的調節作用有效地貫穿資源開發、產品生產和商品流通各個環節。由於 1994 年資源稅稅制改革擴大了課徵範圍，適度提高了課徵稅率，資源稅的收入規模及其在稅收收入總額中所占的比重都相應增加，其財政意義也日漸明顯，在為國家籌集財政資金方面發揮著不可忽視的作用。

二、資源稅的納稅人與扣繳義務人

資源稅的納稅義務人是指在中華人民共和國境內開採應稅資源的礦產品或者生產鹽的單位和個人。單位是指國有企業、集體企業、私營企業、股份制企業、其他企業和行政單位、事業單位、軍事單位、社會團體及其他單位；個人是指個體經營者和其他個人；其他單位和其他個人包括外商投資企業、外國企業及外籍人員。

資源稅的扣繳義務人，主要是針對零星、分散、不定期開採的情況，為了加強管理，避免漏稅，由扣繳義務人在收購礦產品時代扣代繳資源稅。《中華人民共和國資源稅暫行條例》規定，收購未稅礦產品的單位為資源稅的扣繳義務人。

三、資源稅的徵稅範圍

根據《中華人民共和國資源稅暫行條例》的規定，目前中國資源稅具體徵稅範圍

包括：

（一）礦產品

（1）原油。原油是指天然汽油，不包括人造石油。

（2）天然氣。天然氣是指專門開採或與原油同時開採的天然氣，暫不包括煤礦伴生的天然氣。

（3）煤炭。煤炭是指原煤，不包括洗煤、選煤及其他煤炭製品。

（4）黑色金屬礦、有色金屬礦和其他非金屬礦產品。這三種礦產品均指原礦。

（二）鹽

鹽包括固體鹽和液體鹽（鹵水）。

四、資源稅的稅目與單位稅額

資源稅採取從量定額的辦法徵收，實施「普遍徵收，級差管理」的原則。所謂的普遍徵收既是對在中國境內開發的一切應稅資源產品徵收資源稅。級差調節即是運用對因資源儲存狀況、開採條件、資源優劣、地理位置等客觀存在的差別產生的資源級差收入，通過實施差別稅額標準進行調節。

目前中國資源稅的稅目、稅額包括7大類（見表7－1）。現行資源稅的稅目主要是根據資源稅應稅產品和納稅人開採資源的行業特點設置的。

表7－1　　　　　　　　資源稅稅目稅額幅度表

稅目	稅額幅度
一、原油	8～30元/噸
二、天然氣	2～15元/千立方米
三、煤炭	0.3～5元/噸
四、其他非金屬礦原礦	0.5～20元/噸（或者立方米）
五、黑色金屬礦原礦	2～30元/噸
六、有色金屬礦原礦	0.4～30元/噸
七、鹽　　固體鹽 　　　　液體鹽	10～60元/噸 2～10元/噸

納稅人在開採主礦產品的過程中伴採的其他應稅礦產品，凡未單獨規定適用稅額的，一律按主礦產品或視同主礦產品稅目徵收資源稅。未列舉名稱的其他非金屬礦原礦和其他有色金屬礦原礦，由省、自治區、直轄市人民政府決定徵收或暫緩徵收資源稅，並報財政部和國家稅務總局備案。

五、資源稅應納稅額的計算

(一) 資源稅的計稅依據

1. 確定課稅數量的基本辦法

資源稅以應稅產品的課稅數量為計稅依據，確定課稅數量的基本辦法是：

（1）納稅人開採或者生產應稅產品銷售的，以銷售數量為課稅數量；

（2）納稅人開採或者生產應稅產品自用的，以自用（非生產用）數量為課稅數量。

2. 確定課稅數量的具體辦法

在實際生產經營活動中，有些情況比較特殊，具體情況的課稅數量按如下辦法執行：

（1）納稅人不能準確提供應稅產品銷售數量或移送使用數量的，以應稅產品的產量或主管稅務機關確定的折算比換算成的數量為課稅數量；

（2）原油中的稠油、高凝油與稀油劃分不清或不易劃分的，一律按原油的數量課稅；

（3）對於連續加工前無法正確計算原煤移送使用量的，可按加工產品的綜合回收率，將加工產品實際銷量和自用量折算成原煤數量作為課稅數量；

（4）金屬和非金屬礦產品精加工礦，因無法準確掌握納稅人移送使用原礦數量的，可將其精礦按選礦比折算成原礦數量作為課稅數量。其計算公式如下：

選礦比 = 精礦數量 ÷ 耗用原礦數量

（5）納稅人以自產的液體鹽加工固體鹽，按固體鹽徵稅，以加工的固體鹽數量為課稅數量。納稅人以外購的液體鹽加工固體鹽，其加工固體鹽所耗用的液體鹽的已納稅額準予抵扣。

對於納稅人開採或者生產不同稅目應稅產品的，應當分別核算；不能準確提供不同稅目應稅產品課稅數量的，從高適用稅率。

(二) 資源稅應納稅額的計算

資源稅的應納稅額，按照應稅產品的課稅數量和規定的單位稅額計算。其計稅公式為：

應納稅額 = 課稅數量 × 單位稅額

代扣代繳應納稅額 = 收購未稅礦產品的數量 × 適用的單位稅額

【例 7-1】 鯤鵬油田 9 月份銷售原油 50 萬噸，按資源稅稅目稅額明細表的規定，其適用的單位稅額為 8 元/噸。計算該油田本月應納資源稅稅額。

應納稅額 = 課稅數量 × 單位稅額
　　　　 = 500,000 噸 × 8
　　　　 = 4,000,000（元）

【例 7-2】 鯤鵬礦山 5 月份銷售銅礦石原礦 50,000 噸，移送入選精礦 30,000 噸，選礦比為 30%，按規定該礦山銅礦適用 1.5 元/噸單位稅額。要求：計算該礦山本月應

納資源稅稅額。

外銷銅礦石原礦的應納稅額＝課稅數量×單位稅額
$$=50,000\times1.5=75,000（元）$$
按選礦比計算的應納稅額＝入選精礦÷選礦比×單位稅額
$$=30,000\div30\%\times1.5$$
$$=150,000（元）$$
5月份合計應納稅額＝原礦應納稅額＋精礦應納稅額
$$=75,000+150,000$$
$$=225,000（元）$$

六、資源稅的稅收優惠

（一）減稅、免稅項目

資源稅貫徹普遍徵收、級差調節的原則思想，因此規定的減免稅項目比較少。

（1）開採原油過程中用於加熱、修井的原油免稅。

（2）納稅人開採或者生產應稅產品過程中，因意外事故或者自然災害等原因遭受重大損失的，由省、自治區、直轄市人民政府酌情決定減稅或者免稅。

（3）自2007年2月1日起，北方海鹽資源稅暫減按每噸15元徵收，南方海鹽、湖鹽、井礦鹽資源稅暫減按每噸10元徵收，液體鹽資源稅暫減按每噸2元徵收。

（4）從2007年1月1日起，對地面抽採煤層氣暫不徵收資源稅。煤層氣，是指賦存於煤層及其圍岩中與煤炭資源伴生的非常規天然氣。

（5）國務院規定的其他減稅、免稅項目。

納稅人的減稅、免稅項目，應當單獨核算課稅數量；未單獨核算或者不能準確提供課稅數量的，不予減稅或者免稅。

（二）出口應稅產品不退（免）資源稅的規定

資源稅規定僅對在中國境內開採或生產應稅產品的單位和個人徵收，進口的礦產品和鹽不徵收資源稅。由於對進口應稅產品不徵收資源稅，對出口應稅產品也不免徵或退還已納資源稅。

七、資源稅徵收管理

（一）納稅義務產生時間

（1）納稅人銷售應稅產品，其納稅義務發生時間為：

①納稅人採取分期收款結算方式的納稅義務發生時間，為銷售合同規定的收款日期的當天。

②納稅人採取預收貨款結算方式的納稅義務發生時間，為發出應稅產品的當天。

③納稅人採取其他結算方式的納稅義務發生時間，為收訖銷售款或者取得索取銷售款憑據的當天。

(2) 納稅人自產自用應稅產品的納稅義務發生時間，為移送使用應稅產品的當天。

(3) 扣繳義務人代扣代繳稅款的納稅義務發生時間，為支付首筆貨款或者開具應支付貨款憑據的當天。

(二) 納稅期限

納稅期限是納稅人發生納稅義務后繳納稅款的期限。資源稅的納稅期限為 1 日、3 日、5 日、10 日、15 日或者 1 個月，納稅人的納稅期限由主管稅務機關根據實際情況具體核定。不能按固定期限計算納稅的，可以按次計算納稅。

納稅人以 1 個月為一期納稅的，自期滿之日起 10 日內申報納稅；以 1 日、3 日、5 日、10 日或者 15 日為一期納稅的，自期滿之日起 5 日內預繳稅款，於次月 1 日起 10 日內申報納稅並結清上月稅款。

(三) 納稅地點

(1) 凡是繳納資源稅的納稅人，都應當向應稅產品的開採或者生產所在地主管稅務機關繳納稅款。

(2) 如果納稅人在本省、自治區、直轄市範圍內開採或者生產應稅產品，其納稅地點需要調整的，由所在地省、自治區、直轄市稅務機關決定。

(3) 如果納稅人應納的資源稅屬於跨省開採，其下生產單位與核算單位不在同一省、自治區、直轄市的，對其開採的礦產品一律在開採地納稅，其應納稅款由獨立核算、自負盈虧的單位，按照開採地的實際銷售量（或者自用量）及適用的單位稅額計算劃撥。

(4) 扣繳義務人代扣代繳的資源稅，也應當向收購地主管稅務機關繳納。

(四) 納稅申報

資源稅納稅需填寫資源稅納稅申報表，見表 7－2。

表 7－2　　　　　　　　　　　資源稅納稅申報表

納稅人識別號：☐☐☐☐☐☐☐☐☐☐☐☐☐☐☐

納稅人名稱：(公章)

稅款所屬期限：自　年　月　日至　年　月　日

填表日期：　年　月　日　　　　　　　　　　　　　　金額單位：元（列至角分）

產品名稱	課稅單位	課稅數量	單位稅額	本期應納稅額	本期已納稅額	本期應補（退）稅額	備註
1	2	3	4	5＝3×4	6	7＝5－6	
應納稅項目	▶		▶				
	▶		▶				
	▶		▶				
	▶		▶				

表7－2(續)

產品名稱	課稅單位	課稅數量	單位稅額	本期應納稅額	本期已納稅額	本期應補（退）稅額	備註
1	2	3	4	5＝3×4	6	7＝5－6	
減免稅項目 ▶		▶					
▶							
▶							
▶							

納稅人或代理人聲明：此納稅申報表是根據國家稅收法律的規定填報的，我確信它是真實的、可靠的、完整的。	如納稅人填報，由納稅人填寫以下各欄		
	經辦人（簽章）	會計主管（簽章）	法定代表人（簽章）
	如委託代理人填報，由代理人填寫以下各欄		
	代理人名稱		
	經辦人（簽章）		代理人（公章）
	聯繫電話		
以下由稅務機關填寫			
受理人	受理日期	受理稅務機關（簽章）	

第二節　城鎮土地使用稅

一、城鎮土地使用稅概述

（一）城鎮土地使用稅的概念

　　城鎮土地使用稅是指以開徵範圍的城鎮土地為徵稅對象，以實際占用的土地面積為計稅標準，按規定稅額對擁有土地使用權的單位和個人徵收的一種稅。

　　城鎮土地使用稅法是國家制定的調整城鎮土地使用稅徵收與繳納之間權利及義務關係的法律規範。為了進一步合理利用城鎮土地，調節土地的級差收入，提高土地的使用效率，加強城鎮土地管理，2006年12月31日國務院修改並頒布了《中華人民共和國城鎮土地使用稅暫行條例》，從2007年1月1日起執行。

（二）城鎮土地使用稅的特徵

　　1. 徵稅對象是土地

　　由於中國的城鎮土地歸國家所有，單位和個人對占用的土地只有使用權而無所

111

權。國家既可以憑藉財產權利對土地使用人獲取的收益進行分配，又可以憑藉政治權利對土地使用者進行徵稅。開徵城鎮土地使用稅，實質上是運用國家政治權力，將納稅人獲取的本應屬於國家的土地收益集中到國家手中。

2. 對占用土地的行為徵稅

在國外，對土地課稅屬於財產稅。但是，中國《憲法》明確規定，城鎮土地的所有權歸屬國家，單位和個人對占用的土地只有使用權而無所有權。因此，現行的城鎮土地使用稅實質上是對占用土地資源的行為課稅，屬於準財產稅，而非嚴格意義上的財產稅。

3. 徵稅範圍有所限定

現行城鎮土地使用稅徵稅範圍限定在城市、縣城、建制縣、工礦區，坐落在農村地區的房地產不屬於城鎮土地使用稅的徵稅範圍。

4. 實行差別幅度稅額

開徵城鎮土地使用稅的目的之一，在於調節土地的級差收入，而級差收入的產生主要取決於土地的位置。佔有土地位置優越的納稅人可以節約運輸和流通費用，擴大銷售和經營規模，取得額外經濟收益。為了有利於體現國家政策，城鎮土地使用稅實行差別幅度稅額。對不同城鎮適用不同稅額，對同一城鎮的不同地段，根據市政建設狀況和經濟繁榮程度確定不等的負擔水平。

(三) 城鎮土地使用稅的作用

1. 有利於促進企業節約使用土地

中國雖然幅度遼闊，但人均佔有土地面積並不寬裕。過去，中國對非農業用地基本都採取行政劃撥、無償使用的辦法，造成大量土地資源的浪費。開徵城鎮土地使用稅后，國有土地不再由單位和個人無償使用，而要按規定向國家納稅。由於土地使用稅的負擔是按城市大小和所處地區經濟繁榮程度確定的，因此，單位和個人多占地、占好地就要多納稅；少占地、占差地就要少納稅。這樣，就可以促進企業在用地時精打細算，把空餘不用或少用的土地讓出來，起到了加強土地管理，促進了企業合理配置土地和節約使用土地。

2. 有利於調節土地級差收入

在中國目前市場經濟條件下，影響企業效益的客觀因素很多。其中，地理位置的好壞會影響到企業的運輸成本、流通費用的高低，進而影響到企業利潤率的高低。由於土地級差收入的獲得與企業本身經營狀況無關，如果對此不徵稅，則既不利於企業經濟核算，也無法對企業的主觀經營成果進行比較。開徵城鎮土地使用稅，將土地的級差收入納入國家財政，不僅有利於理順國家和土地使用者的分配關係，而且為企業公平競爭創造了一個基本公平的用地條件。

3. 有利於籌集地方財政資金，完善地方稅體系

城鎮土地使用稅是地方稅，其稅收收入歸地方政府支配，是地方財政收入的主要來源之一。同時，由於城鎮土地使用稅在所有大、中、小城市和縣城、建制鎮、工礦區開徵，因此它涉及面廣，是地方財政的一項穩定收入來源，為完善地方稅體系和分

稅制創造了條件。

二、城鎮土地使用稅的納稅義務人

凡是在城市、縣城、建制鎮、工礦區範圍內使用土地的單位和個人，為城鎮土地使用稅的納稅人。

單位包括國有企業、集體企業、私營企業、股份制企業、外商投資企業、外國企業以及其他企業和事業單位、社會團體、國家機關、軍隊以及其他單位；個人包括個體工商戶以及其他個人。

稅法根據用地者的不同情況，將城鎮土地使用稅的納稅人分為以下幾類：
（1）擁有土地使用權的單位和個人；
（2）擁有土地使用權的單位和個人不在土地所在地的，其土地的實際使用人和代管人為納稅人；
（3）土地使用權未確定或權屬糾紛未解決的，其實際使用人為納稅人；
（4）土地使用權共有的，共有各方都是納稅人，由共有各方分別納稅。

三、城鎮土地使用稅的徵稅範圍

城鎮土地使用稅的徵稅範圍，包括在城市、縣城、建制鎮和工礦區內的國家所有和集體所有的土地。所稱的城市、縣城、建制鎮和工礦區分別按下列標準確認：
（1）城市是指經國務院批准設立的市，其徵稅範圍包括市區和郊區；
（2）縣城是指縣人民政府所在地；
（3）建制鎮是指經省、自治區、直轄市人民政府批准設立的，符合國務院規定的建制標準的鎮；
（4）工礦區是指工商業比較發達、人口比較集中的大中型工礦企業所在地；
（5）自 2009 年 1 月 1 日起，公園、名勝古跡內的索道公司經營用地，按規定繳納城鎮土地使用稅；
（6）自 2009 年 12 月 1 日起，對在城鎮土地使用稅徵稅範圍內單獨建造的地下建築用地，按規定繳納城鎮土地使用稅。其中，已取得地下土地使用權證的，按土地使用權證確認的土地面積計算應徵稅款；未取得地下土地使用權證或地下土地使用權證上未標明土地面積的，按地下建築垂直投影面積計算應徵稅款。對上述地下建築用地暫按應徵稅款的 50% 徵收城鎮土地使用稅。

四、城鎮土地使用稅應納稅額的計算

（一）計稅依據

城鎮土地使用稅以納稅人實際占用的土地面積為計稅依據，土地面積計量標準為每平方米。稅務機關根據納稅人實際占用的土地面積，按照規定的稅額計算應納稅額，向納稅人徵收土地使用稅。

(二) 稅率

城鎮土地使用稅採用定額稅率，即採用有幅度的差別稅額，按大、中、小城市和縣城、建制鎮、工礦區分別規定每平方米土地使用稅年應納稅額。具體標準如下：

（1）大城市 1.5~30 元；

（2）中等城市 1.2~24 元；

（3）小城市 0.9~18 元；

（4）縣城、建制鎮、工礦區 0.6~12 元。

大、中、小城市以公安部門登記在冊的非農業正式戶口人數為依據，按照國務院頒布的《城市規劃條例》中規定的標準劃分。其中，市區及郊區非農業人口在 50 萬人以上的為大城市；市區及郊區非農業人口在 20 萬和 50 萬人之間的為中等城市；市區及郊區非農業人口在 20 萬人以下的為小城市。

各省、自治區、直轄市人民政府可根據市政建設情況和經濟繁榮程度在規定稅額幅度內，確定所轄地區的適用稅額幅度。經濟落後地區，土地使用稅的適用稅額標準可適當降低，但降低額不得超過上述規定最低稅額的 30%。經濟發達地區的適用稅額標準可以適當提高，但須報財政部批准。

(三) 應納稅額的計算

城鎮土地使用稅的應納稅額可以通過納稅人實際占用的土地面積乘以該土地所在地段的適用稅額求得。其計算公式為：

全年應納稅額 = 實際占用應稅土地面積（平方米）× 適用稅額

其中：納稅人實際占用的土地面積，以房地產管理部門核發的土地使用證書與確認的土地面積為準；尚未核發土地使用證書的，應由納稅人據實申報土地面積，據以納稅，待核發土地使用證書后再做調整。

【例7-3】某大城市繁華地段的天一大型商場，其土地使用證書上記載占地面積為 15,000 平方米，經稅務機關核定該地段為一等地段，每平方米年稅額為 6 元。要求：計算其全年應納的土地使用稅稅。

全年應納土地使用稅稅額 = 15,000 × 6 = 90,000（元）

五、城鎮土地使用稅的稅收優惠

（1）下列土地免徵城鎮土地使用稅：

①國家機關、人民團體、軍隊自用的土地；

②由國家財政部門撥付事業經費的單位自用的土地；

③宗教寺廟、公園、名勝古跡自用的土地；

④市政街道、廣場、綠化地帶等公共用地；

⑤直接用於農、林、牧、漁業的生產用地；

⑥經批准開山填海整治的土地和改造的廢棄土地，從使用的月份起免繳土地使用稅 5~10 年；

⑦由財政部另行規定免稅的能源、交通、水利設施用地和其他用地；
⑧新徵用的耕地自批准徵用之日起1年內免徵土地使用稅。
（2）納稅人繳納土地使用稅確有困難需要定期減免的，由省地稅局審批。
（3）對免稅單位使用納稅單位土地，免徵城鎮土地使用稅。
（4）在城鎮土地使用稅徵收範圍內經營採摘、觀光農業的單位和個人，其直接用於採摘、觀光的種植、養殖、飼養的土地，免徵城鎮土地使用稅。
（5）煤炭企業的下列用地，免徵城鎮土地使用稅：
①矸石山、排土場用地、防排水溝用地；
②礦區辦公、生活區以外的公路、鐵路專用線及輕便道和輸變電線路用地；
③火炸藥庫庫房及安全區用地；
④向社會開放的公園及公共綠化帶用地。
（6）對礦山企業的採礦場、排土場、尾礦庫、炸藥庫的安全區、採區運礦及運岩公路、尾礦輸送管道及回水系統用地，免徵城鎮土地使用稅。
（7）對電力行業中火電廠廠區圍牆外的灰場、輸灰管、輸油（氣）管、鐵路專用線用地；水電站除發電廠廠房用地、生產、辦公、生活用地外的其他用地；供電部門的輸電線路用地、變電站用地，免徵城鎮土地使用稅。
（8）對電力行業中火電廠廠區外的水源用地以及熱電廠供熱管道用地，免徵土地使用稅。
（9）對水利設施及其管護用地（如水庫庫區、大壩、堤防、灌渠、泵站等用地），免徵城鎮土地使用稅。對兼有發電的水利設施用地徵免城鎮土地使用稅問題，比照電力行業徵免城鎮土地使用稅的有關規定辦理。
（10）鐵道部所屬鐵路運輸企業自用的房產、土地繼續免徵房產稅和城鎮土地使用稅。
（11）對郵政部門坐落在城市、縣城、建制鎮、工礦區範圍以外，尚在縣郵政局內核算的房產、土地，在單位財務帳中劃分清楚的，從2001年1月1日起不再徵收房產稅和城鎮土地使用稅。
（12）對行使國家行政管理職能的中國人民銀行總行（含國家外匯管理局）所屬分支機構自用的房產、土地，免徵房產稅、城鎮土地使用稅。
（13）對被撤銷金融機構清算期間自有的或從債務方接收的房地產，免徵房產稅、城鎮土地使用稅。
（14）對廉租住房、經濟適用住房建設用地以及廉租住房經營管理單位按照政府規定價格、向規定保障對象出租的廉租住房用地，免徵城鎮土地使用稅。
（15）非營利性科研機構自用的房產、土地，免徵房產稅、城鎮土地使用稅。
（16）對血站自用的房產和土地，免徵房產稅和城鎮土地使用稅。
（17）對非營利性醫療機構自用的房產、土地，免徵房產稅、城鎮土地使用稅。對營利性醫療機構自用的房產、土地，自其取得執業登記之日起，3年內對其自用的房產、土地，免徵房產稅、城鎮土地使用稅。對疾病控制機構和婦幼保健機構等衛生機構自用的房產、土地，免徵房產稅、城鎮土地使用稅。

（18）對政府部門和企事業單位、社會團體以及個人等社會力量投資興辦的福利性、非營利性的老年服務機構自用的房產、土地，暫免徵收房產稅、城鎮土地使用稅。

（19）對由主管工會撥付或差額補貼工會經費的全額預算或差額預算單位，可以比照財政部門撥付事業經費的單位辦理，即：對這些單位自用的房產、土地，免徵房產稅和城鎮土地使用稅。

（20）對少年犯管教所的用地和由國家財政部門撥付事業經費的勞教單位自用的土地，免徵城鎮土地使用稅。

六、城鎮土地使用稅的徵收管理

（一）納稅期限

城鎮土地使用稅實行按年計算、分期繳納的徵收方法，具體納稅期限由省、治區、直轄市人民政府確定。各省、治區、直轄市稅務機關結合當地情況，一般分別按月、季度、半年或年等不同期限繳納。

（二）納稅義務發生時間

（1）納稅人購置新建商品房，自房屋交付使用之次月起，繳納城鎮土地使用稅。

（2）納稅人購置存量房，自辦理房屋權屬轉移、變更登記手續，房地產權屬登記機關簽發房屋權屬證書之次月起，繳納城鎮土地使用稅。

（3）納稅人出租、出借房產，自交付出租、出借房產之次月起，繳納城鎮土使用稅。

（4）以出讓或轉讓方式有償取得土地使用權的，應由受讓方從合同約定交付時間的次月起繳納城鎮土地使用稅；合同未約定交付時間的，由受讓方從合同簽訂的次月起繳納城鎮土地使用稅。

（5）納稅人新徵用的耕地，自批准徵用之日起滿1年時開始繳納土地使用稅。

（6）納稅人新徵用的非耕地，自批准徵用次月起繳納土地使用稅。

（7）自2009年1月1日起，納稅人因土地的權利發生變化而依法終止城鎮使用稅納稅義務的，其應納稅款的計算應截至土地權利發生變化的當月末。

（三）納稅地點和徵收機構

城鎮土地使用稅在土地所在地繳納，由土地所在地的地方稅務機關徵收，其收入納入地方財政預算管理。納稅人使用的土地不屬於同一省、自治區、直轄市管轄的，由納稅人分別向土地所在地的稅務機關繳納土地使用稅；在同一省、自治區、直轄市管轄範圍內，稅人跨地區使用的土地，其納稅地點由各省、自治區、直轄市地方稅務局確定。

（四）納稅申報

城鎮土地使用稅的納稅人應按照《中華人民共和國城鎮土地使用稅暫行條例》的有關規定及時辦理納稅申報，並如實填寫城鎮土地使用稅納稅申報表，見表7-3。納稅人新徵用的土地，必須於批准新徵用地之日起30日內申報登記。納稅人如有住址變

更、土地使用權屬轉換等情況，從轉移之日起，按規定期限辦理申報登記。

表 7-3　　　　　　　　　　城鎮土地使用稅納稅申報表

納稅人識別號：□□□□□□□□□□□□□□□

納稅人名稱：（公章）

稅款所屬期限：自　　年　月　日至　　年　月　日

填表日期：　　年　月　日　　　　　　　　　金額單位：元（列至角分）

土地等級	應稅面積	單位稅額	本期應納稅額	本期已繳稅額	本期應補（退）稅額
1	2	3	4	5	6＝4－5
合計		——			

納稅人或代理人聲明： 　此納稅申報表是根據國家稅收法律的規定填報的，我確信它是真實的、可靠的、完整的。	如納稅人填報，由納稅人填寫以下各欄		
:::	經辦人（簽章）	會計主管（簽章）	法定代表人（簽章）
:::	如委託代理人填報，由代理人填寫以下各欄		
:::	代理人名稱		代理人（公章）
:::	經辦人（簽章）		:::
:::	聯繫電話		:::

以下由稅務機關填寫			
受理人		受理日期		受理稅務機關（簽章）

習　　題

一、單項選擇題

1. 在資源稅中，煤炭的徵稅範圍包括（　　）。
　　A. 選煤　　　　　　　　　　　B. 煤炭製品
　　C. 洗煤　　　　　　　　　　　D. 原煤
2. 扣繳義務人代扣代繳資源稅的環節為（　　）。
　　A. 開採環節　　　　　　　　　B. 收購環節

C. 移送使用環節　　　　　　D. 銷售環節
3. 納稅人開採原油銷售的，課稅數量為（　　）。
   A. 實際產量　　　　　　　　B. 開採數量
   C. 銷售數量　　　　　　　　D. 生產數量
4. 關於城鎮土地使用稅的說法，正確的是（　　）。
   A. 凡公共用地均可免徵城鎮土地使用稅
   B. 煤炭企業已取得土地使用權但未利用的塌陷地須繳納城鎮土地使用稅
   C. 房地產開發公司經批准開發建設經濟適用房的用地，免徵城鎮土地使用稅
   D. 企業關閉撤銷後的占地未作他用的，經各省、自治區、直轄市財政部門批准，暫免徵收城鎮土地使用稅
5. 下列各項中，免徵城鎮土地使用稅的是（　　）。
   A. 基建項目在建期間使用的土地
   B. 宗教寺廟內的宗教人員生活用地
   C. 從事農、林、牧、漁業生產單位的辦公用地
   D. 企業關閉、撤銷後，其占地未作他用的

二、多項選擇題

1. 資源稅的納稅人，應當向（　　）主管稅務機關繳納資源稅。
   A. 應稅產品的開採地　　　　B. 納稅人所在地
   C. 納稅人註冊地　　　　　　D. 生產所在地
2. 中國現行的資源稅屬於（　　）。
   A. 一般資源稅　　　　　　　B. 廣義資源稅
   C. 級差資源稅　　　　　　　D. 狹義資源稅
3. 與資源稅納稅期限規定相同的稅種有（　　）。
   A. 印花稅　　　　　　　　　B. 增值稅
   C. 營業稅　　　　　　　　　D. 消費稅
4. 下列各項中，屬於資源稅納稅義務人的是（　　）。
   A. 開採鐵礦石的國有企業　　B. 五礦進出口公司
   C. 開採金屬礦的外商投資企業　D. 鋼鐵生產企業
5. 關於城鎮土地使用稅的說法，正確的有（　　）。
   A. 城鎮土地使用稅調節的是土地的級差收入
   B. 城鎮土地使用稅只在城市、縣城、建制鎮、工礦區範圍內徵收
   C. 城鎮土地使用權屬糾紛未解決的，由實際使用人納稅
   D. 納稅單位無償使用免稅單位的土地，由實際使用人納稅
6. 下列土地中，可以免徵城鎮土地使用稅的有（　　）。
   A. 鹽場的生產廠房用地　　　B. 港口的碼頭用地
   C. 機場飛行區用地　　　　　D. 房地產開發公司建造商品房的用地
7. 下列土地中，應徵收城鎮土地使用稅的有（　　）。

A. 校辦企業的經營用地　　　　　B. 集體企業養殖場的辦公用地
C. 外資企業儲備原材料的倉庫用地　D. 水電站的發電廠房用地

8. 下列關於城鎮土地使用稅納稅義務發生時間的說法中，正確的有（　　）。
   A. 納稅人出租、出借房產，自交付出租、出借房產之次月起
   B. 納稅人以轉讓方式有償取得土地使用權的，應從合同約定交付土地時間的當月起繳納城鎮土地使用稅
   C. 納稅人購置新建商品房，自房屋交付使用之次月起
   D. 納稅人購置存量房，自辦理房屋權屬轉移、變更登記手續，房地產權屬登記機關簽發房屋權屬證之次月起

9. 土地使用稅的繳納地點規定包括（　　）。
   A. 跨省、市、自治區的應稅土地，分別在土地所在地納稅
   B. 同一省、市、自治區範圍跨地區的應稅土地納稅地點，由省、市、自治區地方稅務局確定
   C. 由納稅人選擇納稅地點
   D. 由當地稅務所指定納稅地點

三、判斷題

1. 中國資源稅是對一切礦產資源和鹽資源徵稅。　　　　　　　　　　（　　）
2. 資源稅在稅率設計上採取差別稅額，是為了貫徹「普遍徵收」的原則。（　　）
3. 納稅人用自產的液體鹽加工成固體鹽銷售的，以液體鹽的數量為課稅對象。
   　　　　　　　　　　　　　　　　　　　　　　　　　　　　　（　　）
4. 納稅人的減免稅項目，應當單獨核算課稅數量，未單獨核算的，不予減免稅。
   　　　　　　　　　　　　　　　　　　　　　　　　　　　　　（　　）
5. 納稅人自產自用應稅礦產品的，其納稅義務發生時間為移送使用應稅產品的當天。　　　　　　　　　　　　　　　　　　　　　　　　　　　　（　　）
6. 城鎮土地使用稅的最高單位稅額與最低單位稅額相差50倍。　　　　（　　）
7. 各省、自治區、直轄市人民政府可根據市政建設情況和經濟繁榮程度在適當稅額幅度內，確定所轄地區的適用稅額幅度。　　　　　　　　　　（　　）
8. 某縣城利用林場土地興建度假村等休閒娛樂場所的，其經營、辦公和生活用地，免徵城鎮土地使用稅。　　　　　　　　　　　　　　　　　　　（　　）
9. 對企業的鐵路專用線、公路等用地，除另有規定者外，在企業廠區（包括生產、辦公及生活區）以內的，應照章徵收土地使用稅；在廠區以外與社會公用地段未加隔離的，暫免徵收土地使用稅。　　　　　　　　　　　　　　　　（　　）
10. 納稅人新徵用的非耕地，自批准徵用次月起繳納土地使用稅。　　（　　）

四、計算分析題

1. 鯤鵬油田2016年9月份開採原油350,000噸，本月對外銷售30,000噸，自用3,000噸；本月開採天然氣200立方米，對外銷售190立方米，其餘部分自用。根據稅

法規定，該油田適用的稅率每噸12元，天然氣適用稅率每立方米6元。

要求：計算鯤鵬油田應納的資源數。

2. 鯤鵬鹽場2016年生產液體鹽30萬噸，其中10萬噸直接對外銷售，20萬噸用於繼續加工海鹽12萬噸，並售出8萬噸，另有2萬噸海鹽繼續加工成精制食用鹽1.8萬噸全部銷售。此外，還外購液體鹽5萬噸全部加工成固體鹽2.5萬噸並銷售。

已知：北方海鹽（固體鹽）資源稅暫減按15元/噸；液體鹽資源稅暫減按2元/噸。

要求：計算該鹽場當年應納資源稅。

第八章　財產和行為類稅

學習目的：通過本章學習，要求掌握財產和行為類相關稅目的納稅義務人及徵收對象，掌握財產和行為類稅的稅目、稅率，掌握財產和行為類相關稅目的課稅數量及其應納稅額的計算；瞭解財產和行為類相關稅目的稅收優惠，瞭解財產和行為類相關稅目的徵收管理與納稅申報。

第一節　房產稅

一、房產稅概述

（一）房產稅的概念

房產稅是以房屋為徵稅對象，按房屋的計稅餘值或租金收入為計稅依據，向產權所有人徵收的一種財產稅。

新中國成立後，1951年8月中央人民政府政務院頒布了《中華人民共和國城市房地產稅暫行條例》，規定對城市中的房屋和土地徵收房產稅和地產稅，稱為城市房地產稅。1973年簡化稅制，把對國營企業和集體企業徵收的城市房地產稅並入工商稅，保留稅種只對房管部門、個人、外國僑民、外國企業和外商投資企業徵收。1984年改革工商稅制，國家決定恢復徵收房地產稅，將房地產稅分為房產稅和城鎮土地使用稅兩個稅種。1986年9月15日國務院發布《中華人民共和國房產稅暫行條例》（以下簡稱《房產稅暫行條例》），同年10月1日起施行，適用於國內單位和個人。2008年12月31日國務院發布了第546號令，宣布自2009年1月1日起廢止《中華人民共和國城市房地產稅暫行條例》，外商投資企業、外國企業和組織以及外籍個人，依據《中華人民共和國房產稅暫行條例》繳納房產稅。

（二）房產稅的特徵

　　1. 房產稅屬於財產稅中的個別財產稅

財產稅按徵收方式分類，可分為一般財產稅與個別財產稅。一般財產稅也稱綜合財產稅，是對納稅人擁有的財產綜合課徵的稅收；個別財產稅，也稱特種財產稅，是對納稅人所有的土地、房屋、資本或其他財產分別課徵的稅收。中國現行房產稅屬於個別財產稅。

2. 徵稅範圍限於城鎮的經營性房屋

房產稅的徵稅範圍是在城市、縣城、建制鎮和工礦區，不涉及農村。另外，對某些擁有房屋但自身沒有納稅能力的單位，如國家撥付行政經費、事業經費和國防經費的單位自用的房產，稅法也通過免稅的方式將這類房屋排除在徵稅範圍之外。

3. 區別房屋的經營使用方式規定徵稅辦法

擁有房屋的單位和個人，既可以自己使用房屋，又可以把房屋用於出租、出典。房產稅根據納稅人的經營形式不同，確定對房屋徵稅可以按房產計稅餘值徵收，又可以按租金收入徵收，使其符合納稅人的經營特點，便於平衡稅收負擔和徵收管理。

(三) 房產稅的作用

1. 有利於籌集地方財政資金

房產稅屬於地方稅，徵收房產稅可以為地方財政籌集一部分市政建設資金，緩解地方財力不足的問題。而且，房產稅以房屋為徵稅對象，稅源比較穩定。隨著地方經濟的發展，城市基礎設施改善和工商業的興旺，房產稅收將成為地方財政收入的一個主要來源。

2. 有利於加強房產管理，配合城市住房制度改革

稅收是調節生產和分配的一個重要經濟槓桿。一方面，對房屋擁有者徵收房產稅，可以調節納稅人的收入水平，有利於加強對房屋的管理，提高房屋的使用效益，控制固定資產的投資規模；另一方面，房產稅規定對個人擁有的非營業用房屋不徵收房產稅，可以鼓勵個人建房、購房和改善住房條件，配合和推動城市住房制度改革。

二、房產稅的徵稅範圍

所謂房產，是指有屋面和圍護結構（有牆或兩邊有柱），能夠遮風避雨，可供人們在其中生產、學習、工作、娛樂、居住或貯藏物資的場所。《房產稅暫行條例》規定，房產稅在城市、縣城、建制鎮、工礦區徵收。

房地產開發企業建造的商品房，在出售前，不徵收房產稅；但對出售前房地產開發企業已使用或出租、出借的商品房應按規定徵收房產稅。

三、房產稅的納稅義務人

房產稅以在徵稅範圍內的房屋產權所有人為納稅人。其中：

（1）產權屬國家所有的，由經營管理單位納稅；產權屬集體和個人所有的，由集體單位和個人納稅。

（2）產權出典的，由承典人依照房產餘值繳納房產稅。

產權出典是指產權所有人將房屋、生產資料等的產權，在一定期限內典當給他人使用，而取得資金的一種融資業務。這種業務大多發生於出典人急需用款，但又想保留產權回贖權的情況。承典人向出典人交付一定的典價之后，在質典期內即獲抵押物品的支配權，並可轉典。產權的典價一般要低於賣價。出典人在規定期間內須歸還典價的本金和利息，方可贖回出典房屋等的產權。由於在房屋出典期間，產權所有人已

無權支配房屋，因此，稅法規定由對房屋具有支配權的承典人為納稅人。

（3）產權所有人、承典人不在房屋所在地的，由房產代管人或者使用人納稅。

（4）產權未確定及租典糾紛未解決的，亦由房產代管人或者使用人納稅。

租典糾紛是指產權所有人在房產出典和租賃關係上，與承典人、租賃人發生各種爭議，特別是權利和義務的爭議懸而未決的。此外，還有一些產權歸屬不清的問題，也都屬於租典糾紛。對租典糾紛尚未解決的房產，規定由代管人或使用人為納稅人，主要目的在於加強徵收管理，保證房產稅及時入庫。

（5）無租使用其他單位房產的問題。

無租使用其他單位房產的應稅單位和個人，依照房產餘值代繳納房產稅。

自 2009 年 1 月 1 日起，外商投資企業、外國企業和組織以及外籍個人，依照《中華人民共和國房產稅暫行條例》繳納房產稅。

四、房產稅應納稅額的計算

（一）計稅依據

房產稅採取從價計徵的徵稅方式，計稅方法分為按計稅餘值計稅和按租金收入計稅兩種。

1. 對經營自用的房屋，以房產的計稅餘值作為計稅依據

計稅餘值是指依照稅法規定按房產原值一次減除 10% ~ 30% 的損耗價值以後的餘額。其中：

（1）房產原值是指納稅人按照會計制度規定，在帳簿「固定資產」科目中記載的房屋原價。因此，凡按會計制度規定在帳簿中記載有房屋原價，應以房屋原價按規定減除一定比例後的房產餘值計徵房產稅；沒有記載房屋原價的，按照上述原則，並參照同類房屋，確定房產原值，按規定計徵房產稅。

（2）房產原值應包括與房屋不可分割的各種附屬設備或一般不單獨計算價值的配套設施。主要有：暖氣、衛生、通風、照明、煤氣等設備；各種管線，如蒸汽、壓縮空氣、石油、給水排水等管道及電力、電信、電纜導線；電梯、升降機、過道、曬臺等。屬於房屋附屬設備的水管、下水道、暖氣管、煤氣管等應從最近的探視井或三通管起，計算原值；電燈網、照明線從進線盒聯結管起，計算原值。

為了維持和增加房屋的使用功能或使房屋滿足設計要求，凡以房屋為載體，不可隨意移動的附屬設備和配套設施，如給排水、採暖、消防、中央空調、電氣及智能化樓宇設備等，無論在會計核算中是否單獨記帳與核算，都應計入房產原值，計徵房產稅。

（3）納稅人對原有房屋進行改建、擴建的，要相應增加房屋的原值。

（4）對於更換房屋附屬設備和配套設施的，在將其價值計入房產原值時，可扣減原來相應設備和設施的價值；對附屬設備和配套設施中易損壞，需要經常更換的零配件，更新后不再計入房產原值，原零配件的原值也不扣除。

（5）自 2006 年 1 月 1 日起，凡在房產稅徵收範圍內的具備房屋功能的地下建築，

包括與地上房屋相連的地下建築以及完全建在地面以下的建築、地下人防設施等，均應當依照有關規定徵收房產稅。

對於與地上房屋相連的地下建築，如房屋的地下室、地下停車場、商場的地下部分等，應將地下部分與地上房屋視為一個整體按照地上房屋建築的有關規定計算徵收房產稅。

（6）在確定計稅餘值時，房產原值的具體減除比例，由省、自治區、直轄市人民政府在稅法規定的減除幅度內自行確定。

如果納稅人未按會計制度規定記載原值，在計徵房產稅時，應按規定調整房產原值；對房產原值明顯不合理的，應重新予以評估；對沒有房產原值的，應由房屋所在地的稅務機關參考同類房屋的價值核定。在原值確定後，再根據當地所適用的扣除比例，計算確定房產餘值。對於扣除比例，一定要按由省、自治區、直轄市人民政府確定的比例執行。

2. 對於出租的房屋，以租金收入為計稅依據

房屋的租金收入，是房屋產權所有人出租房屋使用權所取得的報酬，包括貨幣收入和實物收入。對以勞務或其他形式作為報酬抵付房租收入的，應根據當地同類房屋的租金水平，確定租金標準，依率計徵。

如果納稅人對個人出租房屋的租金收入申報不實或申報數與同一地段同類房屋的租金收入相比明顯不合理的，稅務部門可以按照《稅收徵管法》的有關規定，採取科學合理的方法核定其應納稅款。具體辦法由各省級地方稅務機關結合當地實際情況制定。

3. 投資聯營及融資租賃房產的計稅依據

（1）對投資聯營的房產，在計徵房產稅時應予以區別對待。對於以房產投資聯營、投資者參與投資利潤分紅、共擔風險的，按房產的計稅餘值作為計稅依據計徵房產稅；對以房產投資、收取固定收入、不承擔聯營風險的，實際是以聯營名義取得房產租金，應根據《房產稅暫行條例》的有關規定，由出租方按租金收入計算繳納房產稅。

（2）對融資租賃房屋的情況，由於租賃費包括購進房屋的價款、手續費、借款利息等，與一般房屋出租的「租金」內涵不同，且租賃期滿後，當承租方償還最後一筆租賃費時，房屋產權一般都轉移到承租方，實際上是一種變相的分期付款購買固定資產的形式，所以在計徵房產稅時應以房產餘值計算徵收。至於租賃期內房產稅的納稅人，由當地稅務機關根據實際情況確定。

4. 居民住宅區內業主共有的經營性房產的計稅依據

對居民住宅區內業主共有的經營性房產，由實際經營（包括自營和出租）的代管人或使用人繳納房產稅。其中，自營的依照房產原值減出10%～30%後的餘值計徵，沒有房產原值或不能將共有住房劃分開的，由房產所在地地方稅務機關參照同類房產核定房產原值；出租的，依照租金計徵。

（二）應納稅額的計算

由於房產稅的計稅依據分為從價計徵和從租計徵兩種形式，所以房產稅的稅率也

有兩種：一種是按房產原值一次減除10%～30%后的餘值計徵的，稅率為1.2%；另一種是按房產出租的租金收入計徵的，稅率為12%。

1. 從價計徵的計算

從價計徵是按房產的原值減除一定比例后的餘值計徵。其計算公式為：

應納稅額＝應稅房產原值×（1－扣除比例）×適用稅率

2. 從租計徵的計算

從租計徵是按房產的租金收入計徵。其計算公式為：

應納稅額＝租金收入×適用稅率

五、房產稅的稅收優惠

（1）國家機關、人民團體、軍隊自用的房產免徵房產稅。上述免稅單位的出租房產以及非自身業務使用的生產、營業用房，不屬於免稅範圍。

（2）由國家財政部門撥付事業經費的單位自用的房產免徵房產稅。上述單位所屬的附屬工廠、商店、招待所等不屬於單位公務、業務的用房應照章納稅。

（3）宗教寺廟、公園、名勝古跡自用的房產免徵房產稅。但經營用的房產不屬於免稅範圍。

（4）個人所有非營業用的房產免徵房產稅。但個人擁有的營業用房或出租的房產，應照章納稅。

（5）對行使國家行政管理職能的中國人民銀行總行所屬分支機構自用的房地產，免徵房產稅。

（6）經財政部批准免稅的其他房產：

①老年服務機構自用的房產免稅。

②損壞不堪使用的房屋和危險房屋，經有關部門鑒定，在停止使用后，可免徵房產稅。

③納稅人因房屋大修導致連續停用半年以上的，在房屋大修期間免徵房產稅，免徵稅額由納稅人在申報繳納房產稅時自行計算扣除，並在申報表附表或備註欄中做相應說明。

④在基建工地為基建工地服務的各種工棚、材料棚、休息棚和辦公室、食堂、茶爐房、汽車房等臨時性房屋，在施工期間，一律免徵房產稅。但工程結束后，施工企業將這種臨時性房屋交還或估價轉讓給基建單位的，應從基建單位減收的次月起，照章納稅。

⑤為鼓勵地下人防設施，暫不徵收房產稅。

⑥從1988年1月1日起，對房管部門經租的居民住房，在房租調整改革之前收取租金偏低的，可暫緩徵收房產稅。對房管部門經租的其他非營業用房，是否給予照顧，由各省、自治區、直轄市根據當地具體情況按稅收管理體制的規定辦理。

⑦對高校后勤實體免徵房產稅。

⑧對非營利性的醫療機構、疾病控制機構和婦幼保健機構等衛生機構自用的房產，

免徵房產稅。

⑨從 2001 年 1 月 1 日起，對按照政府規定價格出租的公有住房和廉租住房，包括企業和自收自支的事業單位向職工出租的單位自有住房，房管部門向居民出租的私有住房等，暫免徵收房產稅。

⑩對郵政部門坐落在城市、縣城、建制鎮、工礦區範圍內的房產，應當依法徵收房產稅；對坐落在城市、縣城、建制鎮、工礦區範圍以外的在縣郵政局內核算的房產，在單位財務帳中劃分清楚的，從 2001 年 1 月 1 日起不再徵收房產稅。

⑪向居民供熱並向居民收取採暖費的供熱企業的生產用房，暫免徵收房產稅。這裡的供熱企業不包括從事熱力生產但不直接向居民供熱的企業。

⑫自 2006 年 1 月 1 日起至 2011 年 12 月 31 日，對為高校學生提供住宿服務並按高教系統收費標準收取租金的學生公寓，免徵房產稅。對從原高校后勤管理部門剝離出來而成立的進行獨立核算並有法人資格的高校后勤經濟實體自用的房產，免徵房產稅。

（7）從 2001 年 1 月 1 日起，對個人按市場價格出租的居民住房、用於居住的，可暫減按 4% 的稅率徵收房產稅。

六、房產稅的徵收管理

（一）納稅義務發生時間

（1）納稅人將原有房產用於生產經營，從生產經營之月起繳納房產稅。

（2）納稅人自行新建房屋用於生產經營，從建成之次月起繳納房產稅。

（3）納稅人委託施工企業建設的房屋，從辦理驗收手續之次月起繳納房產稅。

（4）納稅人購置新建商品房，自房屋交付使用之次月起繳納房產稅。

（5）納稅人購置存量房，自辦理房屋權屬轉移、變更登記手續，房地產權屬登記機關簽發房屋權屬證書之次月起，繳納房產稅。

（6）納稅人出租、出借房產，自交付出租、出借房產之次月起，繳納房產稅。

（7）房地產開發企業自用、出租、出借本企業建造的商品房，自房屋使用或交付之次月起，繳納房產稅。

（8）自 2009 年 1 月 1 日起，納稅人因房產的實物或權利狀態發生變化而依法終止房產稅納稅義務的，其應納稅款的計算應截至房產的實物或權利狀態發生變化的當月末。

（二）納稅期限

房產稅實行按年計算、分期繳納的徵收方法，具體納稅期限由省、自治區、直轄市人民政府確定。各地一般按季或半年徵收。

（三）納稅地點

房產稅在房產所在地繳納。房產不在同一地方的納稅人，應按房產的坐落地點分別向房產所在地的稅務機關納稅。

(四) 納稅申報

房產稅的納稅人應按照《房產稅暫行條例》的有關規定，及時辦理納稅申報，並如實填寫房產稅納稅申報表，見表 8-1。

表 8-1 　　　　　　　　　　　　**房產稅納稅申報表**

填表日期：　　　　　　　　　年　月　日

納稅人識別號：☐☐☐☐☐☐☐☐☐☐☐

納稅人名稱					稅款所屬日期											
房產坐落地點					建築面積（㎡）				房屋結構							
上期申報房產原值（評估）	本期增減	本期實際房產原值	其中		稅法規定的免稅房產原值	扣除率%	以房產餘值徵計徵房產稅			以租金收入計徵房產稅			全年應繳納稅額	交納次數	本期		
			從價計稅的房產值	從租計稅的房產值			房產餘值	適用稅率	應納稅額	租金收入	適用稅率	應納稅額			應納稅額	已納稅額	應補（退）稅額
1	2	3=1+2	4=3-5-6	5=3-4-6	6	7	8=4-4×7	9	10=8×9	11	12	13=11×12	14=10+13	15	16=14÷15	17	18=16-7
如納稅人填報，由納稅人填寫以下各欄			如委託代理人填報，由代理人填寫以下各欄							備註							
會計主管（簽章）		納稅人（公章）	代理人名稱				代理人（公章）										
			代理人地址														
			經辦人				電話										
以下由稅務機關填寫																	
收到申報日期					接收人												

第二節　車船稅

一、車船稅概述

(一) 車船稅的概念

　　車船稅是指對在中華人民共和國境內的車輛、船舶的所有人或者管理人徵收的一種稅。車船稅法是指國家制定的用以調整車船稅徵收與繳納之間權利及義務關係的法律規範。現行車船稅法的基本規範，是 2006 年 12 月 29 日由國務院頒布並於 2007 年 1 月 1 日實施的《中華人民共和國車船稅暫行條例》(以下簡稱《車船稅暫行條例》)。

(二) 車船稅的作用

　　1. 有利於為地方政府籌集財政資金，加快交通運輸業的發展

　　開徵車船稅，能夠將分散在車船人手中的部分資金集中起來，增加地方財源，增加對交通運輸建設的財政投入，加快發展交通運輸事業。

　　2. 有利於車船的管理與合理配置

　　隨著經濟發展，社會擁有車船的數量急遽增加，開徵車船稅后，購置、使用車船越多，應繳納的車船稅越多，促使納稅人加強對自己擁有的車船管理和核算，改善資源配置，合理使用車船，提高車船的使用效率。

　　3. 有利於調節財富分配

　　隨著中國經濟增長，部分先富起來的個人擁有私人轎車、遊艇及其他車船的情況將會日益增加，中國徵收車船稅的財富再分配作用也顯得更加重要。

二、車船稅的納稅義務人

　　在中華人民共和國境內，車輛、船舶 (以下簡稱車船) 的所有人或者管理人為車船稅的納稅人，應當依照《車船稅暫行條例》的規定繳納車船稅。車船的所有人或者管理人未繳納車船稅的，使用人應當代為繳納車船稅。

三、車船稅的徵稅範圍

　　車船稅的徵收範圍，是指依法應當在中國車船管理部門登記的車船 (除規定減免的車船外)。對於不使用的車船或只在企業內部行駛，不領取行駛執照，不上公路行駛的車輛，不徵收車船稅。車船稅的徵收範圍包括車輛和船舶兩大類。

(一) 車輛

　　車輛包括機動車輛和非機動車輛。機動車輛，是指依靠燃油、電力等能源作為動力運行的車輛，如汽車、拖拉機、無軌電車等；非機動車輛，是指依靠人力、畜力運行的車輛，如三輪車、自行車、畜力駕駛車等。

（二）船舶

　　船舶包括機動船舶和非機動船舶。機動船舶，是指依靠燃料等能源作為動力運行的船舶，如客輪、貨船、氣墊船等；非機動船舶，是指依靠人力或者其他力量運行的船舶，如木船、帆船、舢板等。

四、車船稅適用稅目與稅率

　　車船稅實行定額稅率，即對徵稅的車船規定單位固定稅額。定額稅率計算簡便，適宜於從量計徵的稅種。車船稅的適用稅額，依照《車船稅暫行條例》所附的車船稅稅目稅額表執行。

　　國務院財政部門、稅務主管部門可以根據實際情況，在車船稅稅目稅額表規定的稅目範圍和稅額幅度內，劃分子稅目，並明確車輛的子稅目稅額幅度和船舶的具體適用稅額。車輛的具體適用稅額由省、自治區、直轄市人民政府在規定的子稅目稅額幅度內確定。

　　車船稅確定稅額總的原則是：排氣量小的車輛稅負輕於排氣量大的車輛；載人少的車輛稅負輕於載人多的車輛；自重小的車輛稅負輕於自重大的；非機動車船的稅負輕於機動車船；小噸位船舶的稅負輕於大船舶。由於車輛和船舶的行駛情況不同，車船稅的稅額也有所不同，見表8-2。

表8-2　　　　　　　　　　　　車船稅稅目稅額表

稅目	計稅單位	每年稅額（元）	備註
載客汽車	每輛	60～660	包括電車
載貨汽車專項作業車	按自重每噸	16～120	包括半掛牽引車、掛車
三輪汽車低速貨車	按自重每噸	24～120	
摩托車	每輛	36～180	
船舶	按淨噸位每噸	3～6	拖船和非機動駁船分別按船舶稅額的5%計算

（一）載客汽車

　　車船稅稅目稅額表中的載客汽車分為大型客車、中型客車、小型客車和微型客車4個子稅目。其中：大型客車是指核定載客人數大於或者等於20人的載客汽車；中型客車是指核定載客人數大於9人且小於20人的載客汽車；小型客車是指核定載客人數小於或者等於9人的載客汽車；微型客車是指發動機氣缸總排氣量小於或者等於1升的載客汽車。載客汽車各子稅目的每年稅額幅度為：

　　（1）大型客車，480～660元；

　　（2）中型客車，420～660元；

　　（3）小型客車，360～660元；

(4) 微型客車，60～480元。

(5) 客貨兩用汽車按照載貨汽車的計稅單位和稅額標準計徵車船稅。

(二) 三輪汽車

三輪汽車是指在車輛管理部門登記為三輪汽車或者三輪農用運輸車的機動車。

(三) 低速貨車

低速貨車是指在車輛管理部門登記為低速貨車或者四輪農用運輸車的機動車。

(四) 專項作業車

專項作業車是指裝置有專用設備或者器具，用於專項作業的機動車；輪式專用機械車是指具有裝卸、挖掘、平整等設備的輪式自行機械。專項作業車和輪式專用機械車的計稅單位為自重每噸，每年稅額為16～120元。具體適用稅額由省、自治區、直轄市人民政府參照載貨汽車的稅額標準在規定的幅度內確定。

(五) 船舶

船舶的適用稅額為：

(1) 淨噸位小於或者等於200噸的，每噸3元；

(2) 淨噸位201～2,000噸的，每噸4元；

(3) 淨噸位2,001～10,000噸的，每噸5元；

(4) 淨噸位10,001噸及其以上的，每噸6元。

五、車船稅應納稅額的計算

(一) 計稅依據

(1) 納稅人在購買機動車交通事故責任強制保險時，應當向扣繳義務人提供地方稅務機關出具的本年度車船稅的完稅憑證或者減免稅證明。不能提供完稅憑證或者減免稅證明的，應當在購買保險時按照當地的車船稅稅額標準計算繳納車船稅。

(2) 拖船按照發動機功率每2馬力折合淨噸位1噸計算徵收車船稅。

(3) 核定載客人數、自重、淨噸位、馬力等計稅標準，以車船管理部門核發的車船登記證書或者行駛證書相應項目所載數額為準。納稅人未按照規定到車船管理部門辦理登記手續的，計稅標準以車船出廠合格證明或者進口憑證相應項目所載數額為準；不能提供車船出廠合格證明或者進口憑證的，由主管地方稅務機關根據車船自身狀況並參照同類車船核定。

(4) 車輛自重尾數在0.5噸以下（含0.5噸）的，按照0.5噸計算；超過0.5噸的，按照1噸計算。船舶淨噸位尾數在0.5噸以下（含0.5噸）的不予計算，超過0.5噸的按照1噸計算。1噸以下的小型車船，一律按照1噸計算。

(5) 本條例和本細則所稱的自重，是指機動車的整備質量。

(6) 對於無法準確獲得自重數值或自重數值明顯不合理的載貨汽車、三輪汽車、低速貨車、專項作業車和輪式專用機械車，由主管稅務機關根據車輛自身狀況並參照

同類車輛核定計稅依據。對能夠獲得總質量和核定載質量的，可按照車輛的總質量和核定載質量的差額作為車輛的自重；無法獲得核定載質量的專項作業車和輪式專用機械車，可按照車輛的總質量確定自重。

（二）應納稅額的計算

1. 載客汽車、摩托車

其計算公式為：

應納稅額 ＝ 車輛數 × 適用單位稅額

2. 載貨汽車、三輪汽車、低速貨車

其計算公式為：

應納稅額 ＝ 自重數 × 適用單位稅額

3. 船舶

其計算公式為：

應納稅額 ＝ 淨噸位數 × 適用單位稅額

購置的新車船，購置當年的應納稅額自納稅義務發生的當月起按月計算。其計算公式為：

$$應納稅額 = \frac{年應納稅額}{12} \times 應納稅月份數$$

六、車船稅的稅收優惠

（一）法定減免

（1）非機動車船（不包括非機動駁船）。非機動車是指以人力或者畜力驅動的車輛，以及符合國家有關標準的殘疾人機動輪椅車、電動自行車等車輛；非機動船是指自身沒有動力裝置，依靠外力驅動的船舶；非機動駁船是指在船舶管理部門登記為駁船的非機動船。

（2）拖拉機。拖拉機是指在農業（農業機械）部門登記為拖拉機的車輛。

（3）捕撈、養殖漁船。捕撈、養殖漁船是指在漁業船舶管理部門登記為捕撈船或者養殖船的漁業船舶，不包括在漁業船舶管理部門登記為捕撈船或者養殖船以外類型的漁業船舶。

（4）軍隊、武警專用的車船。軍隊、武警專用的車船是指按照規定在軍隊、武警車船管理部門登記，並領取軍用牌照、武警牌照的車船。

（5）警用車船。警用車船，是指公安機關、國家安全機關、監獄、勞動教養管理機關和人民法院、人民檢察院領取警用牌照的車輛和執行警務的專用船舶。

（6）按照有關規定已經繳納船舶噸稅的船舶。

（7）依照中國有關法律和中國締結或者參加的國際條約的規定應當予以免稅的外國駐華使館、領事館和國際組織駐華機構及其有關人員的車船。中國有關法律是指《中華人民共和國外交特權與豁免條例》《中華人民共和國領事特權與豁免條例》。

外國駐華使館、領事館和國際組織駐華機構及其有關人員在辦理免稅事項時，應

當向主管地方稅務機關出具本機構或個人身分的證明文件和車船所有權證明文件，並申明免稅的依據和理由。

(二) 特定減免

（1）對尚未在車輛管理部門辦理登記、屬於應減免稅的新購置車輛，車輛所有人或管理人可提出減免稅申請，並提供機構或個人身分證明文件和車輛權屬證明文件以及地方稅務機關要求的其他相關資料。經稅務機關審驗符合車船稅減免條件的，稅務機關可為納稅人出具該納稅年度的減免稅證明，以方便納稅人購買機動車交通事故責任強制保險。

新購置應予減免稅的車輛所有人或管理人在購買機動車交通事故責任強制保險時已繳納車船稅的，在辦理車輛登記手續後可向稅務機關提出減免稅申請，經稅務機關審驗符合車船稅減免稅條件的，稅務機關應退還納稅人多繳的稅款。

（2）省、自治區、直轄市人民政府可以根據當地實際情況，對城市、農村公共交通車船給予定期減稅、免稅。

七、車船稅的徵收管理

(一) 納稅義務發生時間

車船稅的納稅義務發生時間，為車船管理部門核發的車船登記證書或者行駛證書所記載日期的當月。納稅人未按照規定到車船管理部門辦理應稅車船登記手續的，以車船購置發票所載開具時間的當月作為車船稅的納稅義務發生時間。對未辦理車船登記手續且無法提供車船購置發票的，由主管地方稅務機關核定納稅義務發生時間。

車船稅按年申報繳納。納稅年度，自公曆1月1日起至12月31日止。具體申報納稅期限由省、自治區、直轄市人民政府確定。

(二) 納稅地點

車船稅由地方稅務機關負責徵收。納稅地點由省、自治區、直轄市人民政府根據當地實際情況確定；跨省、自治區、直轄市使用的車船，納稅地點為車船的登記地。

(三) 納稅申報

車船稅的納稅人應按照《車船稅暫行條例》的有關規定及時辦理納稅申報，並如實填寫車船稅納稅申報表，見表8-3。

表 8-3　　　　　　　　　　車船稅納稅申報表

填表日期：　　年　月　日　　　　　　　　　　　　金額單位：元（列至角元）

納稅人識別號：☐☐☐☐☐☐☐☐☐☐☐☐☐☐☐

納稅人名稱						稅款所屬時期		
車船類別	計稅標準	數量	單位稅額	全年應繳稅額	車船繳納次數	本期		
						應納稅額	已納稅額	應補（退）稅額
1	2	3	4	5＝3＋4	6	7＝5÷6	8	9＝7－8
合計								

如納稅人填報，由納稅人填寫以下各欄		如委託代理人填報，由代理人填寫以下各欄		備註
會計主管（簽章）	納稅人（公章）	代理人名稱	代理人（公章）	備註
		代理人地址		
		經辦人姓名	電話	
以下由稅務機關填寫				
收到申報表日期		接收人		

第三節　契稅

一、契稅概述

（一）契稅的概念

契稅是以所有權發生轉移變動的不動產為徵稅對象，向產權承受人徵收的一種財產稅。

契稅是一個古老的稅種，最早起源於東晉時期的「估稅」，至今已有 1,600 多年的歷史。新中國成立后，政務院於 1950 年發布《契稅暫行條例》，規定對土地、房屋的買賣、典當、贈與和交換徵收契稅。中國目前現行的契稅是 1997 年 7 月 7 日國務院重新頒布的，並於當年的 10 月 1 日起施行的《中華人民共和國契稅暫行條例》。

133

(二) 契稅的特徵

1. 契稅屬於財產轉移稅

契稅以權屬發生轉移的土地和房屋等不動產為徵稅對象，具有對財產轉移課稅的性質。土地、房屋產權未發生轉移的，不徵收契稅。

2. 契稅由財產承受人納稅

一般稅種都確定銷售者為納稅人，即賣方納稅。對買方徵稅的主要目的，在於承認不動產轉移生效，承受人納稅以後，便可擁有轉移過來的不動產的產權或使用權，法律保護納稅人的合法權益。

二、契稅的徵稅對象

契稅的徵稅對象是境內轉移的土地、房屋權屬。它包括以下內容：

(一) 國有土地使用權出讓

國有土地使用權出讓是指土地使用者向國家交付土地使用權出讓費用，國家將國有土地使用權在一定年限內讓與土地使用者的行為。

(二) 土地使用權的轉讓

土地使用權的轉讓是指土地使用者以出售、贈與、交換或者其他方式將土地使用權轉移給其他單位和個人的行為。土地使用權的轉讓不包括農村集體土地承包經營權的轉移。

(三) 房屋買賣

這裡的房屋買賣是指以貨幣為媒介，出賣者向購買者過渡房產所有權的交易行為。以下幾種特殊情況，視同買賣房屋：

(1) 以房產抵債或實物交換房屋。經當地政府和有關部門批准，以房抵債和實物交換房屋，均視同房屋買賣，應由產權承受人，按房屋現值繳納契稅。

(2) 以房產作投資或作股權轉讓。以房產作投資或作股權轉讓業務屬房屋產權轉移，應根據國家房地產管理的有關規定，辦理房屋產權交易和產權變更登記手續，視同房屋買賣，由產權承受方按契稅稅率計算繳納契稅。

(3) 買房拆料或翻建新房，應照章徵收契稅。

(四) 房屋贈與

房屋的贈與是指房屋產權所有人將房屋無償轉讓給他人所有。其中：將自己的房屋轉交給他人的法人和自然人，稱為房屋贈與人；接受他人房屋的法人和自然人，稱為受贈人。房屋贈與的前提必須是產權無糾紛，贈與人和受贈人雙方自願。房屋的受贈人要按規定繳納契稅。

(五) 房屋交換

房屋交換是指房屋所有者之間互相交換房屋的行為。

隨著經濟形勢的發展，有些特殊方式轉移土地、房屋權屬的，也將視同土地使用

權轉讓、房屋買賣或者房屋贈與。一是以土地、房屋權屬作價投資、入股；二是以土地、房屋權屬抵債；三是以獲獎方式承受土地、房屋權屬；四是以預購方式或者預付集資建房款方式承受土地、房屋權屬。

(六) 企業改革中的有關契稅政策

1. 公司制改革

在公司制改革中，對不改變投資主體和出資比例改建成的公司制企業承受原企業土地、房屋權屬的，不徵收契稅；對獨家發起、募集設立的股份有限公司承受發起人土地、房屋權屬的，免徵契稅。對國有、集體企業經批准改建成全體職工持股的有限責任公司或股份有限公司承受原企業土地、房屋權屬的，免徵契稅。

2. 企業合併

兩個或兩個以上的企業，依據法律規定、合同約定，合併改建為一個企業，且原投資主體存續的，對其合併后的企業承受原合併各方的土地、房屋權屬，免徵契稅。

3. 企業分立

企業分立中，對派生方、新設方承受原企業土地、房屋權屬的，不徵收契稅。

4. 股權重組

對以土地、房屋權屬作價入股或作為出資投入企業的，徵收契稅。

5. 企業破產

對債權人承受破產企業土地、房屋權屬以抵償債務的，免徵契稅；對非債權人承受破產企業土地、房屋權屬的，徵收契稅。

(七) 房屋附屬設施有關契稅政策

(1) 對於承受與房屋相關的附屬設施所有權或土地使用權的行為，按照契稅法律法規的規定徵收契稅；對於不涉及土地使用權和房屋所有權轉移變動的，不徵收契稅。

(2) 承受的房屋附屬設施權屬單獨計價的，按照當地確定的適用稅率徵收契稅；與房屋統一計價的，適用與房屋相同的契稅稅率。

(3) 對承受國有土地使用權應支付的土地出讓金，要徵收契稅，不得因減免出讓金而減免契稅。

三、契稅的納稅義務人

契稅的納稅義務人是境內轉移土地、房屋權屬承受的單位和個人。境內是指中華人民共和國實際稅收行政管轄範圍內；土地、房屋權屬是指土地使用權和房屋所有權；單位是指企業單位、事業單位、國家機關、軍事單位和社會團體以及其他組織；個人是指個體經營者及其他個人，包括中國公民和外籍人員。

四、契稅應納稅額的計算

(一) 稅率

目前中國經濟發展還不平衡，考慮到各地經濟差別較大的實際情況，契稅實行

3%～5%的幅度稅率。具體執行稅率由各省、自治區、直轄市人民政府在3%～5%的幅度稅率規定範圍內，按照本地區的實際情況確定。

（二）計稅依據

契稅的計稅依據為不動產的價格。由於土地、房屋權屬轉移方式不同，定價方法不同，因而具體計稅依據視不同情況而決定。

（1）國有土地使用權出讓、土地使用權出售、房屋買賣，以成交價格為計稅依據。

（2）土地使用權贈與、房屋贈與，由徵收機關參照土地使用權出售、房屋買賣的市場價格核定。

（3）土地使用權交換、房屋交換，為所交換的土地使用權、房屋的價格差額。對於成交價格明顯低於市場價格又無正當理由的，或者所交換的土地使用權、房屋的價格差額明顯不合理且無正當理由的，由徵稅機關參照市場價格核定。

（4）以劃撥方式取得土地使用權，經批准轉讓房地產時，由房地產轉讓者補交契稅。計稅依據為補交的土地使用權出讓費用或者土地收益。

為了避免偷、逃稅款，稅法規定，成交價格明顯低於市場價格並且無正當理由的，或者所交換土地使用權、房屋的價格的差額明顯不合理並且無正當理由的，徵收機關可以參照市場價格核定計稅依據。

（5）房屋附屬設施徵收契稅的依據。

①採取分期付款方式購買房屋附屬設施土地使用權、房屋所有權的，應按合同規定的總價款計徵契稅。

②承受的房屋附屬設施權屬如為單獨計價的，按照當地確定的適用稅率徵收契稅；如與房屋統一計價的，適用與房屋相同的契稅稅率。

（6）個人無償贈與不動產行為（法定繼承人除外），應對受贈人全額徵收契稅。在繳納契稅時，納稅人須提交經稅務機關審核並簽字、蓋章的個人無償贈與不動產登記表，稅務機關（或其他徵收機關）應在納稅人的契稅完稅憑證上加蓋「個人無償贈與」印章，在個人無償贈與不動產登記表中簽字並將該表格留存。

（7）出讓國有土地使用權，契稅計稅價格為承受人為取得該土地使用權而支付的全部經濟利益。對通過「招、拍、掛」程序承受國有土地使用權的，應按照土地成交總價款計徵契稅，其中的土地前期開發成本不得扣除。

（三）應納稅額的計算

契稅採用比例稅率。當計稅依據確定以後，應納稅額的計算比較簡單。應納稅額的計算公式為：

應納稅額 = 計稅依據 × 稅率

五、契稅的稅收優惠

（一）契稅優惠的一般規定

（1）國家機關、事業單位、社會團體、軍事單位承受土地、房屋用於辦公、教學、

醫療、科研和軍事設施的，免徵契稅。
（2）城鎮職工按規定第一次購買公有住房，免徵契稅。
（3）對個人購買普通住房，且該住房屬於家庭（成員範圍包括購房人、配偶以及未成年子女，下同）唯一住房的，減半徵收契稅。對個人購買 90 平方米及以下普通住房，且該住房屬於家庭唯一住房的，減按 1% 的稅率徵收契稅。
（4）因不可抗力滅失住房而重新購買住房的，酌情減免。

(二) 契稅優惠的特殊規定

1. 企業公司制改造

一般而言，承受一方如無優惠政策就要徵契稅。企業公司制改造中，承受原企業土地、房屋權屬，免徵契稅。

2. 企業股權重組

在股權轉讓中，單位、個人承受企業股權，企業土地、房屋權屬不發生轉移，不徵收契稅。但在增資擴股中，如果是以土地使用權來認購股份，則承受方需繳契稅。

國有、集體企業實施企業股份合作制改造，由職工買斷企業產權，或向其職工轉讓部分產權，或者通過其職工投資增資擴股，將原企業改造為股份合作制企業的，對改造后的股份合作制企業承受原企業的土地、房屋權屬，免徵契稅。

3. 企業合併分立

（1）兩個或兩個以上的企業，依據法律規定、合同約定，合併改建為一個企業，對其合併后的企業承受原合併各方的土地、房屋權屬，免徵契稅。

（2）企業依照法律規定、合同約定分設為兩個或兩個以上投資主體相同的企業，對派生方、新設方承受原企業土地、房屋權屬，不徵收契稅。

4. 企業出售

國有、集體企業出售，被出售企業法人予以註銷，並且買受人妥善安置原企業 30% 以上職工的，對其承受所購企業的土地、房屋權屬，減半徵收契稅；全部安置原企業職工的，免徵契稅。

5. 企業關閉破產

債權人承受關閉、破產企業土地、房屋權屬以抵償債務的，免徵契稅；對非債權人承受關閉、破產企業土地、房屋權屬，凡妥善安置原企業 30% 以上職工的，減半徵收契稅；全部安置原企業職工的，免徵契稅。

6. 房屋附屬設施

對於承受與房屋相關的附屬設施（如停車位、汽車庫等）所有權或土地使用權的行為，按照契稅法律法規的規定徵收契稅；對於不涉及土地使用權和房屋所有權轉移變動的，不徵收契稅。

7. 繼承土地房屋權屬

法定繼承人繼承土地、房屋權屬，不徵收契稅；非法定繼承人應徵收契稅。

8. 其他情況

（1）經國務院批准實施債權轉股權的企業，對債權轉股權后新設立的公司承受原

企業的土地、房屋權屬，免徵契稅。

（2）政府主管部門對國有資產進行行政性調整和劃轉過程中發生的土地、房屋權屬轉移，不徵收契稅。

（3）企業改制重組過程中，同一投資主體內部所屬企業之間的土地、房屋權屬的無償劃轉，包括母公司與其全資子公司之間，同一公司所屬全資子公司之間，同一自然人與其設立的個人獨資企業、一人有限公司之間土地、房屋權屬的無償劃轉，不徵收契稅。

（4）對拆遷居民因拆遷重新購置住房的，對購房成交價格中相當於拆遷補償款的部分免徵契稅，成交價格超過拆遷補償款的，對超過部分徵收契稅。

（5）公司制企業在重組過程中，以名下土地、房屋權屬對其全資子公司進行增資，屬同一投資主體內部資產劃轉，對全資子公司承受母公司土地、房屋權屬的行為，不徵收契稅。

稅法規定，凡經批准減徵、免徵契稅的納稅人，改變土地、房屋的用途，不再屬於減徵免徵的範圍，應當補繳已經減徵免徵的稅款。其納稅義務發生時間為改變有關土地、房屋權屬的當天。

六、契稅的徵收管理

（一）納稅義務發生時間

契稅的納稅義務發生時間是納稅人簽訂土地、房屋權屬轉移合同的當天，或者納稅人取得其他具有土地、房屋權屬轉移合同性質憑證的當天。

（二）納稅期限

納稅人應當自納稅義務發生之日起10日內，向土地、房屋所在地的契稅徵收機關辦理納稅申報，並在契稅徵收機關核定的期限內繳納稅款。

（三）納稅地點

契稅在土地、房屋所在地的徵收機關繳納。

（四）徵收管理

納稅人辦理納稅事宜后，徵收機關應向納稅人開具契稅完稅憑證。納稅人持契稅完稅憑證和其他規定的文件材料，依法向土地管理部門、房產管理部門辦理有關土地、房屋的權屬變更登記手續。土地管理部門和房產管理部門應向契稅徵收機關提供有關資料，並協助契稅徵收機關依法徵收契稅。

符合免徵、減徵契稅規定的納稅人，應當在簽訂土地、房屋權屬合同后10日內，向土地、房屋所在地的契稅徵收機關申請辦理有關免稅、減稅手續。

第四節　印花稅

一、印花稅概述

(一) 印花稅的概念

印花稅是對經濟活動和經濟交往中書立、領受、使用的應稅經濟憑證所徵收的一種稅。因納稅人主要是通過在應稅經濟憑證上粘貼印花稅票來完成納稅義務，故名印花稅。

印花稅是一個世界各國普遍徵收的稅種，最早起源於1624年的荷蘭。新中國成立後，中央人民政府政務院於1950年頒布了《中華人民共和國印花稅暫行條例》，在全國範圍內開徵印花稅。1958年簡化稅制時，經全國人民代表大會常務委員會通過，將印花稅並入工商統一稅，印花稅不再單獨設稅種，直至經濟體制改革前。中國目前現行印花稅法的基本規範，是1988年8月6日國務院發布並於同年10月1日實施的《中華人民共和國印花稅暫行條例》。

(二) 印花稅的特徵

1. 徵稅範圍廣泛

印花稅的徵稅對象是經濟活動和經濟交往中書立、領受、使用應稅憑證的行為，這些行為在經濟生活中是經常發生的，而且涉及的應稅憑證範圍廣泛，包括各類經濟合同、營業帳簿、權利許可證照等，這些憑證在經濟生活中被廣泛地使用著。隨著市場經濟的發展和經濟法制的逐步健全，依法書立經濟憑證的現象將會愈來愈普遍。因此，印花稅的徵收將更加廣闊。

2. 稅率低，稅負輕

印花稅的稅負較輕，其稅率或稅額明顯低於其他稅種，最低比例稅率為應稅憑證所載金額的萬分之零點五，一般都為萬分之幾或千分之幾；定額稅率是每件應稅憑證5元。

3. 自行貼花納稅

印花稅採取納稅人自行計算應納稅額、自行購買印花稅票、自行貼花、自行在每枚稅票的騎縫處蓋戳註銷或畫銷的納稅方法。

4. 兼有憑證稅和行為稅性質

一方面，印花稅是對單位和個人書立、領受、使用的應稅憑證徵收的一種稅，具有憑證稅性質；另一方面，任何一種應稅經濟憑證反應的都是某種特定的經濟行為。因此，對憑證稅，實質上是對經濟行為課稅。

二、印花稅的納稅義務人

印花稅的納稅義務人，是在中國境內書立、使用、領受印花稅法所列舉的憑證並

應依法履行納稅義務的單位和個人。所稱單位和個人,是指國內各類企業、事業、機關、團體、部隊以及中外合資企業、合作企業、外資企業、外國公司和其他經濟組織及其在華機構等單位和個人。

按照書立、使用、領受應稅憑證的不同,可以分別確定為立合同人、立據人、立帳簿人、領受人和使用人五種。

(一) 立合同人

立合同人是指合同的當事人。當事人是指對憑證有直接權利義務關係的單位和個人,但不包括合同的擔保人、證人、鑒定人。各類合同的納稅人是立合同人。各類合同,包括購銷、加工承攬、建設工程承包、財產租賃、貨物運輸、倉儲保管、借款、財產保險、技術合同或者具有合同性質的憑證。

合同是指根據原《中華人民共和國經濟合同法》《中華人民共和國涉外經濟合同法》和其他有關合同法規訂立的合同。具有合同性質的憑證,是指具有合同效力的協議、契約、合約、單據、確認書及其他各種名稱的憑證。

當事人的代理人有代理納稅的義務,他與納稅人負有同等的稅收法律義務和責任。

(二) 立據人

產權轉移書據的納稅人是立據人。如立據人未貼印花或少貼印花,書據的持有人應負責補貼印花。所立書據以合同方式簽訂的,應由持有書據的各方分別按全額貼花。

(三) 立帳簿人

營業帳簿的納稅人是立帳簿人。所謂立帳簿人,是指設立並使用營業帳簿的單位和個人。

(四) 領受人

權利、許可證照的納稅人是領受人。領受人是指領取或接受並持有該項憑證的單位和個人。

(五) 使用人

在國外書立、領受,但在國內使用的應稅憑證,其納稅人是使用人。

三、印花稅的稅目與稅率

(一) 稅目

1. 購銷合同

購銷合同包括供應、預購、採購、購銷結合及協作、調劑、補償、貿易等合同。此外,還包括出版單位與發行單位之間訂立的圖書、報紙、期刊和音像製品的應稅憑證,如訂購單、訂數單等。還包括發電廠與電網之間、電網與電網之間(國家電網公司系統、南方電網公司系統內部各級電網互供電量除外)簽訂的購售電合同。但是,電網與用戶之間簽訂的供用電合同不屬於印花稅列舉徵稅的憑證,不徵收印花稅。

2. 加工承攬合同

加工承攬合同包括加工、定做、修繕、修理、印刷、廣告、測繪、測試等合同。

3. 建設工程勘察設計合同

建設工程勘察設計合同包括勘察、設計合同。

4. 建築安裝工程承包合同

建築安裝工程承包合同包括建築、安裝工程承包合同。承包合同，包括總承包合同、分包合同和轉包合同。

5. 財產租賃合同

財產租賃合同包括租賃房屋、船舶、飛機、機動車輛、機械、器具、設備等合同，還包括企業、個人出租門店、櫃臺等簽訂的合同。

6. 貨物運輸合同

貨物運輸合同包括民用航空、鐵路運輸、海上運輸、公路運輸和聯運合同，以及作為合同使用的單據。

7. 倉儲保管合同

倉儲保管合同包括倉儲、保管合同，以及作為合同使用的倉單、棧單等。

8. 借款合同

銀行及其他金融組織與借款人（不包括銀行同業拆借）所簽訂的合同，以及只填開借據並作為合同使用、取得銀行借款的借據。銀行及其他金融機構經營的融資租賃業務，是一種以融物方式達到融資目的的業務，融資租賃合同也屬於借款合同。

9. 財產保險合同

財產保險合同包括財產、責任、保證、信用保險合同，以及作為合同使用的單據。家庭財產兩全保險屬於家庭財產保險性質，其合同在財產保險合同之列，應照章納稅。

10. 技術合同

技術合同包括技術開發、轉讓、諮詢、服務等合同，以及作為合同使用的單據。

11. 產權轉移書據

產權轉移書據包括財產所有權和版權、商標專用權、專利權、專有技術使用權等轉移書據和土地使用權出讓合同、土地使用權轉讓合同、商品房銷售合同等權力轉移合同。

12. 營業帳簿

營業帳簿是指單位或者個人記載生產經營活動的財務會計核算帳簿。營業帳簿按其反應內容的不同，可分為記載資金的帳簿和其他帳簿。

記載資金的帳簿，是指反應生產經營單位資本金數額增減變化的帳簿；其他帳簿，是指除上述帳簿以外的有關其他生產經營活動內容的帳簿，包括日記帳簿和各明細分類帳簿。

對金融系統營業帳簿，要結合金融系統財務會計核算的實際情況進行具體分析。銀行用以反應資金存貸經營活動、記載經營資金增減變化、核算經營成果的帳簿，如各種日記帳、明細帳和總帳都屬於營業帳簿，應按照規定繳納印花稅；銀行根據業務管理需要設置的各種登記簿，如空白重要憑證登記簿、有價單證登記簿、現金收付登

記簿等，其記載的內容與資金活動無關，僅用於內部備查，屬於非營業帳簿，均不徵收印花稅。

13. 權利、許可證照

權利、許可證照包括政府部門發給的房屋產權證、工商營業執照、商標註冊證、專利證、土地使用證。

(二) 稅率

印花稅的稅率有兩種形式，即比例稅率和定額稅率。

1. 比例稅率

在印花稅的13個稅目中，各類合同以及具有合同性質的憑證（含以電子形式簽訂的各類應稅憑證）、產權轉移書據、營業帳簿中記載資金的帳簿，適用比例稅率。

印花稅的比例稅率分為4檔：0.05‰、0.3‰、0.5‰、1‰。

（1）借款合同適用稅率0.05‰；

（2）購銷合同、建築安裝工程承包合同、技術合同適用稅率0.3‰；

（3）加工承攬合同、建築工程勘察設計合同、貨物運輸合同、產權轉移書據、營業帳簿中記載資金的帳簿適用0.5‰的稅率；

（4）財產租賃合同、倉儲保管合同、財產保險合同適用1‰的稅率；

（5）股權轉讓書據適用1‰的稅率，包括A股和B股。

2. 定額稅率

在印花稅的13個稅目中，權利、許可證照和營業帳簿稅目中的其他帳簿，適用定額稅率，均為按件貼花，稅額為5元。這樣規定，主要是考慮到上述應稅憑證比較特殊，有的是無法計算金額的憑證，如權利、許可證照；有的是雖記載有金額，但以其作為計稅依據又明顯不合理的憑證，如其他帳簿。採用定額稅率，便於納稅人繳納，便於稅務機關徵管。印花稅稅目、稅率詳見表8-4。

表8-4　　　　　　　　　　印花稅稅目、稅率表

稅目	範圍	稅率	納稅人	說明
購銷合同	包括供應、預購、採購、購銷結合及協作、調劑、補償、易貨等合同	按購銷金額的3‰貼花	立合同人	
加工承攬合同	包括加工、定做、修繕、修理、印刷、廣告、測繪、測試等合同	按加工或承攬收入的5‰貼花	立合同人	
建設工程勘察設計合同	包括勘察、設計合同	按收取費用的5‰貼花	立合同人	
建築安裝工程承包合同	包括建築、安裝工程承包合同	按承包金額的3‰貼花	立合同人	
財產租賃合同	包括租賃房屋、船舶、飛機、機動車輛、機械、器具、設備等合同	按租賃金額的1‰貼花。稅額不足1元按1元貼花	立合同人	

表8-4(續)

稅目	範圍	稅率	納稅人	說明
貨物運輸合同	包括民用航空運輸、鐵路運輸、海上運輸、內河運輸、公路運輸和聯運合同	按運輸收取的費用的5‰貼花	立合同人	單據作為合同使用的,按合同貼花
倉儲保管合同	包括倉儲、保管合同	按倉儲收取的保管費用的1‰貼花	立合同人	倉單或棧單作為合同使用的,按合同貼花
借款合同	銀行及其他金融組織和借款人(不包括銀行同業拆借)所簽訂的借款合同	按借款金額的0.5‰貼花	立合同人	單據作為合同使用的,按合同貼花
財產保險合同	包括財產、責任、保證、信用等保險合同	按收取的保險費收入的1‰貼花	立合同人	單據作為合同使用的,按合同貼花
技術合同	包括技術開發、轉讓、諮詢、服務等合同	按所記載金額的3‰貼花	立合同人	
產權轉移書據	包括財產所有權和版權、商標專用權、專利權、專有技術使用權等轉移書據、土地使用權出讓合同、土地使用權轉讓合同、商品房銷售合同	按所記載金額的5‰貼花	立據人	
營業帳簿	生產、經營用帳冊	記載資金的帳簿,按實收資本和資本公積的合計金額的5‰貼花。其他帳簿按件貼花5元	立帳簿人	
權利、許可證照	包括政府部門發給的房屋產權證、工商營業執照、商標註冊證、專利證、土地使用證	按件貼花5元	領受人	

四、印花稅應納稅額的計算

(一) 計稅依據

印花稅的計稅依據為各種應稅憑證上所記載的計稅金額。具體規定為:

(1) 購銷合同的計稅依據為合同記載的購銷金額。

(2) 加工承攬合同的計稅依據是加工或承攬收入的金額。具體規定:

①對於由受託方提供原材料的加工、定做合同,凡在合同中分別記載加工費金額和原材料金額的,應分別按「加工承攬合同」「購銷合同」計稅,兩項稅額相加數,即為合同應貼印花;若合同中未分別記載,則應就全部金額依照加工承攬合同計稅

貼花。

②對於由委託方提供主要材料或原料，受託方只提供輔助材料的加工合同，無論加工費和輔助材料金額是否分別記載，均以輔助材料與加工費的合計數，依照加工承攬合同計稅貼花。對委託方提供的主要材料或原料金額不計稅貼花。

（3）建設工程勘察設計合同的計稅依據為收取的費用。

（4）建築安裝工程承包合同的計稅依據為承包金額。

（5）財產租賃合同的計稅依據為租賃金額；經計算，稅額不足1元的，按1元貼花。

（6）貨物運輸合同的計稅依據為取得的運輸費金額（即運費收入），不包括所運貨物的金額、裝卸費和保險費等。

（7）倉儲保管合同的計稅依據為收取的倉儲保管費用。

（8）借款合同的計稅依據為借款金額。針對實際借貸活動中不同的借款形式，稅法規定了不同的計稅方法：

①凡是一項信貸業務既簽訂借款合同，又一次或分次填開借據的，只以借款合同所載金額為計稅依據計稅貼花；凡是只填開借據並作為合同使用的，應以借據所載金額為計稅依據計稅貼花。

②借貸雙方簽訂的流動資金週轉性借款合同，一般按年（期）簽訂，規定最高限額，借款人在規定的期限和最高限額內隨借隨還。為避免加重借貸雙方的負擔，對這類合同只以其規定的最高限額為計稅依據，在簽訂時貼花一次，在限額內隨借隨還不簽訂新合同的，不再另貼印花。

③對借款方以財產作抵押，從貸款方取得一定數量抵押貸款的合同，應按借款合同貼花；在借款方因無力償還借款而將抵押財產轉移給貸款方時，應再就雙方書立的產權書據，按產權轉移書據的有關規定計稅貼花。

④對銀行及其他金融組織的融資租賃業務簽訂的融資租賃合同，應按合同所載租金總額，暫按借款合同計稅。

⑤在貸款業務中，如果貸方系由若幹銀行組成的銀團，銀團各方均承擔一定的貸款數額。借款合同由借款方與銀團各方共同書立，各執一份合同正本。對這類合同借款方與貸款銀團各方應分別在所執的合同正本上，按各自的借款金額計稅貼花。

⑥在基本建設貸款中，如果按年度用款計劃分年簽訂借款合同，在最後一年按總概算簽訂借款總合同，且總合同的借款金額包括各個分合同的借款金額的，對這類基建借款合同，應按分合同分別貼花，最後簽訂的總合同，只就借款總額扣除分合同借款金額后的餘額計稅貼花。

（9）財產保險合同的計稅依據為支付（收取）的保險費，不包括所保財產的金額。

（10）技術合同的計稅依據為合同所載的價款、報酬或使用費。為了鼓勵技術研究開發，對技術開發合同，只就合同所載的報酬金額計稅，研究開發經費不作為計稅依據。單對合同約定按研究開發經費一定比例作為報酬的，應按一定比例的報酬金額貼花。

（11）產權轉移書據的計稅依據為所載金額。

（12）營業帳簿稅目中記載資金的帳簿的計稅依據為「實收資本」與「資本公積」兩項的合計金額。實收資本包括現金、實物、無形資產和材料物資。現金按實際收到或存入納稅人開戶銀行的金額確定。實物，是指房屋、機器等，按評估確認的價值或者合同、協議約定的價格確定。無形資產和材料物資，按評估確認的價值確定。

資本公積，包括接受捐贈、法定財產重估增值、資本折算差額、資本溢價等。如果是實物捐贈，則按同類資產的市場價格或有關憑據確定。

其他帳簿的計稅依據為應稅憑證件數。

（13）權利、許可證照的計稅依據為應稅憑證件數。

(二) 計稅依據的特殊規定

（1）憑證以「金額」「收入」「費用」作為計稅依據的，應當全額計稅，不得做任何扣除。

（2）同一憑證，載有兩個或兩個以上經濟事項而適用不同稅目稅率，如分別記載金額的，應分別計算應納稅額，相加後按合計稅額貼花；如未分別記載金額的，按稅率高的計稅貼花。

（3）按金額比例貼花的應稅憑證，未標明金額的，應按照憑證所載數量及國家牌價計算金額；沒有國家牌價的，按市場價格計算金額，然后按規定稅率計算應納稅額。

（4）應稅憑證所載金額為外國貨幣的，應按照憑證書立當日國家外匯管理局公布的外匯牌價折合成人民幣，然后計算應納稅額。

（5）應納稅額不足0.1元的，免納印花稅；0.1元以上的，其稅額尾數不滿0.05元的不計，滿0.05元的按0.1元計算。

（6）有些合同，在簽訂時無法確定計稅金額，如：技術轉讓合同中的轉讓收入，是按銷售收入的一定比例收取或是按實現利潤分成的；財產租賃合同，只是規定了月（天）租金標準而無租賃期限的。對這類合同，可在簽訂時先按定額5元貼花，以後結算時再按實際金額計稅，補貼印花。

（7）應稅合同在簽訂時納稅義務即已產生，應計算應納稅額並貼花。所以，不論合同是否兌現或是否按期兌現，均應貼花。對已履行並貼花的合同，所載金額與合同履行后實際結算金額不一致的，只要雙方未修改合同金額，一般不再辦理完稅手續。

（8）對有經營收入的事業單位，凡屬由國家財政撥付事業經費，實行差額預算管理的單位，其記載經營業務的帳簿，按其他帳簿定額貼花，不記載經營業務的帳簿不貼花；凡屬經費來源實行自收自支的單位，其營業帳簿，應對記載資金的帳簿和其他帳簿分別計算應納稅額。

跨地區經營的分支機構使用的營業帳簿，應由各分支機構於其所在地計算貼花。對上級單位核撥資金的分支機構，其記載資金的帳簿按核撥的帳面資金額計稅貼花，其他帳簿按定額貼花；對上級單位不核撥資金的分支機構，只就其他帳簿按件定額貼花。為避免對同一資金重複計稅貼花，上級單位記載資金的帳簿，應按扣除撥給下屬機構資金數額后的其餘部分計稅貼花。

（9）商品購銷活動中，採用以貨換貨方式進行商品交易簽訂的合同，是反應既購

又銷雙重經濟行為的合同。對此，應按合同所載的購、銷合計金額計稅貼花。合同未列明金額的，應按合同所載購、銷數量依照國家牌價或者市場價格計算應納稅額。

（10）施工單位將自己承包的建設項目，分包或者轉包給其他施工單位所簽訂的分包合同或者轉包合同，應按新的分包合同或轉包合同所載金額計算應納稅額。這是因為印花稅是一種具有行為稅性質的憑證稅，儘管總承包合同已依法計稅貼花，但新的分包或轉包合同是一種新的憑證，又發生了新的納稅義務。

（11）對股票交易徵收印花稅，始於深圳和上海兩地證券交易的不斷發展。現行印花稅法規定，股份制試點企業向社會公開發行的股票，因購買、繼承、贈與所書立的股權轉讓書據，均依書立時證券市場當日實際成交價格計算的金額，由立據雙方當事人分別按1‰的稅率繳納印花稅。

（12）對國內各種形式的貨物聯運，凡在起運地統一結算全程運費的，應以全程運費作為計稅依據，由起運地運費結算雙方繳納印花稅；凡分程結算運費的，應以分程的運費作為計稅依據，分別由辦理運費結算的各方繳納印花稅。

對國際貨運，凡由中國運輸企業運輸的，不論在中國境內、境外起運或中轉分程運輸，中國運輸企業所持的一份運費結算憑證，均按本程運費計算應納稅額；托運方所持的一份運費結算憑證，按全程運費計算應納稅額。由外國運輸企業運輸進出口貨物的，外國運輸企業所持的一份運費結算憑證免納印花稅；托運方所持的一份運費結算憑證應繳納印花稅。國際貨運運費結算憑證在國外辦理的，應在憑證轉回中國境內時按規定繳納印花稅。

印花稅票為有價證券，其票面金額以人民幣為單位，分為1角、2角、5角、1元、2元、5元、10元、50元、100元9種。

（二）應納稅額的計算

納稅人的應納稅額，根據應納稅憑證的性質，分別按比例稅率或者定額稅率計算。其計算公式為：

應納稅額＝應稅憑證計稅金額（或應稅憑證件數）×適用稅率

五、印花稅的稅收優惠

（1）對已繳納印花稅憑證的副本或者抄本免稅；但以副本或者抄本視同正本使用的，則應另貼印花。

（2）對財產所有人將財產贈給政府、社會福利單位、學校所立的書據免稅。

（3）對國家指定的收購部門與村民委員會、農民個人書立的農副產品收購合同免稅。

（4）對無息、貼息貸款合同免稅。

（5）對外國政府或者國際金融組織向中國政府及國家金融機構提供優惠貸款所書立的合同免稅。

（6）對房地產管理部門與個人簽訂的用於生活居住的租賃合同免稅。

（7）對農牧業保險合同免稅。

（8）軍事物資運輸憑證、搶險救災憑證、新建鐵路的工程臨管線運輸憑證免稅。
（9）企業改制過程中有關印花稅徵免規定。
①關於資金帳簿的印花稅。
A. 實行公司制改造的企業在改制過程中成立的新企業（重新辦理法人登記的），其新啟用的資金帳簿記載的資金或因企業建立資本紐帶關係而增加的資金，凡原已貼花的部分可不再貼花，未貼花的部分和以后新增加的資金按規定貼花。
B. 以合併或分立方式成立的新企業，其新啟用的資金帳簿記載的資金，凡原已貼花的部分可不再貼花，未貼花的部分和以后新增加的資金按規定貼花。
C. 企業債權轉股權新增加的資金按規定貼花。
D. 企業改制中經評估增加的資金按規定貼花。
E. 企業其他會計科目記載的資金轉為實收資本或資本公積的資金按規定貼花。
②企業改制前簽訂但尚未履行完的各類應稅合同，改制後需要變更執行主體的，對僅改變執行主體、其餘條款未做變動且改制前已貼花的，不再貼花。
③企業因改制簽訂的產權轉移書據免予貼花。
④股權分置改革過程中因非流通股股東向流通股股東支付對價而發生的股權轉讓，暫免徵收印花稅。

六、印花稅的徵收管理

（一）徵收方法

印花稅的納稅辦法，根據稅額大小、貼花次數以及稅收徵收管理的需要，分別採用下列三種納稅辦法：

1. 自行貼花辦法

自行貼花一般適用於應稅憑證較少或者貼花次數較少的納稅人。納稅人書立、領受或者使用印花稅法列舉的應稅憑證的同時，納稅義務即已產生，應當根據應納稅憑證的性質和適用的稅目稅率，自行計算應納稅額，自行購買印花稅票，自行一次貼足印花稅票並加以註銷或劃銷，納稅義務才算全部履行完畢。納稅人有印章的，加蓋印章註銷。納稅人沒有印章的，可以用鋼筆、圓珠筆畫線註銷。

對已貼花的憑證，修改后所載金額增加的，其增加部分應當補貼印花稅票。凡多貼印花稅票者，不得申請退稅或者抵用。

2. 匯貼或匯繳辦法

匯貼或匯繳辦法適用於應納稅額較大或者貼花次數頻繁的納稅人。

應納稅額超過 500 元的憑證，應向當地稅務機關申請填寫繳款書或者完稅證，將其中一聯粘貼在憑證上或者由稅務機關在憑證上加註完稅標記代替貼花。這就是通常所說的「匯貼」辦法。

同一種類應納稅憑證，需頻繁貼花的，納稅人可以根據實際情況自行決定是否採用按期匯總繳納印花稅的方式，匯總繳納的期限為 1 個月。繳納方式一經選定，1 年內不得改變。實行印花稅按期匯總繳納的單位，對徵稅憑證和免稅憑證匯總時，凡分別

匯總的，按本期徵稅憑證的匯總金額計算繳納印花稅；凡確屬不能分別匯總的，應按本期全部憑證的實際匯總金額計算繳納印花稅。

3. 委託代徵辦法

委託代徵辦法主要是通過稅務機關的委託，經由發放或者辦理應納稅憑證的單位代為徵收印花稅稅款。稅務機關應與代徵單位簽訂代徵委託書。所謂發放或者辦理應納稅憑證的單位，是指發放權利、許可證照的單位和辦理憑證的鑒證、公證及其他有關事項的單位（如工商行政管理局、銀行、保險公司等）。

根據印花稅法律制度的規定，發放或者辦理應納稅憑證的單位，負有監督納稅人依法納稅的義務，具體是指對以下納稅事項監督：

（1）應納稅憑證是否已粘貼印花；

（2）粘貼的印花是否足額；

（3）粘貼的印花是否按規定註銷。

對未完成以上納稅手續的，應督促納稅人當場完成。

（二）納稅環節

印花稅應當在書立或領受時貼花，具體是指在合同簽訂時、帳簿啟用時和證照領受時貼花。如果合同是在國外簽訂，並且不便在國外貼花的，應在將合同帶入境時辦理貼花納稅手續。

（三）納稅地點

印花稅一般實行就地納稅。對於全國性商品物資訂貨會（包括展銷會、交易會等）上所簽訂合同應納的印花稅，由納稅人回其所在地後及時辦理貼花完稅手續；對地方主辦、不涉及省際關係的訂貨會、展銷會上所簽合同的印花稅，其納稅地點由各省、自治區、直轄市人民政府自行確定。

（四）納稅申報

印花稅的納稅人應按照《中華人民共和國印花稅暫行條例》的有關規定及時辦理納稅申報，並如實填寫印花稅納稅申報表，見表8-5。

表8-5　　　　　　　　　　印花稅納稅申報表

填表日期：　　年　月　日　　　　　　　　　　　　金額單位：元（列至角分）

納稅人識別號：☐☐☐☐☐☐☐☐☐☐☐☐☐☐☐

納稅人名稱							稅款所屬時期		
應稅憑證名稱	件數	計稅金額	適用稅率	應納稅額	已納稅額	應補（退）稅額	購畫貼花情況		
							上期結轉	本期購進	本期貼花
1	2	3	4	5＝2×4 或 5＝3×4	6	7＝5-6	8	9	10

如納稅人填報，由納稅人填寫以下各欄		如委託代理人填報，由代理人填寫，由代理人填寫以下各欄			備註
會計主管（簽章）	納稅人（簽章）	代理人名稱		代理人（簽章）	
		代理人地址			
		經辦人姓名		電話	

以下由稅務機關填寫			
收到申報表日期		接收人	

習　題

一、單項選擇題

1. 根據房產稅法律制度的規定，下列各項中不屬於房產稅納稅人的是（　　）。
    A. 城區房產使用人　　　　　　　　B. 城區房產代管人
    C. 城區房屋所有人　　　　　　　　D. 城區房屋出典人

149

2. 根據《房產稅暫行條例》的規定，不徵收房產稅的地區是（　　）。
   A. 縣城　　　　　　　　　　B. 農村
   C. 建制鎮　　　　　　　　　D. 城市
3. 根據車船稅法律制度的規定，下列各項中屬於載貨汽車計稅依據的是（　　）。
   A. 排氣量　　　　　　　　　B. 自重噸位
   C. 淨噸位　　　　　　　　　D. 購置價格
4. 根據印花稅法律制度的規定，下列各項中屬於印花稅納稅人的是（　　）。
   A. 合同的雙方當事人　　　　B. 合同的擔保人
   C. 合同的證人　　　　　　　D. 合同的鑒定人

5. 2016年3月，甲企業與乙企業簽訂了一份合同，由甲企業向乙企業提供貨物並運輸到乙企業指定的地點，合同標的金額為300萬元，其中包括貨款和貨物運輸費用。貨物買賣合同適用的印花稅率為0.3‰，貨物運輸合同適用的印花稅率為0.5‰。根據印花稅法律制度的規定，甲企業應納印花稅額是（　　）萬元。
   A. 0.24　　　　　　　　　　B. 0.15
   C. 0.09　　　　　　　　　　D. 0.06

6. 某公司2016年3月以3,500萬元購得某一寫字樓作為辦公用房使用，該寫字樓原值6,000萬元，累計折舊2,000萬元。如果適用的契稅稅率為3%，該公司應繳契稅為（　　）萬元。
   A. 120　　　　　　　　　　 B. 105
   C. 180　　　　　　　　　　 D. 15

二、多項選擇題

1. 根據房產稅法律制度的規定，下列有關房產稅納稅人的表述中，正確的有（　　）。
   A. 產權屬於國家所有的房屋，其經營管理單位為納稅人
   B. 產權屬於集體所有的房屋，該集體單位為納稅人
   C. 產權屬於個人所有的營業用的房屋，該個人為納稅人
   D. 產權出典的房屋，出典人為納稅人
2. 根據印花稅法律制度的規定，下列各項中屬於印花稅徵稅範圍的有（　　）。
   A. 土地使用權出讓合同　　　B. 土地使用權轉讓合同
   C. 商品房銷售合同　　　　　D. 房屋產權證
3. 根據印花稅法律制度的規定，下列各項中以所載金額作為計稅依據繳納印花稅的有（　　）。
   A. 產權轉移書據　　　　　　B. 借款合同
   C. 財產租賃合同　　　　　　D. 工商營業執照
4. 根據《契稅暫行條例》的規定，下列行為中應繳納契稅的有（　　）。
   A. 房屋贈與　　　　　　　　B. 農村集體土地承包經營權的轉移
   C. 以土地使用權作價投資　　D. 以土地使用權抵押

5. 根據契稅法律制度的規定，下列各項中應徵收契稅的有（　　）。
   A. 某人將其擁有產權的一幢樓抵押
   B. 某人在抽獎活動中獲得一套住房
   C. 某人將其擁有產權的房屋出租
   D. 某人購置一套住房
6. 根據契稅法律制度的規定，下列各項中不徵收契稅的有（　　）。
   A. 接受作價房產入股　　　　　B. 承受抵債房產
   C. 承租房產　　　　　　　　　D. 繼承房產

三、判斷題

1. 張某將個人擁有產權的房屋出典給李某，則李某為該房屋房產稅的納稅人。
（　　）
2. 農民王某於 2016 年將其在本村價值 20 萬元的樓房出租，取得租金收入 3,000 元。按照房產稅從租計徵的規定計算，王某當年應繳納房產稅 360 元。（　　）
3. 契稅的納稅人是在中國境內轉讓土地、房屋權屬的單位和個人。（　　）
4. 甲企業以價值 300 萬元的辦公用房與乙企業互換一處廠房，並向乙企業支付差價款 100 萬元。在這次互換中，乙企業不需繳納契稅，應由甲企業繳納。（　　）
5. 車船稅的納稅義務發生時間，為車船管理部門核發的車船登記證書或者行駛證中記載日期的次月。（　　）

第九章 特定目的類稅

學習目的：通過本章學習，要求理解土地增值稅、耕地占用稅的概念，瞭解開徵土地增值稅、耕地占用稅的必要性及作用或意義；掌握土地增值稅、耕地占用稅的基本內容，掌握土地增值稅納稅申報與稅款繳納等制度，掌握耕地占用稅的計算及其會計核算。

第一節　土地增值稅

一、土地增值稅概述

土地增值稅是轉讓國有土地使用權、地上的建築物及其附著物並取得收入的單位和個人，以轉讓所取得的收入的增值額徵收的一種稅，不包括以繼承、贈與方式無償轉讓房地產的行為。

（一）開徵土地增值稅的必要性

中國從 1987 年開始對國有土地實行有償出讓、轉讓的土地使用制度。這一改革使得國內房地產業得到了迅速發展，房地產市場已初具規模，這對於改善人民居住條件，合理配置土地資源，充分發揮國有土地的資產效益，改善投資環境，增加國家收入起到了很大作用。但也出現一些問題，主要表現在：

（1）土地供給計劃性不強，成片批租地量過大、價格低。由於批地不與項目結合，不充分考慮基礎設施配套情況和開發資金的落實等問題，使得土地批出后得不到及時開發，造成土地資源的浪費和資金的占用，城市規劃也得不到實施。土地批租的隨意性和以協議方式為主，使出讓金價格偏低，國有土地收益大量流失。

（2）房地產開發公司增長過快，價格上漲過猛，房地產投資開發規模偏大。大量房地產開發公司的湧現並介入炒地活動，使房地產價格直線上升，房地產業發展膨脹，國有土地資源收益大量流失。

（3）盲目設立開發區，占用耕地多，開發利用率低。

（4）房地產市場機制不完善，市場行為不規範，「炒」風過盛。炒賣房產快速獲得高額利潤，使各行各業蜂擁而上，嚴重衝擊了房地產市場正常的秩序，使房地產投資結構失衡。

（5）浪費國家財力，加劇社會分配不公。房地產市場的過熱現象，不但浪費了國家的資源和財力，也加劇了中國資金市場緊張，擾亂了金融秩序，使國家的產業結構

失衡。由於缺乏必要的經濟手段，加劇了社會分配不公，也使得國有土地資源收益大量流失，影響了整個宏觀經濟的正常運行。

房地產管理制度不健全不嚴密，國有土地的出讓價格太低，使得轉讓土地及炒買炒賣者能夠獲得暴利。要解決這一問題，必須要加強對土地出讓環節的管理，健全產權登記制度，除加強對房地產業的監督和管理外，還應運用法律、經濟手段特別是要發揮稅收槓桿的特殊調節作用，達到促進國有土地得到合理而有效地利用的目的。國務院於1993年12月發布《中華人民共和國土地增值稅暫行條例》，並決定自1994年1月起，對轉讓土地及地上的建築物的單位和個人徵收土地增值稅。

(二) 土地增值稅的作用

1. 抑制土地投機，規範房地產市場交易秩序

由於土地增值稅是以轉讓房地產的增值額為計稅依據，並實行超額累進稅率，也即增值額多的多徵，增值額少的少徵，無增值額的不徵，這樣就能在一定程度上抑制房地產投機活動。由於在計算應納稅增值額時，允許扣除支付給國家批租土地的出讓金和改良土地的開發成本費用，這就有利於制約任意降低出讓金的行為，鼓勵對土地的開發和利用，從而有利於規範土地、房地產市場的交易秩序。

2. 增加財政收入，防止國有土地收益的流失

房地產業是高附加值產業的支柱產業，是開闢新稅源的重點。土地增值稅的開徵，能有效增加財政收入，防止國有土地收益的流失。

3. 為分稅制財政管理體制的實施創造條件

實行「分稅制」的重要條件之一，就是建立健全地方稅收體系，擴大地方稅收規模。徵收土地增值稅是完善地方稅收體系、擴大地方稅收規模的重要措施。

二、土地增值稅的徵稅範圍

(1) 轉讓國有土地使用權。國有土地是指按國家法律規定屬於國家所有的土地。

(2) 地上的建築物及其附著物連同國有土地使用權一併轉讓。地上的建築物是指建於土地上的一切建築物，包括地上地下的各種附屬設施；附著物是指附著於土地上的不能移動或一經移動即遭損壞的物品。

三、土地增值稅的納稅人

土地增值稅的納稅人是指轉讓國有土地使用權、地上建築物及其附著物並取得收入的單位和個人。單位是指企業單位、事業單位、國家機關、軍事單位和社會團體以及其他組織；個人是指個體經營者及其他個人。

四、土地增值稅的稅率及計算

(一) 土地增值稅的稅率

土地增值稅實行四級超率累進稅率，按轉讓房地產增值比例的大小，分檔定率，超率累進。每級「增值額未超過扣除項目金額」的比例，均包括本比例數。土地增值

稅超率累進稅率表見表 9－1。

表 9－1　　　　　　　　土地增值稅超率累進稅率表

級數	增值額與扣除項目金額的比率（增值率）	稅率（％）	速算扣除數（％）
1	不超過 50% 的部分	30	0
2	超過 50%～100% 的部分	40	5
3	超過 100%～200% 的部分	50	15
4	超過 200% 的部分	60	35

（二）　土地增值稅應納稅額的計算

1. 轉讓房地產收入的確定

納稅人轉讓房地產取得的收入包括轉讓房地產的全部價款及有關的經濟收益，包括貨幣收入、實物收入和其他收入。

（1）貨幣收入是指納稅人轉讓房地產而取得的現金、銀行存款、支票、銀行本票、匯票等各種信用票據和國庫券、金融債券、企業債券、股票等有價證券。這些類型的收入其實質都是轉讓方因轉讓土地使用權、房屋產權而向取得方收取的價款。貨幣收入一般比較容易確定。

（2）實物收入是指納稅人轉讓房地產而取得的各種實物形態的收入，如鋼材、水泥等建材，房屋、土地等不動產等。實物收入的價值不太容易確定，一般要對這些實物形態的財產進行估價。

（3）其他收入是指納稅人轉讓房地產而取得的無形資產收入或具有財產價值的權利，如專利權、商標權、著作權、專有技術使用權、土地使用權、商譽權等。這種類型的收入比較少見，其價值需要進行專門的評估。

2. 扣除項目的確定

土地增值稅的扣除項目包括：

（1）取得成本。即取得土地使用權所支付的金額，包括納稅人為取得土地使用權所支付的地價款及其相關費用。

地價款確定有下列幾種情況：以協議、招標、拍賣等方式取得的，地價款為納稅人實際支付的土地出讓金；以行政劃撥方式取得的，地價款為按國家規定補繳的土地出讓金；以有償轉讓方式取得的，地價款為向原土地使用權人實際支付的地價款。

相關費用是指納稅人在取得土地使用權過程中為辦理有關手續，按國家統一規定繳納的有關登記、過戶手續費等。

（2）開發成本。即納稅人房地產開發項目實際發生的成本，包括土地徵用及拆遷補償費、前期工程費、建築安裝工程費、基礎設施費、公共配套設施費和開發間接費等。

（3）開發費用。即與房地產開發項目有關的營業費用、管理費用和財務費用。

（4）舊房及建築物的評估價格。即在轉讓舊房及建築物時，由政府批准設立的房

地產評估機構評定的重置成本乘以成新度折舊率后的價格。評估價格須經當地稅務機關確認。例如，一棟房屋已使用10年，按歷史成本計算的原始造價為240萬元，按轉讓時的建築材料及人工費用的重置成本價計算，建造同類型的新建築物需耗費1,400萬元，該房屋成新度折舊率為60%（六成新），則該房屋的評估價格為840萬元（1,400×60%）。

（5）有關的稅金及附加。即轉讓房地產時繳納的營業稅、城市維護建設稅、印花稅以及教育費附加。因為房地產開發企業的印花稅已列入管理費用，因此，不再單獨計算扣除。

（6）其他扣除項目。根據財政部的有關規定，對從事房地產開發的企業，還可按取得土地使用權支付金額和房地產開發成本之和，加計20%扣除。此條規定只適用於房地產開發企業，其他納稅人不適用。

3. 應納稅額的計算

土地增值稅實行超率累進稅率，其應納稅額的計算應按下列步驟進行：

（1）增值額計算。土地增值稅以納稅人轉讓房地產所取得的土地增值額為計稅依據。土地增值稅納稅人轉讓房地產所取得的收入減去規定的扣除項目金額後的餘額為增值額。其計算公式為：

增值額＝轉讓房地產取得的收入－扣除項目

（2）增值率計算。土地增值稅採用超率累進稅率，只有在計算增值率後，才能確定具體適用稅率。其計算公式為：

增值率＝增值額÷扣除項目金額×100%

（3）應納稅額計算。土地增值稅應納稅額計算方法有兩種，即分級計算法和速算扣除法。其計算公式分別為：

應納稅額＝∑（每級距的土地增值額×適用稅率）

應納稅額＝土地增值額×適用稅率－扣除項目金額×速算扣除系數

【例9-1】四川鯤鵬有限公司建造並出售商住樓一棟，實現收入1,800萬元，原支付的地價款、成本、費用及應交銷售稅金等計800萬元，按規定加計扣除金額200萬元。請計算該公司應納土地增值稅。

解：增值額＝1,800－（800＋200）＝800（萬元）

增值率＝800÷1,000×100%＝80%，確定適用累進稅率為40%，速算扣除率為5%。

應納土地增值稅＝800×40%－1,000×5%＝270（萬元）

【例9-2】四川鯤鵬有限公司開發的一個房地產開發項目已經竣工結算，此項目已繳納土地出讓金300萬元，獲得土地使用權后，立即開始開發此項目，建成10,000平方米的普通標準住宅，以每平方米4,000元價格全部出售，開發土地、新建房及配套設施的成本為每平方米1,500元，不能按轉讓房地產項目計算分攤利息支出，帳面房地產開發費用為200萬元。已經繳納營業稅、城市維護建設稅、教育費附加、地方教育費、印花稅170萬元。請問如何繳納土地增值稅。

解：
第一步，計算商品房銷售收入：
4,000×10,000＝4,000（萬元）
第二步，計算扣除項目金額：
①購買土地使用權費用：300 萬元
②開發土地、新建房及配套設施的成本：1,500×10,000＝1,500（萬元）
③房地產開發費用：
因為不能按轉讓房地產項目計算分攤利息支出，房地產開發費用扣除限額為：（300＋1,500）×10%＝180 萬元，應按照 180 萬元作為房地產開發費用扣除。
④計算加計扣除：（300＋1,500）×20%＝1,800×20%＝360（萬元）
⑤稅金：170 萬元
扣除項目金額＝300＋1,500＋180＋360＋170＝2,510（萬元）
第三步，計算增值額：
增值額＝商品房銷售收入－扣除項目金額合計
　　　＝4,000－2,510＝1,490（萬元）
第四步，確定增值率：
增值率＝$\dfrac{1,490}{2,510}$×100%＝59.36%

增值率超過扣除項目金額 50%，未超過 100%。
第五步，計算土地增值稅稅額：
土地增值稅稅額＝增值額×40%－扣除項目金額×5%
　　　　　　＝1,490×40%－2,510×5%
　　　　　　＝596－125.50
　　　　　　＝470.50（萬元）

五、土地增值稅的會計處理

繳納土地增值稅的企業，應設置「應交稅費——應交土地增值稅」帳戶進行核算。該帳戶的貸方登記按規定應交的土地增值稅，借方登記已繳納的土地增值稅；期末貸方餘額反應尚未繳納的土地增值稅，期末借方有餘額反應納稅人多繳或預繳的土地增值稅。

從事房地產開發的企業和非從事房地產開發的企業均有可能發生房地產轉讓行為，而從事房地產開發的企業按其經營範圍可分為主營房地產和兼營房地產兩種情況。針對不同情況，企業還應分別設置「營業稅金及附加」「其他業務支出」「固定資產清理」等帳戶，反應企業應負擔的土地增值稅情況。

（一）房地產開發企業的核算

1. 主營房地產

對主營房地產開發企業，計算應由當期營業收入負擔的土地增值稅時，借記「營

業稅金及附加帳戶」，貸記「應交稅費——應交土地增值稅」帳戶；實際繳納時，借記「應交稅費——應交土地增值稅」帳戶，貸記「銀行存款」帳戶。

【例9-3】四川鯤鵬房地產開發公司應納土地增值稅200萬元。請進行帳務處理。

解：

①計算土地增值稅時：

借：營業稅金及附加   2,000,000
　　貸：應交稅費——應交土地增值稅   2,000,000

②實際繳納稅金時：

借：應交稅費——應交土地增值稅   2,000,000
　　貸：銀行存款   2,000,000

2. 兼營房地產

對兼營房地產開發企業，計算應由當期營業收入負擔的土地增值稅時，借記「其他業務支出」帳戶，貸記「應交稅費——應交土地增值稅」帳戶；實際繳納時與主營房地產企業相同。

【例9-4】四川鯤鵬有限公司為兼營房地產的企業，經計算其轉讓房地產應繳納的土地增值稅為100萬元。請進行帳務處理。

解：

①計算土地增值稅時：

借：其他業務支出   1,000,000
　　貸：應交稅費——應交土地增值稅   1,000,000

②實際繳納稅金時：

借：應交稅費——應交土地增值稅   1,000,000
　　貸：銀行存款   1,000,000

(二) 非從事房地產開發企業的核算

非從事房地產開發企業轉讓房地產，在計算土地增值稅時，借記「固定資產清理」等帳戶，貸記「應交稅費——應交土地增值稅」帳戶，實際繳納時與房地產開發企業相同。

【例9-5】四川鯤鵬有限公司轉讓一處房產的土地使用權及地上房產的產權，企業為取得該房產支付的成本、費用為3,000萬元，轉讓房產取得的收入為5,000萬元，支付營業稅金及附加為306萬元，累計折舊為800萬元。請計算該企業應交土地增值稅，並進行帳務處理。

解：

①轉讓房地產時：

借：固定資產清理   22,000,000
　　累計折舊   8,000,000
　　貸：固定資產   30,000,000

②收到轉讓收入時：

借：銀行存款　　　　　　　　　　　　　　　　　　　50,000,000
　　　　貸：固定資產清理　　　　　　　　　　　　　　　　　50,000,000
　③計算營業稅時：
　應納營業稅額＝50,000,000×5%＝250（萬元）
　　借：固定資產清理　　　　　　　　　　　　　　　　　　2,500,000
　　　　貸：應交稅費——應交營業稅　　　　　　　　　　　　2,500,000
　④計算應交土地增值稅時：
　扣除項目金額＝（30,000,000－8,000,000）＋2,500,000＝2,450（萬元）
　增值額＝50,000,000－24,500,000＝2,550（萬元）
　增值率＝25,500,000÷24,500,000×100%＝104.08%，確定適用累進稅率為50%，速算扣除率為15%。
　應納土地增值稅＝25,500,000×50%－24,500,000×15%＝9,075,000（元）
　　借：固定資產清理　　　　　　　　　　　　　　　　　　9,075,000
　　　　貸：應交稅費——應交土地增值稅　　　　　　　　　　9,075,000
　⑤實際上繳稅金時：
　　借：應交稅費——應交土地增值稅　　　　　　　　　　　9,075,000
　　　　貸：銀行存款　　　　　　　　　　　　　　　　　　　9,075,000
　⑥結轉固定資產清理損益時：
　固定資產清理淨收益＝5,000－2,200－250－907.5＝1,642.5（萬元）
　　借：固定資產清理　　　　　　　　　　　　　　　　　　16,425,000
　　　　貸：營業外收入　　　　　　　　　　　　　　　　　　16,425,000

六、土地增值稅的徵收管理

（一）納稅地點

　　納稅人應向房地產所在地主管稅務機關辦理納稅申報。納稅人轉讓房地產坐落在兩個或兩個以上地區的，應按房地產所在地分別申報納稅。

（二）納稅申報

　　納稅人應在轉讓房地產合同簽訂后7日內，到房地產所在地主管稅務機關辦理納稅申報，向稅務機關提交房屋及建築物產權、土地使用權證書，土地轉讓、房產買賣合同，房地產評估報告及其他與轉讓房地產有關的資料，並如實填寫土地增值稅納稅申報表。納稅人因經常發生房地產轉讓而難以在每次轉讓后申報的，經稅務機關審核同意后，可以定期進行納稅申報，具體期限由稅務機關根據情況確定。

第二節　耕地占用稅

一、耕地占用稅概述

耕地占用稅是對占用耕地建房或從事其他非農業建設的單位和個人，就其占用耕地面積從量定額徵收的一種稅，屬於資源稅類的稅種。它的基本法規是1987年4月1日由國務院發布的《中華人民共和國耕地占用稅暫行條例》，並決定從發布之日起施行。

（一）開徵耕地占用稅的必要性

土地是人類賴以生存的寶貴資源，耕地是從事農業生產的基本條件。中國是一個人多地少的國家，人均佔有耕地1.5畝（1畝＝0.0667公頃，下同）左右，比加拿大（人均20.8畝）、美國（人均14.6畝）、前蘇聯（人均13.6畝）少得多，位於世界第113位。我們要在只占世界7%的耕地上養活占世界22%的人口，耕地是我們極為寶貴的資源。中華人民共和國成立後，雖然開墾了一些荒地，由於各項建設占地太多。總的耕地面積不僅沒有增加，反而減少了4億多畝，人均佔有耕地也由原來的3畝左右降到1.5畝左右，減少了一半，如果任其發展下去，必然會妨礙農業的發展，造成嚴重的后果。因此，國家發布了《中華人民共和國土地管理法》，並規定：「各級人民政府應當採取措施，保護耕地，維護排灌工程設施，改良土壤，提高地力，防治土地沙化、鹽漬化、水土流失，制止荒廢、破壞耕地的行為。」這是運用法律手段保護耕地的一項重要措施。

此外，為了進一步加強土地管理，合理利用土地資源。保護農用耕地，國務院又發布了《中華人民共和國耕地占用稅暫行條例》，對單位和個人占用耕地建房和從事非農業建設的，按照條例規定徵收耕地占用稅。

（二）耕地占用稅的意義

開徵耕地占用稅，是加強土地管理、防止亂占用耕地、綜合治理非農業占用耕地的一種法律和經濟手段。同時，根據「取之於農、用之於農」的原則，徵收的耕地占用稅要返還於發展農業、增加農業投資，特別是用於開墾宜農荒地，開發利用灘涂草場，改造整治中、低產田，改善農田灌溉條件，加強農田基本建設，提高土地質量，增加農業生產的后勁，以此來彌補一些占地給農業生產帶來的損失。

二、耕地占用稅的徵稅範圍和納稅人

耕地占用稅以占用農用耕地和從事其他非農業建設為徵稅範圍。耕地是指用於種植農作物的土地，占用前3年內曾用於種植農作物的土地，以及魚塘、園地、菜地和其他農用地（如曬場等），均視為耕地。占地的目的以建房或從事非農業建設為限，兩個條件同時具備的，屬於耕地占用稅的徵稅範圍；對非耕地或占用耕地用於農業生產

建設的，不屬於耕地占用稅的徵稅範圍。

耕地占用稅的納稅人是占用耕地建房或者從事其他非農業建設的單位和個人，但不包括外商投資企業、外國企業及外籍個人。

三、耕地占用稅的計稅依據和稅率

耕地占用稅以納稅人實際占用的耕地面積（平方米）為計稅依據，以縣為單位，按人均佔有耕地的多少，實行從量定額幅度稅額。單位稅額規定為：

（1）以縣為單位，人均耕地在1畝以下（含1畝）的地區，每平方米為2~10元；

（2）以縣為單位，人均耕地在1~2畝（含2畝）的地區，每平方米為1.6~8元；

（3）以縣為單位，人均耕地在2~3畝（含3畝）的地區，每方平方米為1.3~6.5元；

（4）以縣為單位，人均耕地在3畝以上的地區，每平方米為1~5元；

（5）農村居民（包括牧民、漁民）占用耕地新建住宅，按上述規定減半徵收；

（6）經濟特區、經濟技術開發區及經濟發達、人均耕地特別少的地區，適用稅額可適當提高，但最高不得超過上述規定稅額的50%。

為了協調政策，避免毗鄰地區徵收稅額過於懸殊，國家對各省、市、自治區每平方米平均稅額又做了以下的核定：①上海市9元；②北京市8元；③天津市7元；④浙江（含寧波市）、福建、江蘇、廣東（含廣州市）4個省各6元；⑤湖北（含武漢市）、湖南、遼寧（含瀋陽市、大連市）3省各5元；⑥河北、山東（含青島市）、江西、安徽、河南、四川（含重慶市）6省各4.5元；⑦廣西、陝西（含西安市）、貴州、雲南4省、區各4元；⑧山西、黑龍江（含哈爾濱市）、吉林3省各3.5元；⑨甘肅、寧夏、內蒙古、青海、新疆5省、區各2.5元。各省、市、自治區應有差別地規定各縣（市）和市郊區的適用稅額，但全省平均不得低於上述核定的平均稅額。

四、耕地占用稅的減免說

（1）部隊軍事設施用地，準允免稅。軍事設施用地，應限於部隊（包括武警部隊）以及省、自治區、直轄市以上指揮防護工程，配置武器、裝備的作戰（情報）陣地、尖端武器作戰、試驗地、軍用機場、港口（碼頭）、設防工程、軍事通信臺站、線路、導航設施、軍用倉庫、輸油管線、靶場、訓練場、營區、師（含師級）以下軍事機關辦公用房、專用修械所和通往軍事設施的鐵路、公路支線。部隊非軍事用途和從事非農業生產經營占用耕地，不予免稅。

（2）鐵路線路、飛機場跑道和停機坪用地，準允免稅。鐵路線路用地是指鐵路線路以及按規定兩側留地和沿線的車站、裝卸用貨場、倉庫用地，鐵路系統其他堆貨場、倉庫、招待所、職工宿舍等用地均不在免稅之列。民用機場飛機跑道、停機坪、機場內必要的空地以及候機樓、指揮塔、雷達設施用地給予免稅。

（3）炸藥庫用地，準允免稅。炸藥庫是指國家物資儲備部門炸藥專用庫房以及為保證安全所必需的用地。

（4）學校、幼兒園、敬老院、醫院用地，給予免稅。學校用地是指全日制大、中、小學校的教學用房、實驗室、操場、圖書館、辦公室及師生員工食堂宿舍用地，給予免稅。學校從事非農業生產經營占用耕地，不予免稅。職工夜校、學習班、培訓中心、函授學校等不在免稅之列。醫院用地包括部隊和部門醫院、企業職工醫院、衛生院、醫療站、診所用地，給予免稅。療養院等不在免稅之列。殯儀館、火葬場用地給予免稅。

（5）對水庫移民、災民、難民建房占用耕地，直接為農業生產服務的農田水利設施用地，免徵耕地占用稅，但水利工程占用耕地以發電、旅遊為主的，不予免稅。

（6）農村革命烈士家屬、革命殘廢軍人、鰥寡孤獨以及在革命老根據地、少數民族聚居地區和邊遠貧困山區生活困難的農戶，在規定用地標準以內新建住宅，納稅確有困難的，由納稅人提出申請，經所在地鄉（鎮）人民政府審核，報經縣級人民政府批准後，可給予減稅或免稅。

五、耕地占用稅的徵收管理

耕地占用稅由各級稅務機關負責徵收管理，獲準徵用或占用耕地的單位和個人，應在批准之日起30日內持縣級以上土地管理部門批准文件向稅務機關申報納稅。

國有和鄉鎮集體企業，有條件的可自行計稅繳納稅款，或者按徵收機關填開的繳款書繳納稅款；對農村居民，由鄉（鎮）稅務機關徵收，也可由村民委員會、土地管理部門或其他部門代徵。

六、耕地占用稅的計算及其會計核算

（一）耕地占用稅的稅額計算

耕地占用稅以納稅人實際占用的耕地面積為計稅依據，按規定的單位稅額計算其應納稅額。其計算公式為：

應納稅額＝實際占用應稅耕地面積×單位稅額

【例9－6】四川鯤鵬有限公司在某經濟技術開發區徵用耕地3,000平方米用於建造房屋，該地區適用單位稅額為4元/平方米。則該企業應納耕地占用稅額為：

應納稅額＝3,000×4×（1－50%）＝6,000（元）

（二）耕地占用稅的會計核算

繳納耕地占用稅的企業，可通過設立的「在建工程」「固定資產」等帳戶進行會計核算。其會計處理規定如下：

（1）企業徵用耕地獲得批准，按規定需繳清耕地占用稅時，借記「在建工程」，貸記「銀行存款」科目。

（2）因計算差錯等原因，補繳稅款的會計處理為：①工程尚未完工的或已完工尚未投入使用的，借記「在建工程」，貸記「銀行存款」科目；②工程已完工並投入使用的，在補繳稅款會計處理後，借記「固定資產」，貸記「在建工程」科目。

（3）因違反稅法規定，被處以加收滯納金、罰款時的會計處理為：①工程尚未完工的或已完工尚未投入使用的，作為開辦費借記「待攤費用」，貸「銀行存款」科目；

②工程已完工投入使用的，借記「利潤分配——未分配利潤（盈餘公積）」，貸記「銀行存款」科目。

（4）因計算差錯等原因，多繳稅款在收到退稅后的會計處理為：①按上述第（2）種情況補繳稅款的會計處理，做「紅字」衝減處理；②收到退稅款時，借記「銀行存款」科目，貸記「在建工程」科目。

【例9-7】以本節【例9-6】的資料為例，其會計處理為：

解：徵地被批准繳納稅款后：

借：在建工程　　　　　　　　　　　　　　　　　　　　　6,000
　　貸：銀行存款　　　　　　　　　　　　　　　　　　　　6,000

假定該企業繳納稅款超過納稅期限28天，每天2‰的滯納金率而被加收滯納金336元（6,000×2‰×28），稅款和滯納金一同繳納時：

借：在建工程　　　　　　　　　　　　　　　　　　　　　6,000
　　待攤費用　　　　　　　　　　　　　　　　　　　　　　336
　　貸：銀行存款　　　　　　　　　　　　　　　　　　　6,336

習　　題

一、單項選擇題

1. 下列各項中，應徵土地增值稅的有（　　）。
   A. 房地產的繼承　　　　　　　　B. 房地產的代建房行為
   C. 房地產的交換　　　　　　　　D. 房地產的出租

2. 下列各項中，應徵土地增值稅的是（　　）。
   A. 贈與社會公益事業的房地產
   B. 經稅務機關核實的個人之間互換自有住房
   C. 抵押期滿轉讓給債權人的房地產
   D. 兼併企業從被兼併企業得到的房地產

3. 某單位轉讓一幢1980年建造的公寓樓，當時的造價為1,000萬元。經房地產評估機構評定，該樓的重置成本價為4,000萬元，成新度折扣率為六成。在計算土地增值稅時，其評估價格為（　　）萬元。
   A. 500　　　　　　　　　　　　　B. 2,400
   C. 2,000　　　　　　　　　　　　D. 1,500

4. 納稅人如果不能按轉讓房地產項目計算分攤利息支出，其房地產開發費用按地價款加開發成本之和的（　　）計算扣除。
   A. 5%以內　　　　　　　　　　　B. 5%
   C. 10%以內　　　　　　　　　　 D. 10%

5. 納稅人建造普通標準住宅出售，增值額超過扣除項目金額20%的，應就其（　　）按規定計算繳納土地增值稅。

A. 超過部分的金額　　　　　　B. 全部增值額
C. 扣除項目金額　　　　　　　D. 出售金額

6. 經濟特區、經濟技術開發區和經濟發達、人均佔有耕地較少的地區，稅額可以適當提高，但是最多不得超過規定稅額標準的（　　）%。
A. 20　　　　　　　　　　　　B. 30
C. 50　　　　　　　　　　　　D. 100

7. 以下關於耕地占用稅的表述不正確的是（　　）。
A. 耕地占用稅是以納稅人實際占用耕地面積為計稅依據，按照規定稅額一次性徵收
B. 耕地占用稅實行地區差別幅度比例稅率
C. 占用果園、桑園、竹園、藥材種植等園地應照章徵稅
D. 個人占用耕地建房也應繳納耕地占用稅

8. 獲準占用耕地的單位或者個人應當在收到土地管理部門的通知之日起（　　）內繳納耕地占用稅。
A. 7 日　　　　　　　　　　　B. 15 日
C. 30 日　　　　　　　　　　 D. 60 日

9. 耕地占用稅由（　　）負責徵收。
A. 國家稅務總局　　　　　　　B. 省級稅務機關
C. 地方稅務機關　　　　　　　D. 地方人民政府

10. 獲準占用耕地的單位或者個人應當在收到土地管理部門的通知之日起（　　）內繳納耕地占用稅。
A. 20 日　　　　　　　　　　 B. 30 日
C. 一個月　　　　　　　　　　D. 45 日

二、多項選擇題

1. 以下屬於土地增值稅特點的項目是（　　）
A. 以轉讓房地產的增值額為計稅依據
B. 徵稅面比較廣
C. 實行超率累進稅率
D. 實行按次徵收

2. 土地增值稅的納稅義務人可以是（　　）。
A. 外商獨資企業　　　　　　　B. 國家機關
C. 事業單位　　　　　　　　　D. 醫院

3. 以下應徵土地增值稅的項目有（　　）。
A. 取得奧運會占地的拆遷補償金
B. 將一項房產直接贈與某私立學校以支援教育事業
C. 被兼併企業將房產轉讓到兼併企業中
D. 房地產開發商銷售樓房

4. 以下應繳納土地增值稅的有（　　）。
   A. 將使用過的舊房賣給某單位做辦公室
   B. 將使用過的舊房贈與子女
   C. 將使用過的舊房出租
   D. 將使用過的舊房換取股票
5. 房地產開發成本的項目有（　　）。
   A. 取得土地使用權支付的金額　　B. 土地徵用費
   C. 耕地占用稅　　　　　　　　　D. 週轉房攤銷
6. 耕地占用稅的特點，包括（　　）。
   A. 兼具資源稅與特定行為稅的性質
   B. 採用地區差別稅率
   C. 在占用耕地環節一次性課徵
   D. 稅收收入專用於耕地開發與改良
7. 耕地是指種植農作物的土地，包括（　　）。
   A. 人工開掘的水產養殖水面
   B. 藥材種植園
   C. 棄荒的前三年內曾用於種植農作物的土地
   D. 花圃
8. 納稅人占用（　　）土地建房或從事非農業建設應繳納耕地占用稅。
   A. 人工草場　　　　　　　　　　B. 打谷場
   C. 菜地　　　　　　　　　　　　D. 茶園
9. 下列項目中，關於耕地占用稅的規定正確的是（　　）。
   A. 耕地占用稅實行地區差別幅度定額稅率
   B. 人均耕地面積越少，耕地占用稅單位稅額越高
   C. 耕地占用稅由地方稅務機關負責徵收
   D. 獲準占用耕地的單位或者個人應當在收到土地管理部門的通知之日起10日內繳納耕地占用稅
10. 下列項目中，減徵耕地占用稅的是（　　）。
    A. 軍事設施占用耕地
    B. 學校、幼兒園、養老院、醫院占用耕地
    C. 農村居民占用耕地新建住宅
    D. 鐵路線路占用耕地

三、計算題

1. 位於市區的某國有工業企業利用廠區空地建造寫字樓，2016年發生的相關業務如下：
   （1）按照國家有關規定補交土地出讓金4,000萬元，繳納相關稅費160萬元；
   （2）寫字樓開發成本3,000萬元，其中裝修費用500萬元；

（3）寫字樓開發費用中的利息支出 300 萬元（不能提供金融機構證明）；

（4）寫字樓竣工驗收，將總建築面積的 1/2 銷售，簽訂銷售合同，取得銷售收入 6,500 萬元；將另外 1/2 的建築面積出租，當年取得租金收入 15 萬元。

（其他相關資料：該企業所在省規定，按《土地增值稅暫行條例》規定的高限計算扣除房地產開發費用。）

要求：根據上述資料，按下列序號計算回答問題，並需計算出合計數：

（1）企業計算土地增值稅時應扣除的取得土地使用權所支付的金額；

（2）企業計算土地增值稅時應扣除的開發成本的金額；

（3）企業計算土地增值稅時應扣除的開發費用的金額；

（4）企業計算土地增值稅時應扣除的有關稅金；

（5）企業應繳納的土地增值稅；

（6）企業應繳納的營業稅、城市維護建設稅和教育費附加；

（7）企業應繳納的房產稅。

2. 某市房地產開發公司，2016 年發生以下業務：

（1）1 月通過競拍取得市區一處土地的使用權，支付土地出讓金 5,400 萬元，繳納相關稅費 210 萬元；

（2）以上述土地開發建設恒富小區項目（含住宅樓、會所和寫字樓），住宅、會所和寫字樓占地面積各為 1/3；

（3）住宅樓開發成本 2,500 萬元，提供金融機構證明，分攤到住宅樓利息支出 300 萬元，包括超過貸款期限的利息 50 萬元；

（4）與住宅樓配套的會所開發成本 1,000 萬元，無法準確分攤利息支出，根據相關規定，會所產權屬於住宅樓全體業主所有；

（5）寫字樓開發成本 4,000 萬元，無法提供金融機構證明利息支出具體數額；

（6）9 月份該建設項目全部竣工驗收後，公司將住宅樓出售，取得收入 12,000 萬元；將寫字樓的 80% 出售，取得收入 15,000 萬元，10% 無償交給政府用於派出所、居委會等公共事業。

其他相關資料：該房地產公司所在地規定，按《土地增值稅暫行條例》規定的最高限計算扣除房地產開發費用。

要求：根據上述資料，按下列序號回答問題，並需計算出合計數：

（1）計算公司應繳納的營業稅；

（2）計算公司繳納土地增值稅時應扣除的土地使用權的金額；

（3）計算公司繳納土地增值稅時應扣除的開發成本的金額；

（4）計算公司繳納土地增值稅時應扣除的開發費用和其他扣除項目；

（5）計算公司繳納土地增值稅時應扣除的稅金；

（6）計算公司應繳納的土地增值稅。

3. 農村某村民新建住宅，經批准占用耕地 200 平方米。該地區耕地占用稅額為 7 元/平方米，由於農村居民占用耕地新建住宅，按照當地適用稅額減半徵收耕地占用稅，求該村民應納耕地占用稅。

第十章　企業所得稅

學習目的：通過本章學習，要求理解企業所得稅的概念；掌握企業所得稅基本內容；掌握企業所得稅的計算與會計處理、徵收管理等。

第一節　企業所得稅概述

一、企業所得稅的概念

企業所得稅是指對中國境內的企業和其他取得收入的組織（以下統稱企業），就其生產經營所得和其他所得徵收的一種稅。

中國的企業所得稅制度，是隨著改革開放和經濟體制改革的不斷推進而逐步建立、完善的。20 世紀 80 年代，中國對國營企業實施「利改稅」改革，將國營企業上繳利潤改為上繳所得稅，並考慮集體企業的稅收負擔和私營企業不斷發展的情況，按企業所有制性質，分別設置了國營企業所得稅、集體企業所得稅和私營企業所得稅三個稅種。改革開放初期，為適應吸引、利用外商投資的需要，分別對外國企業、中外合資經營企業開徵了中外合資經營企業所得稅和外國企業所得稅。1991 年，將中外合資經營企業所得稅和外國企業所得稅合併，創立了統一的外商投資企業和外國企業所得稅。1994 年，為簡化稅制、公平稅負，合併了國營企業所得稅、集體企業所得稅和私營企業所得稅，創立了統一的（內資）企業所得稅。2008 年，為平衡內資、外資企業的稅收負擔，合併了（內資）企業所得稅與外商投資企業和外國企業所得稅，創立了完全統一的企業所得稅。

目前，中國企業所得稅的法律依據，主要是 2007 年 3 月 16 日全國人民代表大會通過的《中華人民共和國企業所得稅法》（以下簡稱《企業所得稅法》）和同年 11 月 28 日國務院通過的《中華人民共和國企業所得稅法實施條例》（以下簡稱《企業所得稅條例》）。

《企業所得稅法》結束了內資、外資企業適用不同稅法的歷史，統一了有關納稅義務人的規定，統一併適當降低了企業所得稅稅率，統一併規範了稅前扣除辦法和標準，統一了稅收優惠政策。《企業所得稅法》適應了社會主義市場經濟發展的要求，進一步理順和規範了國家與企業間的分配關係，促進了內資、外資企業間的公平競爭。

二、企業所得稅的作用

企業所得稅在組織財政收入、促進社會經濟發展、實施宏觀調控等方面具有重要的職能作用。企業所得稅調節的是國家與企業之間的利潤分配關係。這種分配關係是中國經濟分配制度中最重要的一個方面，是處理其他分配關係的前提和基礎。企業所得稅的作用主要體現在以下兩個方面：

（一）財政收入作用

企業所得稅是中國第二大主體稅種，對組織國家稅收收入的作用非常重要。隨著中國國民經濟的快速發展和企業經濟效益的不斷提高，企業所得稅作為稅收收入的主體稅種之一也取得了較快的增長。

（二）宏觀調控作用

企業所得稅是國家實施稅收優惠政策的最主要的稅種，有減免稅降低稅率、加計扣除、加速折舊、投資抵免、減計收入等眾多的稅收優惠措施，是貫徹國家產業政策和社會政策，實施宏觀調控的主要政策工具。在為國家組織財政收入的同時，企業所得稅作為國家宏觀調控的一種重要手段，也促進了中國產業結構調整和經濟又好又快地發展。

第二節　企業所得稅的基本內容

一、企業所得稅的納稅人

企業所得稅的納稅義務人是指在中華人民共和國境內的企業和其他取得收入的組織。《企業所得稅法》第一條規定，除個人獨資企業、合夥企業不適用企業所得稅法外，在中國境內，企業和其他取得收入的組織為企業所得稅的納稅人，依照法律規定繳納企業所得稅。

企業所得稅的納稅人分為居民企業和非居民企業。這是根據企業納稅義務範圍的寬窄進行的分類方法，不同的企業在向中國政府繳納所得稅時，納稅義務不同。把企業分為居民企業和非居民企業，是為了更好地保障中國稅收管轄權的有效行使。稅收管轄權是一國政府在徵稅方面的主權，是國家主權的重要組成部分。根據國際上的通行做法，中國選擇了地域管轄權和居民管轄權的雙重管轄權標準，最大限度地維護中國的稅收利益。

（一）居民企業

居民企業是指依法在中國境內成立，或者依照外國（地區）法律成立但實際管理機構在中國境內的企業。這裡的企業包括國有企業、集體企業、私營企業、聯營企業、股份制企業、外商投資企業、外國企業以及有生產、經營所得和其他所得的其他組織。其中，有生產、經營所得和其他所得的其他組織，是指經國家有關部門批准，依法註

冊、登記的事業單位、社會團體等組織。由於中國的一些社會團體組織、事業單位在完成國家事業計劃的過程中，開展多種經營和有償服務活動取得除財政部門各項撥款，財政部和國家物價部門批准的各項規費收入以外的經營收入，具有了經營的特點，應當視同企業納入徵稅範圍。其中，實際管理機構，是指對企業的生產經營、人員、帳務、財產等實施實質性全面管理和控制的機構。

(二) 非居民企業

非居民企業是指依照外國（地區）法律成立且實際管理機構不在中國境內，但在中國境內設立機構、場所的或者在中國境內未設立機構、場所但有來源於中國境內所得的企業。上述所稱機構、場所，是指在中國境內從事生產經營活動的機構、場所，包括：

(1) 管理機構、營業機構、辦事機構；
(2) 工廠、農場、開採自然資源的場所；
(3) 提供勞務的場所；
(4) 從事建築、安裝、裝配、修理、勘探等工程作業的場所；
(5) 其他從事生產經營活動的機構、場所。

非居民企業委託營業代理人在中國境內從事生產經營活動的，包括委託單位或者個人經常代其簽訂合同，或者儲存、交付貨物等，該營業代理人視為非居民企業在中國境內設立的機構、場所。

二、企業所得稅的徵稅範圍與對象

企業所得稅的徵稅範圍包括中國境內的企業和組織取得的生產經營所得和其他所得。生產經營所得是指企業從事物質生產、商品流通、交通運輸、勞動服務及其他盈利事業取得的合法經營所得。其他所得是指股息、利息、租金、特許權使用費及營業外收益等所得。另外，企業解散或破產后的清算所得，也屬於企業所得稅的徵稅範圍。但由於納稅義務人不同，徵稅範圍也存在差異。

(一) 居民企業的徵稅對象

居民企業應就其來源於中國境內、境外的所得繳納企業所得稅。所得包括銷售貨物所得、提供勞務所得、轉讓財產所得、股息紅利等權益性投資所得，以及利息所得、租金所得、特許權使用費所得、接受捐贈所得和其他所得。

(二) 非居民企業的徵稅對象

非居民企業在中國境內設立機構、場所的，應當就其所設機構、場所取得的來源於中國境內的所得，以及發生在中國境外但與其所設機構、場所有實際聯繫的所得，繳納企業所得稅；非居民企業在中國境內未設立機構、場所的，或者雖設立機構、場所但取得的所得與其所設機構、場所沒有實際聯繫的，應當就其來源於中國境內的所得繳納企業所得稅。

上述所稱實際聯繫是指非居民企業在中國境內設立的機構、場所擁有的據以取得

所得的股權、債權，以及擁有、管理、控制據以取得所得的財產。

(三) 所得來源的確定

(1) 銷售貨物所得，按照交易活動發生地確定；
(2) 提供勞務所得，按照勞務發生地確定；
(3) 轉讓財產所得：①不動產轉讓所得按照不動產所在地確定；②動產轉讓所得按照轉讓動產的企業或者機構、場所所在地確定；③權益性投資資產轉讓所得按照被投資企業所在地確定；
(4) 股息、紅利等權益性投資所得，按照分配所得的企業所在地確定；
(5) 利息所得、租金所得、特許權使用費所得，按照負擔、支付所得的企業或者機構、場所所在地確定，或者按照負擔、支付所得的個人的住所地確定；
(6) 其他所得，由國務院財政、稅務主管部門確定。

三、企業所得稅的稅率

企業所得稅稅率是體現國家與企業分配關係的核心要素。稅率設計的原則是兼顧國家、企業、職工個人三者之間的利益，既要保證財政收入的穩定增長，又要使企業在發展生產、經營方面有一定的財力保證；既要考慮到企業的實際情況和負擔能力，又要維護稅率的統一性。

企業所得稅實行比例稅率。比例稅率簡便易行，透明度高，不會因徵稅而改變企業間收入分配的比例，有利於促進效率的提高。現行規定是：

(1) 基本稅率為25%。該稅率適用於居民企業和在中國境內設有機構、場所且所得與機構、場所有關聯的非居民企業。
(2) 低稅率為20%。該稅率適用於在中國境內未設立機構、場所的，或者雖設立機構、場所但取得的所得與其所設機構、場所沒有實際聯繫的非居民企業。

現行企業所得稅基本稅率設定為25%，從世界各國比較而言還是偏低的。據有關資料介紹，全世界上近160個實行企業所得稅的國家（地區）平均稅率為28.6%，中國周邊18個國家（地區）的平均稅率為26.7%。現行稅率的確定，既考慮了中國財政承受能力，又考慮了企業負擔水平。

第三節　企業所得稅的計算與會計處理

一、應納稅所得額的計算

企業計算所得稅的依據為應納稅所得額。企業所得稅應納稅所得額，是指企業每一納稅年度的收入總額，減除不徵稅收入、免稅收入、各項扣除及允許彌補的以前年度虧損后的餘額。應納稅所得額的計算公式為：

應納稅所得額＝收入總額－不徵稅收入－免稅收入－各項扣除－以前年度虧損

應納稅所得額與會計利潤是兩個不同的概念，兩者既有聯繫又有區別。應納稅所

得額是一個稅收概念，是根據《企業所得稅法》按照一定的標準確定的、納稅人在一定時期內的計稅所得，它包括企業來源於中國境內、境外的全部生產經營所得和其他所得。而會計利潤則是一個會計核算概念，反應的是企業一定時期內生產經營的財務成果。會計利潤是確定應納稅所得額的基礎，但是不能等同應納稅所得額。企業按照財務會計制度的規定進行核算所得出的會計利潤，根據稅法規定做相應的調整後，才能作為企業的應納稅所得額。

（一）收入總額

收入總額是指企業在生產經營活動中以及其他行為取得的各項收入的總和，包括銷售貨物收入、提供勞務收入、轉讓財產收入、股息紅利等權益性投資收益，以及利息收入、租金收入、特許權使用費收入、接受捐贈收入、其他收入。

（1）銷售貨物收入。它是指企業銷售商品、產品、原材料、包裝物、低值易耗品以及其他存貨取得的收入。

（2）提供勞務收入。它是指企業從事建築安裝、修理修配、交通運輸、倉儲租賃、金融保險、郵電通信、諮詢經紀、文化體育、科學研究、技術服務、教育培訓、餐飲住宿、仲介代理、衛生保健、社區服務、旅遊、娛樂、加工及以其他勞務服務活動取得的收入。

（3）轉讓財產收入。它是指企業轉讓固定資產、生物資產、無形資產、股權、債權等財產取得的收入。

（4）股息、紅利等權益性投資收益。它是指企業因權益性投資從被投資方取得的收入。

（5）利息收入。它是指企業將資金提供給他人使用但不構成權益性投資，或者因他人占用本企業資金取得的收入。

（6）租金收入。它是指企業提供固定資產、包裝物或者其他有形資產的使用權取得的收入。

（7）特許權使用費收入。它是指企業提供專利權、非專利技術、商標權、著作權，以及其他特許權的使用權取得的收入。

（8）接受捐贈收入。它是指企業接受的來自其他企業、組織或者個人無償給予的貨幣性資產、非貨幣性資產。

（9）其他收入。它是指企業取得的除以上收入外的其他收入，包括企業資產溢餘收入、逾期未退還包裝物押金收入、確實無法償付的應付款項、已做壞帳損失處理後又收回的應收款項、債務重組收入、補貼收入、違約金收入、匯兌收益等。

企業的收入總額包括以貨幣形式和非貨幣形式從各種來源取得的收入。企業取得收入的貨幣形式，包括現金、存款、應收帳款、應收票據、準備持有至到期的債券投資以及債務的豁免等；以非貨幣形式取得的收入，包括固定資產、生物資產、無形資產、股權投資、存貨、不準備持有至到期的債券投資、勞務以及有關權益等。

（二）不徵稅收入

（1）財政撥款。它是指各級人民政府對納入預算管理的事業單位、社會團體等組

織撥付的財政資金，但國務院和國務院財政、稅務主管部門另有規定的除外。

（2）依法收取並納入財政管理的行政事業性收費、政府性基金。行政事業性收費，是指依照法律法規等有關規定，按照規定程序批准，在實施社會公共管理，以及在向公民、法人或者其他組織提供特定公共服務過程中，向特定對象收取並納入財政管理的費用；政府性基金，是指企業依照法律、行政法規等有關規定，代政府收取的具有專項用途的財政資金。

（3）國務院規定的其他不徵稅收入。它是指企業取得的，由國務院財政、稅務主管部門規定專項用途並經國務院批准的財政性資金。

（三）免稅收入

（1）國債利息收入。為鼓勵企業積極購買國債，支援國家建設，稅法規定，企業因購買國債所得的利息收入，免徵企業所得稅。

（2）符合條件的居民企業之間的股息、紅利等權益性收益。它是指居民企業直接投資於其他居民企業取得的投資收益。

（3）在中國境內設立機構、場所的非居民企業從居民企業取得與該機構、場所有實際聯繫的股息、紅利等權益性投資收益。該收益都不包括連續持有居民企業公開發行並上市流通的股票不足12個月取得的投資收益。

（4）符合條件的非營利組織的收入。符合條件的非營利組織是指：

①依法履行非營利組織登記手續；

②從事公益性或者非營利性活動；

③取得的收入除用於與該組織有關的、合理的支出外，全部用於登記核定或者章程規定的公益性或者非營利性事業；

④財產及其孳生息不用於分配；

⑤按照登記核定或者章程規定，該組織註銷後的剩餘財產用於公益性或者非營利性目的，或者由登記管理機關轉贈與該組織性質、宗旨相同的組織，並向社會公告；

⑥投入人對投入該組織的財產不保留或者享有任何財產權利；

⑦工作人員工資福利開支控制在規定的比例內，不變相分配該組織的財產；

⑧國務院財政、稅務主管部門規定的其他條件。

《企業所得稅法》第二十六條第四項所稱符合條件的非營利組織的收入，不包括非營利組織從事營利性活動取得的收入，但國務院財政、稅務主管部門另有規定的除外。

（四）扣除項目及其標準

在計算應納稅所得額時，下列項目可按照實際發生額或規定的標準扣除。

1. 工資、薪金支出

企業發生的合理的工資、薪金支出準予據實扣除。工資、薪金支出是企業每一納稅年度支付給本企業任職或與其有雇傭關係的員工的所有現金或非現金形式的勞動報酬，包括基本工資、獎金、津貼、補貼、年終加薪、加班工資，以及與任職或者是受雇有關的其他支出。

2. 職工福利費、工會經費、職工教育經費

企業發生的職工福利費、工會經費、職工教育經費按標準扣除，未超過標準的按實際數扣除，超過標準的只能按標準扣除。

（1）企業發生的職工福利費支出，不超過工資、薪金總額14%的部分準予扣除。

（2）企業撥繳的工會經費，不超過工資、薪金總額2%的部分準予扣除。

（3）除國務院財政、稅務主管部門另有規定外，企業發生的職工教育經費支出，不超過工資、薪金總額2.5%的部分準予扣除，超過部分準予在結轉以後納稅年度扣除。

3. 社會保險費

（1）企業依照國務院有關主管部門或者省級人民政府規定的範圍和標準為職工繳納的「五險一金」，即基本養老保險費、基本醫療保險費、失業保險費、工傷保險費、生育保險費等基本社會保險費和住房公積金，準予扣除。

（2）企業為投資者或者職工支付的補充養老保險費、補充醫療保險費，在國務院財政、稅務主管部門規定的範圍和標準內，準予扣除。企業依照國家有關規定為特殊工種職工支付的人身安全保險費和符合國務院財政、稅務主管部門規定可以扣除的商業保險費準予扣除。

（3）企業參加財產保險，按照規定繳納的保險費，準予扣除。企業為投資者或者職工支付的商業保險費，不得扣除。

4. 利息費用

企業在生產、經營活動中發生的利息費用，按下列規定扣除：

（1）非金融企業向金融企業借款的利息支出、金融企業的各項存款利息支出和同業拆借利息支出、企業經批准發行債券的利息支出可據實扣除。

（2）非金融企業向非金融企業借款的利息支出，不超過按照金融企業同期同類貸款利率計算的數額的部分可據實扣除，超過部分不許扣除。

其中，所謂金融機構，是指各類銀行、保險公司及經中國人民銀行批准從事金融業務的非銀行金融機構。它包括：國家專業銀行、區域性銀行、股份制銀行、外資銀行、中外合資銀行以及其他綜合性銀行；全國性保險企業、區域性保險企業、股份制保險企業、中外合資保險企業以及其他專業性保險企業；城市、農村信用社、各類財務公司以及其他從事信託投資、租賃等業務的專業和綜合性非銀行金融機構。非金融機構，是指除上述金融機構以外的所有企業、事業單位以及社會團體等企業或組織。

5. 借款費用

（1）企業在生產經營活動中發生的合理的不需要資本化的借款費用，準予扣除。

（2）企業為購置、建造固定資產、無形資產和經過12個月以上的建造才能達到預定可銷售狀態的存貨發生借款的，在有關資產購置、建造期間發生的合理的借款費用，應予以資本化，作為資本性支出計入有關資產的成本；有關資產交付使用後發生的借款利息，可在發生當期扣除。

6. 匯兌損失

企業在貨幣交易中，以及納稅年度終了時將人民幣以外的貨幣性資產、負債按照

期末即期人民幣匯率中間價折算為人民幣時產生的匯兌損失，除已經計入有關資產成本以及與向所有者進行利潤分配相關的部分外，準予扣除。

7. 業務招待費

企業發生的與生產經營活動有關的業務招待費支出，按照發生額的60%扣除，但最高不得超過當年銷售（營業）收入的5‰。

8. 廣告費和業務宣傳費

企業發生的符合條件的廣告費和業務宣傳費支出除國務院財政、稅務主管部門另有規定外，不超過當年銷售（營業）收入15%的部分，準予扣除；超過部分，準予結轉以後納稅年度扣除。

企業申報扣除的廣告費支出應與贊助支出嚴格區分。企業申報扣除的廣告費支出，必須符合下列條件：廣告是通過工商部門批准的專門機構製作的；已實際支付費用，並已取得相應發票；通過一定的媒體傳播。

9. 環境保護專項資金

企業依照法律、行政法規有關規定提取的用於環境保護、生態恢復等方面的專項資金，準予扣除。上述專項資金提取後改變用途的，不得扣除。

10. 保險費

企業參加財產保險，按照規定繳納的保險費，準予扣除。

11. 租賃費

企業根據生產經營活動的需要租入固定資產支付的租賃費，按照以下方法扣除：

（1）以經營租賃方式租入固定資產發生的租賃費支出，按照租賃期限均勻扣除。經營性租賃是指所有權不轉移的租賃。

（2）以融資租賃方式租入固定資產發生的租賃費支出，按照規定構成融資租入固定資產價值的部分應當提取折舊費用分期扣除。融資租賃是指在實質上轉移與一項資產所有權有關的全部風險和報酬的一種租賃。

12. 勞動保護費

企業發生的合理的勞動保護支出，準予扣除。

13. 公益性捐贈支出

公益性捐贈，是指企業通過公益性社會團體或者縣級以上人民政府及其部門，用於《中華人民共和國公益事業捐贈法》規定的公益事業的捐贈。

企業發生的公益性捐贈支出，不超過年度利潤總額12%的部分，準予扣除。年度利潤總額，是指企業依照國家統一會計制度的規定計算的年度會計利潤。

企事業單位、社會團體以及其他組織捐贈住房作為廉租住房的，視同公益性捐贈，按上述規定執行。

公益性社會團體，是指同時符合下列條件的基金會、慈善組織等社會團體：

（1）依法登記，具有法人資格；

（2）以發展公益事業為宗旨，且不以營利為目的；

（3）全部資產及其增值為該法人所有；

（4）收益和營運結餘主要用於符合該法人設立目的的事業；

（5）終止后的剩餘財產不歸屬任何個人或者營利組織；
（6）不經營與其設立目的無關的業務；
（7）有健全的財務會計制度；
（8）捐贈者不以任何形式參與社會團體財產的分配；
（9）國務院財政、稅務主管部門會同國務院民政部門等登記管理部門規定的其他條件。

14. 有關資產的費用

企業轉讓各類固定資產發生的費用，允許扣除。企業按規定計算的固定資產折舊費、無形資產和遞延資產的攤銷費，準予扣除。

15. 總機構分攤的費用

非居民企業在中國境內設立的機構、場所，就其中國境外總機構發生的與該機構、場所生產經營有關的費用，能夠提供總機構出具的費用匯集範圍、定額、分配依據和方法等證明文件，並合理分攤的，準予扣除。

16. 資產損失

企業當期發生的固定資產和流動資產盤虧、毀損淨損失，由其提供清查盤存資料經主管稅務機關審核后，準予扣除；企業因存貨盤虧、毀損、報廢等原因不得從銷項稅金中抵扣的進項稅金，應視同企業財產損失，準予與存貨損失一起在所得稅前按規定扣除。

17. 依照有關法律、行政法規和國家有關稅法規定準予扣除的其他項目。如會員費、合理的會議費、差旅費、違約金、訴訟費用等。

（五）不得扣除的項目

在計算應納稅所得額時，下列支出不得扣除：
（1）向投資者支付的股息、紅利等權益性投資收益款項；
（2）企業所得稅稅款；
（3）稅收滯納金，是指納稅人違反稅收法規，被稅務機關處以的滯納金；
（4）罰金、罰款和被沒收財物的損失，是指納稅人違反國家有關法律法規規定，被有關部門處以的罰款，以及被司法機關處以的罰金和被沒收財物；
（5）超過規定標準的捐贈支出；
（6）贊助支出，是指企業發生的與生產經營活動無關的各種非廣告性質支出；
（7）未經核定的準備金支出，是指不符合國務院財政、稅務主管部門規定的各項資產減值準備、風險準備等準備金支出；
（8）企業之間支付的管理費、企業內營業機構之間支付的租金和特許權使用費，以及非銀行企業內營業機構之間支付的利息，不得扣除；
（9）與取得收入無關的其他支出。

（六）虧損彌補

虧損是指企業依照《企業所得稅法》及其實施條例的規定，將每一納稅年度的收入總額減除不徵稅收入、免稅收入和各項扣除后小於零的數額。稅法規定，企業某一

納稅年度發生的虧損可以用下一年度的所得彌補，下一年度的所得不足以彌補的，可以逐年延續彌補，但最長不得超過 5 年。而且，企業在匯總計算繳納企業所得稅時，其境外營業機構的虧損不得抵減境內營業機構的盈利。

虧損彌補的含義有兩個：一是自虧損年度的下一個年度起連續 5 年不間斷地計算；二是連續發生年度虧損，也必須從第一個虧損年度算起，先虧先補，按順序連續計算虧損彌補期，不得將每個虧損年度的連續彌補期相加，更不得斷開計算。

企業在匯總計算繳納企業所得稅時，其境外營業機構的虧損不得抵減境內營業機構的盈利。

特別提醒：稅法中的虧損稱為應稅虧損，不是企業財務會計報告中的虧損，而是企業財務報表中的虧損額經過主管稅務機關按稅法規定核實調整后的金額，兩者數額是不相等的。

【例 10-1】四川鯤鵬有限公司 2016 年實現利潤總額為 800 萬元。經稅務機關檢查發現，該企業當年有以下幾項支出均已列支：①公益性捐贈支出 100 萬元；②稅收的罰款支出 8 萬元；③國庫券利息收入 10 萬元。要求：計算該公司當年應納稅所得額。

解：

①公益性捐贈支出 100 萬元，按規定允許扣除 96 萬元（800×12%），實際列支 100 萬元，應調增 4 萬元。

②稅收的罰款支出 8 萬元，不允許在稅前扣除，應調增 8 萬元。

③國債利息收入 10 萬元免稅，應調減 10 萬元。

應納稅所得額 = 800 + 4 + 8 - 10 = 802（萬元）

二、所得稅應納稅額的計算

(一) 居民企業應納稅額的計算

居民企業應繳納所得稅額等於應納稅所得額乘以適用稅率。其基本計算公式為：

應納稅額 = 應納稅所得額 × 適用稅率 - 減免稅額 - 抵免稅額

從這個計算公式可以看出，應納稅額的多少，取決於應納稅所得額和適用稅率兩個因素。在實際過程中，應納稅所得額的計算一般有以下兩種方法：

1. 直接計算法

在直接計算法下，企業每一納稅年度的收入總額減除不徵稅收入、免稅收入、各項扣除以及允許彌補的以前年度虧損后的餘額為應納稅所得額。其計算公式為：

應納稅所得額 = 收入總額 - 不徵稅收入 - 免稅收入 - 各項扣除金額 - 彌補虧損

2. 間接計算法

在間接計算法下，在會計利潤總額的基礎上加或減按照稅法規定調整的項目金額后，即為應納稅所得額。其計算公式為：

應納稅所得額 = 會計利潤總額 ± 納稅調整項目金額

納稅調整項目金額包括兩方面的內容：一是企業的財務會計處理和稅收規定不一致應予以調整的金額；二是企業按稅法規定準予扣除的稅收金額。

【例10-2】四川鯤鵬有限公司為居民企業，2016年發生經營業務如下：

（1）取得產品銷售收入4,000萬元；

（2）發生產品銷售成本2,600萬元；

（3）發生銷售費用770萬元（其中廣告費650萬元），管理費用480萬元（其中業務招待費25萬元），財務費用60萬元；

（4）銷售稅金160萬元（含增值稅120萬元）；

（5）營業外收入80萬元，營業外支出50萬元（含通過公益性社會團體向貧困山區捐款30萬元，支付稅收滯納金6萬元）；

（6）計入成本、費用中的實發工資總額200萬元、撥繳職工工會經費5萬元、發生職工福利費31萬元、發生職工教育經費7萬元。

要求：計算該企業2016年度實際應繳納的企業所得稅。

解：

（1）會計利潤總額 = 4,000 + 80 - 2,600 - 770 - 480 - 60 - 40 - 50 = 80（萬元）

（2）廣告費和業務宣傳費調增所得額 = 650 - 4,000 × 15% = 650 - 600 = 50（萬元）

（3）業務招待費調增所得額 = 25 - 25 × 60% = 25 - 15 = 10（萬元）
　　　4,000 × 5% = 20（萬元）＞ 25 × 60% = 15（萬元）

（4）捐贈支出應調增所得額 = 30 - 80 × 12% = 20.4（萬元）

（5）工會經費應調增所得額 = 5 - 200 × 2% = 1（萬元）

（6）職工福利費應調增所得額 = 31 - 200 × 14% = 3（萬元）

（7）職工教育經費應調增所得額 = 7 - 200 × 2.5% = 2（萬元）

（8）應納稅所得額 = 80 + 50 + 10 + 20.4 + 6 + 1 + 3 + 2 = 172.4（萬元）

（9）2008年應繳企業所得稅 = 172.4 × 25% = 43.1（萬元）

【例10-3】四川鯤鵬有限公司為居民企業，2005年發生經營業務如下：

（1）取得產品銷售收入4,000萬元；

（2）發生產品銷售成本2,600萬元；

（3）發生銷售費用770萬元（其中廣告費650萬元），管理費用480萬元（其中業務招待費25萬元），財務費用60萬元；

（4）銷售稅金160萬元（含增值稅120萬元）；

（5）營業外收入80萬元，營業外支出50萬元（含通過公益性社會團體向貧困山區捐款30萬元，支付稅收滯納金6萬元）；

（6）計入成本、費用中的實發工資總額200萬元、撥繳職工工會經費5萬元、發生職工福利費31萬元、發生職工教育經費7萬元。

要求：計算四川鯤鵬有限公司2008年度實際應繳納的企業所得稅。

（1）會計利潤總額 = 4,000 + 80 - 2,600 - 770 - 480 - 60 - 40 - 50 = 80（萬元）

（2）廣告費和業務宣傳費調增所得額 = 650 - 4,000 × 15% = 650 - 600 = 50（萬元）

（3）業務招待費調增所得額 = 25 - 25 × 60% = 25 - 15 = 10（萬元）

$4,000 \times 5\% = 20$（萬元）$> 25 \times 60\% = 15$（萬元）

（4）捐贈支出應調增所得額 $= 30 - 80 \times 12\% = 20.4$（萬元）

（5）工會經費應調增所得額 $= 5 - 200 \times 2\% = 1$（萬元）

（6）職工福利費應調增所得額 $= 31 - 200 \times 14\% = 3$（萬元）

（7）職工教育經費應調增所得額 $= 7 - 200 \times 2.5\% = 2$（萬元）

（8）應納稅所得額 $= 80 + 50 + 10 + 20.4 + 6 + 1 + 3 + 2 = 172.4$（萬元）

（9）2008 年應繳納企業所得稅 $= 172.4 \times 25\% = 43.1$（萬元）

【例10－4】四川鯤鵬有限公司為居民企業，2016 年發生經營業務如下：全年取得產品銷售收入5,600 萬元，發生產品銷售成本4,000 萬元；其他業務收入800 萬元，其他業務成本660 萬元；取得購買國債的利息收入40 萬元；繳納非增值稅銷售稅金及附加300 萬元；發生管理費用760 萬元，其中新技術的研究開發費用為60 萬元、業務招待費用為70 萬元；發生財務費用200 萬元；取得直接投資其他居民企業的權益性收益34 萬元（已在投資方所在地按15% 的稅率繳納了所得稅），取得營業外收入100 萬元，發生營業外支出250 萬元（其中含公益捐贈38 萬元）。要求：計算四川鯤鵬有限公司2016 年應繳納的企業所得稅。

解：

（1）利潤總額 $= 5,600 + 800 + 40 + 34 + 100 - 4,000 - 660 - 300 - 760 - 200 - 250$
$= 370$（萬元）

（2）國債利息收入免徵企業所得稅，應調減所得額40 萬元。

（3）技術開發費調減所得額 $= 60 \times 50\% = 30$（萬元）

（4）2008 年應繳納企業所得稅 $= (40 + 30) \times 60\% = 42$（萬元）

（二）非居民企業應納稅額的計算

非居民企業取得的應稅所得，按照下列方法計算其應納稅所得額：

（1）股息、紅利等權益性投資收益和利息、租金、特許權使用費所得，以收入全額為應納稅所得額；

（2）轉讓財產所得，以收入全額減除財產淨值后的餘額為應納稅所得額；

（3）其他所得，參照前兩項規定的方法計算應納稅所得額。

收入全額是指企業向支付人收取的全部價款和價外費用。提供專利權、專有技術所收取的特許權使用費，包括特許權使用費收入，以及與其相關的圖紙資料費、技術服務費和人員培訓費等費用。

非居民企業應納稅額的計算公式如下：

應納稅額 = 應納稅所得額 × 適用稅率 － 抵免稅額

【例10－5】某外國公司在中國境內設立一個分公司，該分公司可在中國境內獨立開展經營活動，某年該分公司在中國境內取得營業收入100 萬元，發生成本費用70 萬元（其中有20 萬元不得稅前扣除），假設該分公司不享受稅收優惠。要求：計算該分公司該年度在中國應繳納的企業所得稅。

解：非居民企業在中國境內設立機構、場所的，應當就其所設機構、場所取得的來源於中國境內的所得，以及發生在中國境外且與其所設機構、場所有實際聯繫的所得，按25％的稅率計算繳納企業所得稅。

解：

該分公司應納稅所得額為：100－（70－20）＝50（萬元）

由於該分公司不享受稅收優惠，當年該分公司應在中國繳納的所得稅為：

50×25％＝12.5（萬元）

三、企業所得稅的會計處理

（一）永久性差異和時間性差異

企業按照會計規定計算的所得稅前會計利潤（以下簡稱「稅前會計利潤」）與按稅法規定計算的應納稅所得額（以下簡稱「納稅所得」）之間，往往存在著一定的差異。這種差異就其原因和性質不同可以分為兩種，即永久性差異和時間性差異。

所謂永久性差異是指由於企業一定時期的稅前會計利潤與納稅所得之間計算的口徑不同所產生的差異。企業按會計原則計算的稅前會計利潤與按稅法規定計算的納稅所得，其確認收支的口徑往往是不同的。如稅法規定：企業違法經營的罰款和被沒收財物的損失等在計算應納稅所得額時不得扣除；但從會計核算的角度看，這些支出均屬企業發生的費用支出，應當體現在其經營損益中，應在計算稅前利潤時予以扣除，在這種情況下兩者之間就產生了差異。再如，企業購買國庫券取得的利息收入，從會計核算上講，屬於企業的一種收益，構成稅前會計利潤的組成內容；而稅法則規定企業購買國庫券取得的利息收入可以從應納稅所得額中扣除，這樣會計上計算的稅前會計利潤與稅收上計算的納稅所得之間也會產生差異。這種差異在各會計期間都有可能產生，它在本期發生以後，不能夠在以後期間轉回。

所謂時間性差異是指企業一定時期的稅前會計利潤與納稅所得之間由於有些收入和支出項目計入納稅所得的時間與計入稅前會計利潤的時間不一致所產生的差異。如企業的某項固定資產，稅法規定其使用年限為10年，按直線法計提折舊，每年提取10％的折舊。企業對該項固定資產採用加速折舊的方法規定其折舊年限為5年，按直線折舊法計算每年應提取20％的折舊。這樣，從一個會計年度看，由於會計核算和稅收計算所採用的固定資產折舊年限和年折舊率不同，從而使得按會計原則計算的稅前會計利潤和按稅法規定計算的納稅所得產生差異，並由此導致從當期損益中扣除的所得稅和當期應交所得稅計算的差異。這種差異在某一時期產生以後，可以在以後一期或若幹期內轉回。

（二）科目設置

1.「所得稅費用」科目

企業應在損益類科目中設置「所得稅費用」科目，用來核算企業按規定從當期損益中扣除的所得稅。該科目的借方反應從當期損益中扣除的所得稅，貸方反應期末轉入「本年利潤」科目的所得稅額。

2.「遞延稅款」科目

企業應在負債類科目中增設「遞延稅款」科目，用來核算企業由於時間性差異造成的稅前會計利潤與納稅所得之間的差異所產生的影響納稅的金額以及以后各期轉銷的數額。「遞延稅款」科目的貸方發生額，反應企業本期稅前會計利潤大於納稅所得產生的時間性差異影響納稅的金額，以及本期轉銷已確認的時間性差異對納稅影響的借方數額；其借方發生額，反應企業本期稅前會計利潤小於納稅所得產生的時間性差異影響納稅的金額，以及本期轉銷已確認的時間性差異對納稅影響的貸方數額；期末貸方（或借方）餘額，反應尚未轉銷的時間性差異影響納稅的金額。採用負債法時，「遞延稅款」科目的借方或貸方發生額，還反應稅率變動或開徵新稅調整的遞延稅款數額。

3.「應交稅費——應交所得稅」科目

企業應設置「應交稅費——應交所得稅」科目，用來專門核算企業繳納的企業所得稅。

「應交稅費——應交所得稅」科目的貸方發生額表示企業應納稅所得額按規定稅率計算出的應當繳納的企業所得稅稅額，借方發生額表示企業實際繳納的企業所得稅稅額。該科目的貸方餘額表示企業應交而未交的企業所得稅稅額，借方餘額表示企業多繳應退還的企業所得稅稅額。

(三) 會計處理方法

按照稅法規定，企業所得稅應按年計算，分月或分季預繳。

每月終了，企業應將成本費用和稅金類科目的月末餘額轉入「本年利潤」科目的借方，將收入類科目的餘額轉入「本年利潤」科目的貸方。然后再計算「本年利潤」科目的本期借貸方發生額之差。該科目的貸方餘額表示企業本月實現的利潤總額即稅前會計利潤，借方餘額表示企業本月發生的虧損總額。

由於稅前會計利潤與納稅所得之間存在的永久性差異和時間性差異，會計核算上可以採用應付稅款法或納稅影響會計法。

1. 應付稅款法

應付稅款法是將本期稅前會計利潤與納稅所得之間的差異造成的影響納稅的金額直接計入當期損益，而不遞延到以后各期。在應付稅款法下，當期計入損益的所得稅費用等於當期應繳的所得稅。

在應付稅款法下，企業應按照稅法規定對稅前會計利潤進行調整，得出應納稅所得額即納稅所得，再按稅法規定的稅率計算出當期應繳納的所得稅，作為費用直接計入當期損益。企業按照稅法規定計算應繳的所得稅，記：

借：所得稅費用
　　貸：應交稅費——應交所得稅

月末或季末企業按規定預繳本月（或本季）應納所得稅稅額時，作如下會計分錄：

借：應交稅費——應交所得稅
　　貸：銀行存款

月末，企業應將「所得稅費用」科目的借方餘額作為費用轉入「本年利潤」科

目,作如下會計分錄:
借:本年利潤
貸:所得稅費用

2. 納稅影響會計法

納稅影響會計法是將本期稅前會計利潤與納稅所得之間的時間性差異造成的影響納稅的金額遞延和分配到以後各期。

納稅影響會計法又可以具體分為遞延法和債務法兩種。

(1) 遞延法。遞延法是把本期由於時間性差異而產生的影響納稅的金額,保留到這一差異發生相反變化的以后期間予以轉銷。當稅率變更或開徵新稅,不需要調整由於稅率的變更或新稅的徵收對「遞延稅款」餘額的影響。發生在本期的時間性差異影響納稅的金額,用現行稅率計算,以前各期發生的而在本期轉銷的各項時間性差異影響納稅的金額,按照原發生時的稅率計算轉銷。

企業採用遞延法時,應按稅前會計利潤(或稅前會計利潤加減發生的永久性差異后的金額)計算的所得稅費用,借記「所得稅」科目,按照納稅所得計算的應繳所得稅,貸記「應交稅費——應交所得稅」科目,按照稅前會計利潤(或稅前會計利潤加減發生的永久性差異后的金額)計算的所得稅費用與按照納稅所得計算的應繳所得稅之間的差額,作為遞延稅款,借記或貸記「遞延稅款」科目。本期發生的遞延稅款待以后各期轉銷時,如為借方餘額應借記「所得稅費用」科目,貸記「遞延稅款」科目;如為貸方餘額應借記「遞延稅款」科目,貸記「所得稅費用」科目。實際上繳所得稅時,借記「應交稅費——應交所得稅」科目,貸記「銀行存款」科目。

【例10-6】四川鯤鵬有限公司某項設備按照稅法的規定使用年限為10年,公司經批准採用加速折舊法,選定折舊年限為5年,即從第六年起,該項固定資產不再提取折舊,該項固定資產的原價為200萬元(不考慮淨殘值的因素)。假設該公司前5年每年實現利潤2,000萬元,后5年每年實現利潤1,800萬元。1~4年公司所得稅稅率為33%,從第五年起,所得稅稅率改為28%。

根據上述資料,公司應作以下會計處理:

第一年:按稅法規定的折舊年限(10年)計算每年應提折舊額
= 200 ÷ 10 = 20(萬元)

按公司選定的折舊年限(5年)計算每年應提折舊額 = 200 ÷ 5 = 40(萬元)

時間性差異 = 40 - 20 = 20(萬元)

按照稅前會計利潤計算的應交所得稅 = 2,000 × 33% = 660(萬元)

按照納稅所得計算的應交所得稅 = (2,000 + 20) × 33% = 666.6(萬元)

時間性差異影響納稅的金額 = 666.6 - 660 = 6.6(萬元)

會計分錄為:
借:所得稅費用　　　　　　　　　　　　　　　　　　　　6,600,000
　　遞延稅款　　　　　　　　　　　　　　　　　　　　　　66,000
　　貸:應交稅費——應交所得稅　　　　　　　　　　　　6,666,000

第二、三、四年的有關會計處理同上。

第五年：按照稅前會計利潤計算的應交所得稅 = 2,000 × 28% = 560（萬元）

按照納稅所得計算的應交所得稅 =（2,000 + 20）× 28% = 565.6（萬元）

時間性差異影響納稅的金額 = 565.6 - 560 = 5.6（萬元）

會計分錄為：

借：所得稅費用　　　　　　　　　　　　　　　　　5,600,000
　　遞延稅款　　　　　　　　　　　　　　　　　　　　56,000
　　貸：應交稅費——應交所得稅　　　　　　　　　　5,656,000

第六年：按照納稅所得計算的應繳所得稅 =（1,800 - 20）× 28% = 498.4（萬元）

在轉銷時間性差異時，仍然按 33% 的稅率計算，即應轉銷的時間性差異為：

20 × 33% = 6.6（萬元）

會計分錄為：

借：所得稅費用　　　　　　　　　　　　　　　　　5,050,000
　　貸：遞延稅款　　　　　　　　　　　　　　　　　　66,000
　　　　應交稅費——應交所得稅　　　　　　　　　　4,984,000

第七、八、九年的會計處理同上。

第十年：按照納稅所得計算的應交所得稅仍為 498.4 萬元。

但轉銷的時間性差異，要按原發生時的 28%（第五年稅率）的所得稅率計算，即應轉銷的時間性差異為 5.6 萬元（20 × 28%）。

會計分錄為：

借：所得稅費用　　　　　　　　　　　　　　　　　5,040,000
　　貸：遞延稅款　　　　　　　　　　　　　　　　　　56,000
　　　　應交稅費——應交所得稅　　　　　　　　　　4,984,000

（2）債務法。債務法是把本期由於時間性差異而產生的影響納稅的金額，保留到這一差額發生相反變化時轉銷。在稅率變更或開徵新稅，遞延稅款的餘額要按照稅率的變動或新徵稅款進行調整。仍以上例加以說明。

第一、二、三、四年的會計處理不變。

第五年的有關會計處理如下：

按照稅前會計利潤計算的應交所得稅 = 2,000 × 28% = 560（萬元）

按照納稅所得計算的應交所得稅 =（2,000 + 20）× 28% = 565.6（萬元）

時間性差異影響納稅的金額 = 565.6 - 560 = 5.6（萬元）

調整前四年按 33% 的所得稅率計算對納稅的影響：

20 × 4 × 33% - 20 × 4 × 28 = 4（萬元）

會計分錄為：

借：所得稅費用　　　　　　　　　　　　　　　　　5,600,000
　　遞延稅款　　　　　　　　　　　　　　　　　　　6,000
　　貸：應交稅費——應交所得稅　　　　　　　　　　5,656,000

借：所得稅費用　　　　　　　　　　　　　　　　　　　　40,000
　　貸：遞延稅款　　　　　　　　　　　　　　　　　　　　　40,000
第六年：按稅前會計利潤計算的應交所得稅＝1,800×28%＝504（萬元）
按納稅所得額計算的應交所得稅＝（1,800－20）×28%＝498.4（萬元）
時間性差異影響納稅的金額＝504－498.4＝5.6（萬元）
會計分錄為：
借：所得稅　　　　　　　　　　　　　　　　　　　　　5,040,000
　　貸：遞延稅款　　　　　　　　　　　　　　　　　　　　　56,000
　　　　應交稅費——應交所得稅　　　　　　　　　　　　4,984,000
第七、八、九、十年的會計處理同上。

第四節　企業所得稅的徵收管理

一、企業所得稅的納稅辦法

(一) 居民企業的納稅辦法

居民企業的企業所得稅實行按年計算、分月或者分季預繳、年終匯算清繳的納稅辦法。

（1）據實計算預繳。據實計算預繳是根據企業當期實現的利潤總額計算出應納稅額，並據此繳稅。

（2）按上年實際數計算預繳。按上年實際數計算預繳是按照上年實際繳納的企業所得稅額的 1/12 或 1/4 進行預繳。

（3）居民企業在報送企業所得稅納稅申報表時，應當按照主管稅務機關的要求附送財務會計報告和其他有關資料。

（4）居民企業在中國境內設立不具有法人資格的營業機構的，應當匯總計算並繳納企業所得稅。

(二) 非居民企業的納稅辦法

非居民企業在中國境內未設立機構、場所的，或者雖設立機構、場所但取得的所得與其所設機構、場所沒有實際聯繫的，就其來源於中國境內的所得繳納企業所得稅時，實行源泉扣繳，以支付人為扣繳義務人。稅款由扣繳義務人在每次支付或者到期應支付時，從支付或者到期應支付的款項中扣繳。

對非居民企業在中國境內取得工程作業和勞務所得應繳納的所得稅，稅務機關可以指定工程價款或者勞務費的支付人為扣繳義務人。

對非居民企業應當扣繳的所得稅，扣繳義務人未依法扣繳或者無法履行扣繳義務的，由納稅人在所得發生地繳納。納稅人未依法繳納的，稅務機關可以從該納稅人在中國境內其他收入項目的支付人應付的款項中追繳該納稅人的應納稅款。

扣繳義務人每次代扣的稅款，應當自代扣之日起 7 日內繳入國庫，並向所在地的稅務機關報送扣繳企業所得稅報告表。

二、企業所得稅的納稅期限

企業所得稅按年計徵，分月或者分季預繳，年終匯算清繳，多退少補。

按月或按季預繳的，應當自月份或者季度終了之日起 15 日內，向稅務機關報送預繳企業所得稅納稅申報表，預繳稅款。

企業所得稅的納稅年度，自公歷 1 月 1 日起至 12 月 31 日止。企業在一個納稅年度的中間開業，或者由於合併、關閉等原因終止經營活動，使該納稅年度的實際經營期不足 12 個月的，應當以其實際經營期為一個納稅年度。企業清算時，應當以清算期間作為一個納稅年度。

自年度終了之日起 5 個月內，向稅務機關報送年度企業所得稅納稅申報，並匯算清繳，結清應繳應退稅款。

企業在年度中間終止經營活動的，應當自實際經營終止之日起 60 日內，向稅務機關辦理當期企業所得稅匯算清繳。

三、企業所得稅的納稅地點

除稅收法律、行政法規另有規定外，居民企業以企業登記註冊地為納稅地點；但登記註冊地在境外的，以實際管理機構所在地為納稅地點。企業註冊登記地，是指企業依照國家有關規定登記註冊的住所地。

居民企業在中國境內設立不具有法人資格的營業機構的，應當匯總計算並繳納企業所得稅。企業匯總計算並繳納企業所得稅時，實行「統一計算、分級管理、就地預繳、匯總清算、財政調庫」的企業所得稅徵收管理辦法。總機構和具有主體生產經營職能的二級分支機構，就地分期預繳企業所得稅。

非居民企業在中國境內設立機構、場所的，應當就其所設機構、場所取得的來源於中國境內的所得，以及發生在中國境外但與其所設機構、場所有實際聯繫的所得，以機構、場所所在地為納稅地點。非居民企業在中國境內未設立機構場所的，或者雖設立機構、場所，但取得的所得與其所設機構、場所沒有實際聯繫的所得，以扣繳義務人所在地為納稅地點。

四、企業所得稅的納稅申報

企業在納稅年度內無論盈利或者虧損，都應當依照《企業所得稅法》規定的期限，向稅務機關報送預繳企業所得稅納稅申報表、年度企業所得稅納稅申報表、財務會計報告和稅務機關規定應當報送的其他資料。

習　題

一、單項選擇題

1. 企業每一納稅年度的收入總額，減除（　　）后的餘額，為應納稅所得額。
   A. 不徵稅收入、各項扣除、免稅收入以及允許彌補的以前年度虧損
   B. 不徵稅收入、免稅收入、各項扣除以及允許彌補的以前年度虧損
   C. 免稅收入、不徵稅收入、各項扣除以及允許彌補的以前年度虧損
   D. 不徵稅收入、各項扣除、允許彌補的以前年度虧損以及免稅收入

2. 以分期收款方式銷售貨物的，按照（　　）日期確認收入的實現。
   A. 合同約定收款　　　　　　　　B. 發出商品
   C. 實際收到貨款　　　　　　　　D. 預收貨款

3. 按照規定攤銷的固定資產大修理支出，是指同時符合下列條件的支出：①修理支出達到取得固定資產時的（　　）以上；②修理后固定資產的使用年限延長（　　）年以上。
   A. 計稅基礎50%、使用年限延長1年　　B. 計稅基礎20%、使用年限延長2年
   C. 計稅基礎50%、使用年限延長2年　　D. 計稅基礎20%、使用年限延長1年

4. 符合條件的技術轉讓所得免徵、減徵企業所得稅，是指一個納稅年度內，居民企業技術轉讓所得不超過（　　）萬元的部分，免徵企業所得稅；超過的部分，減半徵收企業所得稅。
   A. 30　　　　　　　　　　　　　B. 100
   C. 300　　　　　　　　　　　　D. 500

5. 抵扣應納稅所得額，是指創業投資企業採取股權投資方式投資於未上市的中小高新技術企業（　　）以上的，可以按照其投資額的（　　）在股權持有滿（　　）的當年抵扣該創業投資企業的應納稅所得額；當年不足抵扣的，可以在以后納稅年度結轉抵扣。
   A. 1年　50%　1年　　　　　　　B. 1年　70%　1年
   C. 2年　70%　2年　　　　　　　D. 2年　50%　2年

6. 企業從事規定的國家重點扶持的公共基礎設施項目的投資經營的所得，自項目取得第一筆生產經營收入所屬納稅年度起，（　　）徵收企業所得稅。
   A. 「三免、二減半」　　　　　　B. 「二免、三減半」
   C. 「三免、三減半」

7. 減計收入，是指企業以《資源綜合利用企業所得稅優惠目錄》規定的資源作為主要原材料，生產國家非限制和禁止並符合國家和行業相關標準的產品取得的收入，減按（　　）計入收入總額。
   A. 60%　　　　　　　　　　　　B. 70%
   C. 80%　　　　　　　　　　　　D. 90%

8. 企業與其關聯方之間的業務往來，不符合獨立交易原則，或者企業實施其他不具有合理商業目的安排的，稅務機關有權在該業務發生的納稅年度起（　　）年內，進行納稅調整。

　　A. 2　　　　　　　　　　　　B. 3
　　C. 5　　　　　　　　　　　　D. 10

9. 股息、紅利等權益性投資收益，除國務院財政、稅務主管部門另有規定外，按照（　　）確認收入的實現。

　　A. 投資方實際收到投資收益的日期
　　B. 被投資方做出利潤分配決定的日期

10. 企業對外投資期間，投資資產的成本在計算應納稅所得額時（　　）扣除。

　　A. 不得　　　　　　　　　　B. 可以

11. 企業發生的公益性捐贈支出，在（　　）以內的部分，準予在計算應納稅所得額時扣除。

　　A. 年度應納稅所得額3%　　　B. 年度利潤總額3%
　　C. 年度利潤總額12%　　　　D. 年度應納稅所得額12%

二、多項選擇題

1. 《企業所得稅法》第二條所稱依法在中國境內成立的企業，包括依照中國法律、行政法規在中國境內成立的（　　）以及其他取得收入的組織。

　　A. 企業　　　　　　　　　　B. 事業單位
　　C. 社會團體　　　　　　　　D. 國家機關

2. 《企業所得稅法》第二條所稱實際管理機構，是指對企業的（　　）等實施實質性全面管理和控制的機構。

　　A. 生產經營　　　　　　　　B. 人員
　　C. 帳務　　　　　　　　　　D. 財產

3. 《企業所得稅法》第六條所稱企業取得收入的貨幣形式，包括（　　）等。

　　A. 現金　　　　　　　　　　B. 存款
　　C. 應收帳款　　　　　　　　D. 應收票據
　　E. 不準備持有至到期的債券投資　F. 債務的豁免

4. 企業發生非貨幣性資產交換，以及將貨物、財產、勞務用於（　　）等用途的，應當視同銷售貨物、轉讓財產或者提供勞務，但國務院財政、稅務主管部門另有規定的除外。

　　A. 捐贈　　　　　　　　　　B. 償債
　　C. 贊助　　　　　　　　　　D. 集資
　　E. 廣告　　　　　　　　　　F. 樣品
　　G. 工程　　　　　　　　　　H. 職工福利或者利潤分配

5. 收入總額中的（　　）收入為不徵稅收入。

　　A. 財政撥款

B. 依法收取並納入財政管理的行政事業性收費、政府性基金；
C. 國家稅務總局規定的其他不徵稅收入

6. 在計算應納稅所得額時（　　）不得扣除。
   A. 向投資者支付的股息、紅利等權益性投資收益款項
   B. 企業所得稅稅款
   C. 稅收滯納金
   D. 經核定的準備金支出

7. （　　）固定資產不得計算折舊扣除。
   A. 未投入使用的固定資產
   B. 以經營租賃方式租入的固定資產
   C. 以融資租賃方式租出的固定資產
   D. 已足額提取折舊仍繼續使用的固定資產

8. 企業使用或者銷售的存貨的成本計算方法，可以在（　　）中選用一種。計價方法一經選用，不得隨意變更。
   A. 先進先出法　　　　　　　　B. 后進先出法
   C. 加權平均法　　　　　　　　D. 個別計價法

9. 企業的（　　）為免稅收入。
   A. 國債利息收入
   B. 居民企業之間的股息、紅利等權益性投資收益
   C. 在中國境內設立機構、場所的非居民企業從居民企業取得與該機構、場所有實際聯繫的股息、紅利等權益性投資收益
   D. 非營利組織的收入。

10. 企業從事（　　）項目的所得，免徵企業所得稅
    A. 蔬菜、穀物、薯類、油料、豆類的種植
    B. 花卉、茶的種植
    C. 林木的培育和種植
    D. 農產品初加工

11. 某企業2008年應繳企業所得稅的稅率有可能是（　　）
    A. 25%　　　　　　　　　　　B. 20%
    C. 15%　　　　　　　　　　　D. 10%

三、判斷改錯題

1. 符合條件的小型微利企業，是指符合下列條件的企業：①工業企業，年度應納稅所得額不超過20萬元，從業人數不超過200人，資產總額不超過2,000萬元；②其他企業，年度應納稅所得額不超過10萬元，從業人數不超過100人，資產總額不超過1,000萬元。　　　　　　　　　　　　　　　　　　　　　　　　　　　　　　（　　）

2. 企業依照國務院有關主管部門或者省級人民政府規定的範圍和標準為職工繳納的基本養老保險費、基本醫療保險費、失業保險費、工傷保險費、生育保險費等基本

社會保險費和住房公積金，準予扣除。企業為投資者或者職工支付的補充養老保險費、補充醫療保險費，在國務院財政、稅務主管部門規定的範圍和標準內，準予扣除。
（　　）

3.《企業所得稅法》第三十四條所稱稅額抵免，是指企業購置並實際使用《環境保護專用設備企業所得稅優惠目錄》《節能節水專用設備企業所得稅優惠目錄》和《安全生產專用設備企業所得稅優惠目錄》規定的環境保護、節能節水、安全生產等專用設備的，該專用設備的投資額的40%可以從企業當年的應納稅額中抵免；當年不足抵免的，可以在以後納稅年度結轉抵免。
（　　）

4. 企業所得稅分月或者分季預繳，由納稅人自行選擇確定。納稅人預繳企業所得稅時，按照月度或者季度的實際利潤額預繳或者按照上一納稅年度應納稅所得額的月度或者季度平均額預繳，或者按照其他方法預繳，都可由納稅人確定。但預繳方法一經確定，該納稅年度內不得隨意變更。
（　　）

四、計算題

1. 某企業2011年12月1日購入一固定資產並投入使用，購買價款200萬元，支付相關稅費20萬元，該固定資產使用年限5年（與稅法規定一致），預計殘值為10萬元。由於技術進步等原因，該企業決定採用加速折舊方法提取固定資產折舊。請在兩種加速折舊方法中任選一種計算該固定資產2012—2016年每年可提取的折舊額。

2. 我縣一家機械製造企業，2008年實現稅前收入總額2,000萬元（其中包括產品銷售收入1,800萬元、購買國庫券利息收入100萬元），發生各項成本費用共計1,000萬元，其中包括：合理的工資薪金總額200萬元，業務招待費100萬元，職工福利費50萬元，職工教育經費2萬元，工會經費10萬元，稅收滯納金10萬元，提取的各項準備金支出100萬元。另外，企業當年購置環境保護專用設備500萬元，購置完畢即投入使用。問：這家企業當年應繳納的企業所得稅額是多少（假定企業以前年度無未彌補虧損）？

第十一章　個人所得稅

學習目的：通過本章學習，要求理解個人所得稅的概念，瞭解開徵個人所得稅的必要性及作用或意義；掌握個人所得稅的基本內容，掌握個人所得稅的計算及其會計核算。

第一節　個人所得稅概述

一、個人所得稅的概念

個人所得稅是調整徵稅機關與自然人（居民、非居民人）之間在個人所得稅的徵納與管理過程中所發生的社會關係的法律規範的總稱，是國家對本國公民、居住在本國境內的個人的所得和境外個人來源於本國的所得徵收的一種所得稅。中國個人所得稅是對中國境內有住所或者無住所而在境內居住滿一年的個人在中國境內、境外取得的所得，和在中國境內無住所又不居住或者無住所而在境內居住不滿一年的個人在中國境內取得的所得徵收的一種收益稅。

二、個人所得稅的特點

中國的個人所得稅，是根據中國國情，借鑑國際稅收慣例制定的。中國個人所得稅主要有以下幾個特點：

（一）分類徵收

個人所得稅主要有分類徵收、綜合徵收和分類綜合徵收三種形式。中國採用分類徵收制，即對工資薪金等所得，採取分類累進稅率計徵，按月徵收；對稿酬所得等所得，採取分類比例稅率計徵，按次徵收。

（二）稅率較低

中國《稅法》規定，個人所得稅對工資薪金所得實行5%～45%的7級超額累進稅率，而美國則為14%～50%，日本為10%～70%；中國對勞務報酬等其他所得實行20%的比例稅率，而其他一些國家一般為20%～30%。相比之下，中國所規定的個人所得稅稅率，與國外相比是較低的。

（三）扣除額寬

世界各國都有扣除法定標準的本人及贍養家屬的生活費和為取得所得而支付費用

后的餘額計稅的規定，參照國際慣例，中國對基本生活費實行稅收優惠。由於採取了定額與定率扣除兩種形式，扣除額更為寬泛。此外，中國採取分類徵收，對個人多項收入所得還可享受分項扣除的優惠。

（四）計徵簡便

世界各國的個人所得稅稅率級數層次較多，扣除項目雜亂，方法繁瑣。中國的個人所得稅稅率級次較少，如工資薪金所得稅稅率為 7 級，且採取分項徵收，由支付單位扣繳，徵收計算簡便，方便納稅人繳稅。

三、個人所得稅的發展歷程

中國在「中華民國」時期，曾開徵薪給報酬所得稅、證券存款利息所得稅。中華人民共和國成立后，1950 年 7 月公布的《稅政實施要則》中，就曾列舉有對個人所得課稅的稅種，當時定名為「薪給報酬所得稅」，但由於中國人均收入水平低，實行低工資制，雖然設立了稅種，卻一直沒有開徵。1980 年 9 月 10 日第五屆全國人民代表大會第三次會議通過了《中華人民共和國個人所得稅法》《中華人民共和國城鄉個體工商業戶所得稅暫行條例》以及《中華人民共和國個人收入調節稅暫行條例》。這三個稅收法規的發布實施對於調節個人收入水平、增加國家財政收入、促進對外經濟技術合作與交流起到了積極作用，但也暴露出一些問題，主要是按內外個人分設兩套稅制、稅政不統一、稅負不夠合理等。為了統一稅政、公平稅負、規範稅制，1993 年 10 月 31 日，第八屆全國人民代表大會常務委員會第四次會議通過了《全國人大常委會關於修改〈中華人民共和國個人所得稅法〉的決定》，同日發布了新修改的《中華人民共和國個人所得稅法》，1994 年 1 月 28 日國務院發布了《中華人民共和國個人所得稅法實施條例》。1999 年 8 月 30 日第九屆全國人民代表大會常務委員會第十一次會議決定第二次修正，並於當日公布生效。第九屆全國人民代表大會常務委員會第十八次會議於 2005 年 10 月 27 日通過《全國人民代表大會常務委員會關於修改〈中華人民共和國個人所得稅法〉的決定》，自 2006 年 1 月 1 日起施行。中華人民共和國第十一屆全國人民代表大會常務委員會第二十一次會議 2011 年 6 月 30 日表決通過了全國人民代表大會常務委員會關於修改個人所得稅法的決定。根據決定，個稅起徵點從 2,000 元提高到 3,500 元，自 2011 年 9 月 1 日起施行。

第二節　個人所得稅的基本內容

一、個人所得稅的納稅義務人

中國個人所得稅的納稅義務人是在中國境內居住有所得的人，以及不在中國境內居住而從中國境內取得所得的個人，包括中國國內公民，在華取得所得的外籍人員和港澳臺同胞。

按稅法規定，在中國境內有住所或無住所但在境內居住滿一年而從中國境內和境

外取得所得的個人，以及在中國境內無住所又不居住或無住所只在境內居住不滿一年而從中國境內取得所得的個人，為個人所得稅的納稅人。

二、個人所得稅的徵稅範圍

(一) 居民和非居民的概念

按照國際慣例，個人所得稅法引入了居民和非居民的概念，分為居民納稅義務人與非居民納稅義務人。

1. 居民納稅義務人

在中國境內有住所，或者無住所而在境內居住滿一年的個人，是居民納稅義務人，應當承擔無限納稅義務，即就其在中國境內和境外取得的所得，依法繳納個人所得稅。

2. 非居民納稅義務人

在中國境內無住所又不居住或者無住所而在境內居住不滿一年的個人，是非居民納稅義務人，承擔有限納稅義務，僅就其從中國境內取得的所得，依法繳納個人所得稅。

判定「非中國居民」的關鍵是「住所」和「居住時間」。具體規定為：

（1）在中國境內有住所的個人是指因戶籍、家庭、經濟利益關係而在中國境內習慣性居住的個人。

（2）在境內居住滿一年是指在一個納稅年度（即公曆每年1月1日起至12月31日止）中在中國境內居住365天日，臨時離境的，不扣減日數。臨時離境是指在一個納稅年度中一次離境不超過30日或者多次累計離境不超過90日。

（3）在中國境內無住所，但是居住一年以上五年以下的個人，其來源於中國境外的所得，經主管稅務機關批准，可以只就由中國境內公司、企業以及其他經濟組織或者個人支付並負擔的部分所得繳納個人所得稅；居住超過五年的個人，從第六年起，不論其所得由誰支付、由誰負擔都應當就其來源於中國境外的全部所得繳納個人所得稅。

(二) 中國境內取得的所得的概念

中國境內取得的所得，是指來源於中國境內的所得而不管支付地點是在中國境內還是在中國境外。但下列所得，不論支付地點是否在中國境內，均為來源於中國境內的所得。

（1）因任職、受雇、履約等而在中國境內提供勞務取得的所得；

（2）將財產出租給承租人在中國境內使用而取得的所得；

（3）轉讓中國境內的房屋、建築物、土地使用權等財產或者在中國境內轉讓其他財產取得的所得；

（4）許可各種特許權在中國境內使用而取得的所得；

（5）從中國境內的公司、企業以及其他經濟組織或者個人取得的利息、股息、紅利所得。

三、個人所得稅的徵稅對象

個人所得稅以個人取得的各項應稅所得為徵稅對象。中國採取列舉所得項目徵稅的辦法確定徵稅對象，稅法列舉的徵稅項目共有11項。

（一）工資、薪金所得

工資、薪金所得是指個人因任職或受雇而取得的工資、薪金、獎金、年終加薪、勞動分紅、津貼、補貼以及與任職、受雇有關的其他所得。但不包括獨生子女補貼，執行公務員工資制未納入基本工資總額的補貼、津貼差額和家屬成員的副食品補貼，托兒補助費，以及差旅費津貼和誤餐補貼。工資和薪金都是勞動報酬的名稱，但國外一般將工人的勞動報酬稱工資，職員的勞動報酬稱薪金。而在中國工作的外籍人員中包括工人和職員，因此把兩者並列起來，統一作為一個徵稅對象。

（二）個體工商戶的生產、經營所得

個體工商戶的生產、經營所得包括：

（1）個體工商戶從事工業、手工業、建築業、交通運輸業、商業、飲食業、服務業、修理業及其他行業生產、經營取得的所得；

（2）個人經政府有關部門批准，取得執照，從事的辦學、醫療、諮詢以及其他有償服務活動取得的所得；

（3）其他個人從事個體職業生產經營取得的所得；

（4）上述個人取得與生產經營有關的各項應納稅所得。

（三）企事業單位的承包經營、承租經營所得

企事業單位的承包經營、承租經營所得是指個人承包經營或承租經營以及轉包、轉租取得的所得。該項所得也包括個人按月或按次領取的工資薪金性質的所得。

（四）勞務報酬所得

勞務報酬所得是指個人從事設計、裝潢、安裝、制圖、化驗、測試、醫療、法律、會計、諮詢、講學、新聞、廣播、翻譯、審稿、書畫、雕刻、影視、錄音、錄像、各種演出與表演、廣告、展覽、技術服務、經紀服務、代辦服務以及其他勞務取得的所得。

（五）稿酬所得

稿酬所得是指個人因其作品被以圖書、報刊方式出版、發表取得的所得。

（六）特許權使用費所得

特許權使用費所得是指個人提供專利權、著作權、商標權、非專利技術以及其他特權的使用權取得的所得。提供著作權的使用權取得的所得，不包括稿酬所得。

（七）利息、股息紅利所得

利息、股息紅利所得是指個人擁有債權、股權而取得的利息、股息紅利所得。

（八）財產租賃所得

財產租賃所得是指個人出租建築物、土地使用權、機器設備、車船以及其他財產取得的所得。

（九）財產轉讓所得

財產轉讓所得是指個人轉讓有價證券、股權、建築物、土地使用權、機器設備、車船以及其他財產取得的所得。

（十）偶然所得

偶然所得是指個人得獎、中獎、中彩以及其他偶然性質的所得。

（十一）經國務院財政部門確定徵稅的其他所得

經國務院財政部門確定徵稅的其他所得是除上述10項所得以外，經財政部確定徵稅的所得。

納稅人取得的所得，難以界定應納稅所得項目的，由主管稅務機關確定。各項所得，包括現金、實物和有價證券。實物應按取得時的憑證價格計算，無憑證的實物或憑證上註明的價格明顯偏低的，由稅務機關參照當地的市場價格折算；有價證券按票面價格和市場價格核定。

四、個人所得稅的減免稅規定

（一）免稅規定

1. 國家支持和鼓勵發展社會事業支援國家經濟建設的

省級人民政府、國務院部委和中國人民解放軍軍以上單位，以及外國組織、國際組織頒發的科學、教育、技術、文化、衛生、體育、環境保護等方面的獎金；國家教委頒發的曾憲梓教育基金會優秀教師獎勵獎的獎金，可視同國務院部委頒發的教育方面獎金。對此部分獎金予以免稅。

2. 對納稅人的生產需要給予照顧的

（1）按照國家統一規定發給的補貼、津貼；

（2）福利費、撫恤費、救濟金；

（3）保險賠款；

（4）軍人的轉業費、復員費；

（5）按照國家統一規定發給幹部、職工的安家費、退職費、退休工資、離休工資、離休生活補助費。

3. 特定所得

（1）個人舉報、協查各種違法、犯罪行為而獲得的獎金。

（2）個人辦理代扣代繳稅款手續/按規定取得的代扣手續。

（3）符合下列條件之一的外國專家取得的工資、薪金所得：①根據世界銀行專項貸款協議由世界銀行直接派往中國工作的外國專家；②聯合國組織直接派往中國工作

的專家；③為聯合國援助項目來中國工作的專家；④援助國派往中國為該國無償援助項目工作的專家；⑤根據政府簽訂文化交流項目來華工作兩年以內的文教專家，其工資、薪金所得由該國負擔；⑥根據中國大專院校國外交流項目來華工作兩年以內的文教專家，其工資、薪金由該國負擔的；⑦通過民間科研協定來華工作的專家，其工資、薪金所得由該國政府機構負擔的。

（4）外籍人員從外商投資企業取得的股息、紅利所得。

4. 依照中國有關法律法規和中國政府參加或簽訂有關協議中規定免稅的

（1）依照中國有關法律規定應予免稅的各國駐華使館、領事館的外交代表、領事官員和其他人員的所得；

（2）中國政府參加的國際公約簽訂的協議中規定免稅的所得。

（二）減稅規定

（1）殘疾、孤老人員和烈屬的所得；
（2）對因嚴重自然災害造成重大損失的；
（3）稿酬所得，按20%的稅率計算應納稅額，減徵30%。

五、個人所得稅的徵收管理

（一）徵收管理方式

按稅法和稅收徵管法的規定，個人所得稅的徵收管理方式採取扣繳義務人代扣代繳和納稅人自行申報納稅相結合的方式，以及委託代徵和核定徵收方式。

1. 代扣代繳稅款

個人所得稅以支付個人應稅所得的單位和個人為代扣代繳義務人，扣繳義務人在向個人支付應稅款項時，應當依照稅法規定代扣稅款，按時繳庫，並專項記載備查。所謂支付包括現金支付，匯撥支付，轉帳支付和以有價證券、實物以及其他形式的支付。

2. 納稅人自行申報納稅

個人所得稅法規定，個人從兩處或兩處以上取得工資、薪金所得和沒有扣繳義務人的，納稅人應當自行申報納稅。

（1）兩處以上（含兩處）工資、薪金所得，必須實行單位扣繳與個人申報相結合的辦法。

（2）個體工商戶的生產、經營所得和承包經營、承租經營所得，同一項應稅所得應當合併申報，合併計算納稅。

（3）中國公民從境外取得的個人應稅所得，應分別不同國家或地區和不同應稅項目，按稅法規定的減除費用標準，分別計算納稅。對於納稅人能夠提供在境內、境外同時任職或受雇及其工資、薪金標準的有效證明文件，可視其所得為來源於境內和境外的不同應稅所得，按稅法規定分別減除費用並計算納稅。如果不能提供上述證明文件的，如果其任職和受雇單位在中國境內，應當視為來源於中國境內的應稅所得，如果其任職或受雇單位在中國境外，應當視為來源於中國境外的應稅所得。

（4）兩個或兩個以上的個人共同取得同一目的應稅所得，應當對每個人分得的收入，分別按照稅法規定減除費用標準後計算納稅。

（5）凡沒有扣繳義務人的，個人取得的稅法列舉的應稅所得，均應向取得的來源地的當地稅務機關申報納稅。

3. 委託代徵

對能掌握或控管納稅人應稅所得的單位和個人，根據稅收徵管法實施細則的規定，稅務機關可委託其代徵個人所得稅。

4. 核定徵收方式

根據《中華人民共和國稅收徵收管理法》及其實施細則的規定，對不設置帳簿或帳證不齊全或逾期不申報納稅的，稅務機關有權實行核定徵收方式徵收稅款。

（二）納稅期限

1. 代扣代繳和委託代徵

代扣代繳義務人和委託代徵單位，均應將每月扣（徵）的稅款，在次月 7 日內向稅務機關報送有關納稅報表並將稅款繳入國庫。

2. 納稅人自行申報

對取得兩處以上（含兩處）工資、薪金所得或沒有扣繳義務人的納稅人，應將每月應納的稅款，在次月 7 日內向稅務機關報送納稅申報表，並將稅款繳入國庫。

3. 特殊規定

（1）工資、薪金所得的應納稅款。對採掘業、遠洋運輸業、遠洋捕撈業等特種行業以及國務院財政部門今後確定的其他特種行業，納稅人的工資、薪金所得的應納稅款，可實行按年計算、分月預繳的計徵辦法。即：扣繳義務人按月預扣稅款，並於次月 7 日內申報繳稅，年度終了 30 日內，向稅務機關辦理年終稅款結算，多退少補。

在外商投資企業、外國企業和駐華機構工作的中方人員分別在雇傭單位和派遣單位取得工資、薪金的，為取得應稅所得的第 2 個月 7 日內合併申報清繳稅款，並提供雇傭單位和派遣單位的原始工資、薪金單和完稅憑證。

（2）個體工商戶生產、經營所得的應納稅款。採取按年計算、分月預繳的辦法，由納稅人按月預繳稅款，在次月 7 日內向稅務機關報送納稅申報表，並將稅款預繳入庫，年度終了後三個月內向稅務機關申報辦理匯算清繳，多退少補。

（3）對企事業單位的承包經營、承租經營所得的應納稅款。在年終一次性取得的承包經營、承租經營所得，採取按年計算的辦法，由納稅人或扣繳義務人在年度終了後 30 日內向稅務機關報送有關報表，並將稅款繳入國庫。在一個納稅年度內分次取得承包經營、承租經營所得的，應當在取得每次所得後 7 日內預繳，年度終了後三個月內匯算清繳，多退少補。

（4）納稅人從中國境外取得應稅所得的應納稅款。在境外以納稅年度計算繳納個人所得稅的，應在所得來源國的納稅年度終了、結清稅款的 30 日內，向中國稅務機關申報繳納個人所得稅，在取得境外所得時結算稅款的，或者在境外按來源國稅法規定免予繳納個人所得稅的，應在次年 1 月 1 日起 30 日內向中國稅務機關申報繳納個人所

得稅。納稅人兼有來源於中國境內、境外所得的，應分別申報計算納稅。

（5）對部分行業和個人試行個人所得稅「雙向申報」。在電力、郵政電信、菸草、金融、證券等行業所屬企業、單位，以及在該企業、單位任職受雇的中上層管理人員和中高級專業技術人員，凡個人取得的工資薪金收入、勞務報酬收入的，應向稅務機關申報取得的收入情況，支付單位應向稅務機關申報支付個人收入和代扣代繳稅款情況。

（6）扣繳義務人和自行申報納稅人，按稅法規定期限不能按期將稅款繳入國庫和報送有關納稅報表時，應當在稅法規定的納稅期限內提出書面申請，經主管稅務機關批准後，方可適當延期。在申報期限內不能到主管稅務機關申報納稅的，應委託他人申報納稅或郵寄申報納稅。郵寄申報納稅的，以寄出地的郵戳日期為實際申報日期。

繳納稅款和報送有關報表期限的最后一日，如遇公休假日可以順延。

（7）納稅人需要出境的，應於離境前向當地稅務機關繳清稅款或者提供擔保，方可辦理出境手續。

(三) 納稅地點

自行申報的納稅義務人，應當向取得所得的當地主管稅務機關申報納稅；代扣代繳義務人和委託代徵單位應向所在地稅務機關繳納所扣（徵）的稅款。從中國境外取得的所得，以及在中國境內兩處或者兩處以上取得的所得，可以由納稅義務人選擇一地申報納稅，納稅義務人變更申報納稅地點的，應當經原主管稅務機關批准。

第三節　個人所得稅的計算

一、工資、薪金所得

(一) 工資、薪金所得應納稅所得額

個人月工資、薪金收入減除費用標準后的餘額為工資、薪金所得應納稅所得額。

減除費用標準為在中國境內任職、受雇的中國公民，在扣除不屬於工薪性質的津貼、補貼差額后，每月每人減除費用3,500元。按照國務院規定發給的政府特殊津貼和國務院規定免納個人所得稅的補貼、津貼，免予徵收個人所得稅。其他各種補貼、津貼均應計入工資、薪金所得項目徵稅。不屬於工資、薪金性質的補貼、津貼或者不屬於納稅人本人工資、薪金所得項目的收入，不徵稅。具體規定有：

（1）獨生子女補貼；

（2）執行公務員工資制度未納入基本工資總額的補貼、津貼差額和家屬成員的副食品補貼；

（3）托兒補助費；

（4）差旅費、誤餐補助。

在中國境內有住所而在中國境外任職或者受雇取得工資、薪金所得的中國公民和

在中國境內的外商投資企業、外國企業中工作的外籍人員，應聘在中國境內的企業、事業單位、機關、團體中工作的外籍專家以及華僑、港、澳、臺同胞，其減除費用標準為在減除費用3,500元的基礎上再附加減除費用1,300元，即每人每月共計可減除費用4,800人。

(二) 工資、薪金所得應納稅額的計算

(1) 應納稅額的計算公式

全月應納稅額＝(全月工資、薪金收入額－費用扣除標準)×適用稅率－速算扣除數

(2) 應納稅額適用稅率與速算扣除數

應納稅額適用稅率與速算扣除數計算採用7級標準，見表11－1。

表11－1

全月應納稅所得額	稅率（%）	速算扣除數（元）
全月應納稅額不超過1,500元	3	0
全月應納稅額超過1,500元至4,500元	10	105
全月應納稅額超過4,500元至9,000元	20	555
全月應納稅額超過9,000元至35,000元	25	1,005
全月應納稅額超過35,000元至55,000元	30	2,755
全月應納稅額超過55,000元至80,000元	35	5,505
全月應納稅額超過80,000元	45	13,505

【例11－1】中國公民王先生任職於境內某公司，2016年11月取得工資收入9,000元，獎金1,500元。要求：計算王先生當月應繳納的個人所稅額。

解：王先生是內籍人員，不適用附加減除費用規定，月扣除費用標準為3,500元。

應納稅所得額＝(9,000+1,500)－3,500＝7,000（元）

應納稅額＝7,000×20%－555＝845（元）

二、個體工商戶生產、經營所得

(一) 個體工商戶生產、經營所得應納稅所得額

以個體工商戶每一納稅年度收入總額減除成本、費用以及損失后的餘額為個體工商戶生產、經營應納稅所得額。

(1) 個體工商戶在生產、經營過程中的「成本、費用」，是指其從事生產、經營所發生的各項直接支出和分配計入成本的間接費用以及銷售費用、管理費用和財務費用；「損失」是指在生產、經營過程中所發生的各項營業外支出。

(2) 個體工商戶成本、費用列支標準均參照同行業企業財務標準執行。個體戶在生產、經營期間借款的利息支出，凡有合法證明的，不高於按金融機構同類、同期貸款利率計算的數額的部分，準予扣除。

（二）應納稅額計算

1. 按帳計算納稅

對帳證健全的個體戶，實行按帳計算納稅。其計算公式為：

全年應納稅額＝（全年收入總額－損失）×適用稅率－速算扣除數

2. 按月核定納稅

對不建帳或帳證不健全的納稅人，無法準確提供其生產、經營過程中的成本、費用和損失的，主管稅務機關可採取核定其附徵率或月營業額、月應納稅額的「雙定」辦法計徵應納稅額，也可採取核定純益率的辦法計徵應納稅額，對車輛可按噸位、座位定稅，還可採取按發票加定額徵稅等。

3. 應納稅額適用稅率與速算扣除數

應納稅額適用稅率與速算扣除數計算採用5級標準，見表11－2。

表11－2

級數	含稅級距	不含稅級距	稅率（％）	速算扣除數（元）
1	不超過15,000元的部分	不超過14,250元的	5	0
2	超過15,000元到30,000元的部分	超過14,250元至27,750元的部分	10	750
3	超過30,000元至60,000元的部分	超過27,750元至51,750元的部分	20	3,750
4	超過60,000元至100,000元的部分	超過51,750元至79,750元的部分	30	9,750
5	超過100,000元的部分	超過79,750元的部分	35	14,750

【例11－2】某個體運輸戶2016年10月累計經營收入10萬元。經審定累計的運輸費用5萬元，工資支出1萬元，淨損失2,000元，允許在稅前列支的稅金5,600元。該個體戶2016年1~9月已納所得稅3,208.20元。則該個體戶當月應預繳所得稅額為：

（1）當月累計應納稅所得額＝100,000－（50,000＋10,000＋2,000＋5,600）
  ＝32,400（元）
（2）全年應納稅所得額＝32,400÷10×12＝38,880（元）
（3）全年應納稅額＝38,880×20％－3,750＝4,010（元）
（4）當月累計應納所得額＝4,010÷12×10＝3,341.67（元）
（5）10月份應預繳所得稅額＝3,341.67－3,208.20＝133.67（元）

【例11－3】某個體工商戶從事飲食業，2016年銷售收入150,000元，購進糧食類、肉、菜類等原材料費為75,000元，繳納水電費、房租、煤氣費等21,000元，繳納其他稅費12,000元，原材料損失4,000元。要求：計算該個體戶2016年應繳納的個人所得稅稅額。

解：個體工商戶生產經營所得按年納稅，扣除的是全年的成本、費用、損失。

應納稅所得額 = 150,000 - 75,000 - 21,000 - 12,000 - 4,000 = 38,000（元）
應納稅額 = 38,000 × 20% - 3,750 = 3,850（元）

三、企事業單位承包經營承租經營所得

(一) 企事業單位承包經營承租經營所得應納稅所得額

以每一納稅年度的收入總額，減除費用標準後的餘額為企事業單位承包經營承租經營全年應納稅所得額。這裡所說的「收入總額」，是指納稅人按照承包經營、承租經營合同規定分得的經營利潤的工資、薪金性質的所得，減除費用標準為每月 3,500 元。

(二) 企事業單位承包經營承租經營所得應納稅額的計算

(1) 按年取得承包承租經營所得的計算
其計算公式為：
全年應納稅所得額 = 全年收入總額 - 費用扣除標準 × 12
全年應納稅額 = 全年應納稅所得總額 ÷ 12 × 適用稅率 - 速算扣除數

(2) 一年內分次取得承包承租經營所得的計算
一年內分次取得承包承租經營所得的應當在每次取得所得時計算預繳個人所得稅，計算方法是將每次所得換算成每月所得後，計算每次應納所得稅額，年終再進行匯算清繳，多退少補。其計算公式為：

每次應納所得稅額 = [(每次取得所得 ÷ 所屬月份數 - 費用扣除標準) × 適用稅率 - 速算扣除數] × 所屬月份數

全年應納稅額 = [(全年收入 ÷ 12 - 費用扣除標準) × 適用稅率 - 速算扣除數] × 12 - 已繳納的所得稅稅額

(3) 應納稅額適用稅率與速算扣除數
應納稅額適用稅率與速算扣除數計算採用 5 級標準，見表 11 - 2。

3. 承包承租經營在一個納稅年度內不足 12 個月的計算

在一個納稅年度內，承包經營承租經營期不足 12 個月，以其實際承包經承租經營的月份為一個納稅年度計算納稅。其計算公式為：

應納稅所得額 = 納稅年度承包承租經營所得額 - 費用扣除標準 × 納稅年度實際承包承租經營的月份數

應納稅額 = (應納稅所得額 ÷ 所屬月份數 × 適用稅率 - 速算扣除數) × 所屬月份數

【例 11 - 4】楊某 2016 年承包一家五金商場，承包期一年，按合同規定分得承包經營收入 120,000 元，此外楊某從商場領取工資 1,000 元。要求：計算楊某 2016 年應納的個人所得稅。

解：每月領取的工資要計入年收入總額，扣除的必要費用為 42,000 元（12 × 3,500）。

應納稅所得額 = (120,000 + 12 × 1,000) - 42,000 = 90,000（元）
應納稅額 = 90,000 × 30% - 9,750 = 17,250（元）

四、勞務報酬所得

（一）勞務報酬所得應納稅所得額

以每次取得的勞務報酬收入，扣除費用標準后的餘額為勞務報酬應納稅所得額。減除費用標準為每次收入額不超過 4,000 元的，減除費用 800 元；每次收入額超過 4,000 元以上的，減除費用 20%。

（二）勞務報酬所得應納稅額計算

勞務報酬所得按分項按次計算納稅。「次」是指屬於一次性收入的，以取得該項收入為一次；屬於同一項目連續性收入的，以一個月內取得的收入為一次，「同一項目」是指勞務報酬所得列舉項目中的某一單項。其計算公式為：

應納稅額＝應納稅所得額×適用稅率－速算扣除數

（三）應納稅額適用稅率與速算扣除數

應納稅額適用稅率與速算扣除數計算採用 3 級標準，見表 11－3。

表 11－3

級數	每次應納稅所得額（含稅級距）	不含稅級距	稅率（%）	速算扣除數（元）
1	不超過 20,000 元的部分	不超過 16,000 元的部分	20	0
2	超過 20,000 元至 50,000 元的部分	超過 16,000 元至 37,000 元的部分	30	2,000
3	超過 50,000 元部分	超過 37,000 元的部分	40	7,000

【例 11－5】某演員到一個城市演出，一次取得收入 120,000 元。要求：計算該演員應繳納的個人所得稅。

解：本次收入在 4,000 元以上，扣除的費用為收入的 20%。

應納稅所得額＝120,000×（1－20%）＝96,000（元）

應納稅額＝96,000×40%－7,000＝31,400（元）

五、稿酬所得

（一）稿酬所得應納稅所得額

每次取得稿酬收入扣除費用標準后的餘額為稿酬應納稅所得額。減除費用標準為每次收入額不超過 4,000 元的，減除費用 800 元；每次收入額超過 4,000 元以上的，減除費用 20%。

其計算公式為：

應納稅所得額＝每次收入額－800

或　應納稅所得額＝每次收入額×（1－20%）

（二）稿酬所得應納稅額計算

稿酬所得按次計算納稅，即以每次出版、發表作品取得的所得為一次。個人每次以圖書、報刊方式出版、發表同一作品（文學作品書畫作品、攝影作品以及其他作品），不論出版單位是預付還是分筆支付稿酬，或者加印該作品再付稿酬，均應合併全部稿酬所得按一次計算納稅。在兩處或兩處以上出版、發表或再版同一作品而取得的稿酬所得，則可分別各處取得的所得或再版所得按分次所得計算納稅。個人的同一作品在報刊上連載，應合併其因連載而取得的所有稿酬所得為一次，按稅法規定計算納稅；在其連載之後又出書取得的稿酬所得，或先出書後連載取得的稿酬所得，應視同再版稿酬分次計算納稅。其計算公式為：

應納稅額＝應納稅所得額×20%×（1－30%）

＝應納稅所得額×14%

【例11－6】某作家本月出版一部小說，獲得稿酬收入15,000元。要求：計算其應繳納的個人所得稅稅額。

解：收入在4,000元以上，扣除的費用為收入的20%。

應納稅所得額＝15,000×（1－20%）＝12,000（元）

應納稅額＝12,000×20%×（1－30%）＝1,680（元）

六、特許權使用費所得

（一）特許權使用費所得應納稅所得額

每次取得的特許權使用費收入扣除費用標準后的餘額為特許權使用費應納稅所得額。減除費用標準為每次收入額不超過4,000元的，減除費用800元；每次收入額超過4,000元的，減除費用20%。其計算公式為：

應納稅所得額＝每次收入額－800

或　應納稅所得額＝每次收入額×（1－20%）

（二）特許權使用費所得應納稅額計算

特許權使用費所得按次計算納稅，「次」是指一項特許權的一次許可使用所取得的收入為一次。其計算公式為：

應納稅額＝應納稅所得額×20%

七、利息股息紅利所得

（一）利息股息紅利所得應納稅所得額

以每次取得的利息股息紅利收入額為應納稅所得額，不扣除費用。股份制企業分配的股息、紅利並以股票形式向股東個人支付的股息、紅利即派發紅股的，應按利息、股息、紅利所得項目計算納稅，並以派發紅股的股票票面金額為收入額。

(二) 利息股息紅利所得應納稅額計算

利息股息紅利所得按次計算納稅，「次」是以向個人支付利息股息紅利時取得的收入為一次。其計算公式為：

應納稅所得額 = 每次收入額 × 20%

八、財產租賃所得

(一) 財產租賃所得應納稅所得額

以每次取得的財產租賃收入扣除費用標準後的餘額為財產租賃應納稅所得額。減除費用標準為每次收入額不超過 4,000 元的，減除費用 800 元；每次收入額超過 4,000 元以上的，減除費用 20%。出租房屋財產的財產租賃所得，還準予減除持有完稅憑證的納稅人在出租房屋財產過程中繳納的稅金、國家能源交通重點建設基金、國家預算調節基金、教育費附加，以及能夠提供合法憑證證明由納稅人負擔的該出租房屋財產實際開支的修繕費用。「修繕費用」以每次允許減除 800 元為限，一次減除不完的，準予在下一次繼續減除，直至減除完為止。其計算公式為：

應納稅所得額 = 每次收入額 - 800 - 出租房屋財產過程中繳納的稅、費 - 出租房屋財產實際開支的修繕費用（限 800 元）

或　應納稅所得額 = 每次收入額 ×（1 - 20%）- 出租房屋財產過程中繳納的稅、費 - 出租房屋實際開支的修繕費用（限 800 元）

(二) 財產租賃所得應納稅額計算

財產租賃所得按次計算納稅，「次」是指一個月內所取得的收入為一次，對一個月取得數月、年的租金收入，亦可根據合同和實際所得所屬月份分別計算。財產租賃所得適用 20% 的比例稅率。對個人按市場價格出租的居民住房取得的所得，自 2001 年 1 月 1 日起暫減按 10% 的稅率徵收個人所得稅。其計算公式為：

應納稅額 = 應納稅所得額 × 20%（或 10%）

【例 11 - 7】李某於 2016 年 1 月將其自有的四間面積為 50 平方米的房屋出租給張某作為商店使用，租期 1 年。李某每月取得租金收入 2,000 元，在出租的第 12 個月發生修繕費用 700 元（有維修部門正式收據）。要求：計算李某全年租金收入應繳納的個人所得稅稅額。

解：一年當中第 12 個月發生修繕費 700 元，可以扣除，適用稅率為 10%。

1~11 月份每月應納稅所得額 =（2,000 - 800）= 1,200（元）

12 月份應納稅所得額 =（2,000 - 700 - 800）= 500（元）

全年應納稅額 = 1,200 × 10% × 11 + 500 × 10% = 1,370（元）

九、財產轉讓所得

(一) 財產轉讓所得應納稅所得額

以一次轉讓財產的收入額，減除財產原值和合理費用后的餘額為財產轉讓應納稅

所得額。其計算公式為：

應納稅所得額＝每次轉讓財產收入額－財產原值－合理費用

1. 財產原值的確定

有價證券為買入價以及買入時按照規定繳納的有關費用。建築物為建造費或者購進價格以及其他有關費用。土地使用權為取得土地使用權所支付的金額、開發土地的費用以及其他有關費用。機器設備、車輛為購進價格、運輸費、安裝費以及其他有關費用。其他財產原值，參照以上辦法確定。財產原值的確定，納稅人必須提供有關合法憑證，對未能提供完整、準確的財產原值合法憑證而不能正確計算財產原值的，主管稅務機關可根據當地實際情況核定其財產原值。

2. 合理費用

合理費用是指納稅人在賣出財產過程中按有關規定所支付的費用，如營業稅及其附加、仲介服務費、資產評估費等。

轉讓債權的，採用「加權平均法」確定其應減除的財產原值和合理費用，即以納稅人購進的同一種類債券買入價和買進過程中繳納的稅費總和，除以納稅人購進該種類債券的數量後，乘以納稅人賣出該種類債券的數量，再加上賣出該種類債券過程中繳納的稅費。用公式表示為：

一次賣出某一種類債券準予減除的買入價和費用＝[（納稅人購進該種類債券買入價＋繳納的稅、費）÷購進該種類券的數量]×一次賣出該種類券的數量＋賣出該種類債券過程中繳納的稅費

（二）財產轉讓所得應納稅額計算

財產轉讓所得按次計算（不管分多少次支付，均應合併為一次轉讓財產收入）納稅。其計算公式為：

應納稅額＝應納稅所得額×20%

【例 11－8】黃某本月出售其父母留給的房屋一套，房屋的原值為 300,000 元，賣房取得的收入為 420,000 元，支付的有關費用為 28,000 元。要求：計算黃某應繳納的個人所得稅稅額。

解：房子的原值和有關費用是可以扣除的。

應納稅所得額＝420,000－(300,00＋28,000)＝92,000（元）

應納稅額＝92,000×20%＝18,400（元）

十、偶然所得和其他所得

偶然所得和其他所得的應納稅額按次計算。其計算公式為：

應納稅所得額＝每次收入額

應納稅額＝應納稅所得額×20%

【例 11－9】趙某購買體育彩票中獎 1,000,000 元。要求：計算其應繳納的個人所得稅稅額。

解：購買體育彩票中獎屬於偶然所得，不能扣除任何費用。

應納稅所得額＝每次收入額＝1,000,000（元）

應納稅額＝1,000,000×20%＝200,000（元）

第四節 個人所得稅代扣代繳業務的帳務處理

一、帳戶設置

負有代扣代繳個人所得稅義務的企業，應設置「應交稅費——代扣代繳個人所得稅」「應交稅費——應交個人所得稅」等帳戶，用以核算代扣代繳個人的所得稅情況。

二、企業代扣工資薪金個人所得稅額的會計處理

企業支付工資、薪金時代扣代繳職工的個人所得稅稅款，是個人工資、薪金的一部分。計算時，借記「應付職工薪酬」，貸記「應交稅費——代扣代繳個人所得稅」科目；上繳代扣的個人所得稅時，借記「應交稅費——代扣代繳個人所得稅」科目，貸記「銀行存款」科目。

【例11-10】某企業某職工2016年11月工資等月收入8,500元，按規定，該職工自己承擔個人所得稅。要求：計算該職工應繳納的個人所得稅並作會計處理。

解：應納稅額＝（應納稅所得額－費用扣除標準）×適用稅率－速算扣除數

　　　　　　＝（8,500－3,500）×20%

　　　　　　＝1,000－555＝445（元）

計算代扣代繳的個人所得稅時：

借：應付職工薪酬　　　　　　　　　　　　　　　　445

　　貸：應交稅費——代扣代繳個人所得稅　　　　　　445

實際繳納稅款時：

借：應交稅費——代扣代繳個人所得稅　　　　　　　445

　　貸：銀行存款　　　　　　　　　　　　　　　　445

三、企業承包承租經營所得應納個人所得稅的會計處理

企業承包承租企業，會計核算比較健全的，對承包承租人取得其收入時，應納入該企業事業單位的帳務處理體系。因此，承包承租人取得收入，依法納稅的事項也應反應在其單位的會計處理中。

【例11-11】某小型企業，年實現的可供各方分配利潤為20萬元。依照承包經營合同，實現的利潤應分與承包人8萬元。按適用稅率計算，承包人應繳納個人所得稅為：

（80,000－3,500×12）×20%－3,750＝3,850（元）

會計處理為：

(1) 企業在分配利潤時：
借：利潤分配——應付利潤　　　　　　　　　　　　　　80,000
　　貸：應付利潤——應付承包人利潤　　　　　　　　　　　80,000
(2) 企業分出利潤及計算應繳納的個人所得稅時：
借：應付利潤——應付承包人利潤　　　　　　　　　　　　80,000
　　貸：應交稅費——應交個人所得稅　　　　　　　　　　　3,850
　　　　銀行存款　　　　　　　　　　　　　　　　　　　76,150
(3) 上繳個人所得稅款時：
借：應交稅費——應交個人所得稅　　　　　　　　　　　　3,850
　　貸：銀行存款　　　　　　　　　　　　　　　　　　　3,850

四、企業代扣勞務報酬所得等項所得個人所得稅款的會計處理

企業支付勞務報酬、稿酬、特許權使用費、財產租賃、財產轉讓及利息、股息、紅利等稅法規定所得的，應按稅法規定代扣代繳個人所得稅。其會計處理為：計算代扣個人所得稅額時，借記「其他應付款——代扣個人所得稅」科目，貸記「應交稅費——代扣個人所得稅」科目；上繳稅款時，借記「應交稅費——代扣個人所得稅」科目，貸記「銀行存款」科目。

【例11-12】某商業公司12月購買一項專有技術，支付金額為5萬元（應代扣個人所得稅8,000元），支付來年一處房屋租金2萬元（應代扣個人所得稅3,200元）。企業會計處理為：
(1) 計算代扣專有技術、房屋租金所得稅額時：
借：其他應付款——專有技術　　　　　　　　　　　　　　8,000
　　　　　　　——房屋租金　　　　　　　　　　　　　　3,200
　　貸：應交稅費——代扣個人所得稅　　　　　　　　　　11,200
(2) 計算專有技術、房屋租金時：
借：無形資產——專有技術　　　　　　　　　　　　　　50,000
　　管理費用——房屋租金　　　　　　　　　　　　　　20,000
　　貸：其他應付款——專有技術　　　　　　　　　　　　50,000
　　　　　　　　——房屋租金　　　　　　　　　　　　　20,000
(3) 支付專有技術、房屋租金款項時：
借：其他應付款——專有技術　　　　　　　　　　　　　42,000
　　　　　　　——房屋租金　　　　　　　　　　　　　16,800
　　貸：銀行存款　　　　　　　　　　　　　　　　　　58,800
(4) 繳納代扣所得稅款時：
借：應交稅費——代扣個人所得稅　　　　　　　　　　　11,200
　　貸：銀行存款　　　　　　　　　　　　　　　　　　11,200

習　　題

一、單項選擇題

1. 某個人獨資企業 2016 年經營利潤 48 萬元，應稅所得率為 10%，則全年應繳納所得稅（　　）元。

   A. 4,800
   B. 9,600
   C. 10,150
   D. 14,065

2. 個人所得稅扣繳義務人每月扣繳稅款上繳國庫的期限為（　　）。

   A. 次月 3 日
   B. 次月 5 日
   C. 次月 7 日
   D. 次月 10 日

3. 某事業單位職工李某，12 月份取得工資 750 元，另取得全年一次性獎金 2,800 元。李某應繳納個人所得稅（　　）元。

   A. 137.5
   B. 420
   C. 295
   D. 412.5

4. 對於地市級政府頒布的科學、教育、技術、文化、衛生、體育、環境保護等方面的獎金，應（　　）。

   A. 免徵個人所得稅
   B. 徵收個人所得稅
   C. 減半徵收個人所得稅
   D. 實行「免一減二」的優惠

5. 唐某於 2003 年在原任職單位辦理了退職手續，單位一次性支付了退職費 12,000 元（超過了國家規定的標準）。唐某原工資水平為 1,280 元/月。根據有關規定，唐某領取的退職費應計算繳納的個人所得稅金是（　　）元。

   A. 200
   B. 216
   C. 570
   D. 1,865

6. 根據稅法的規定，個人轉讓自用達（　　）以上，並且是家庭唯一居住用房所取得的所得，暫免徵收個人所得稅。

   A. 一年
   B. 三年
   C. 五年
   D. 十年

7. 某外籍專家在中國境內工作，月工資為 10,000 元人民幣，則其每月應繳納個人所得稅稅額為（　　）元。

   A. 1,465
   B. 825
   C. 1,225
   D. 1,600

8. 某大學教授 2016 年 5 月編寫教材一本並出版發行，獲得稿酬 14,600 元；2008 年因該教材加印又獲得稿酬 5,000 元。該教授所得稿酬應繳納個人所得稅是（　　）元。

   A. 1,635.2
   B. 2,195.2
   C. 2,044
   D. 2,744

9. 下列所得中，不採用代扣代繳方式徵收個人所得稅的是（　　）
   A. 勞務報酬所得　　　　　　　　B. 稿酬所得
   C. 偶然所得　　　　　　　　　　D. 個體工商戶的生產經營所得

10. 下列所得中，一次收入畸高，可實行加成徵收的是（　　）。
    A. 稿酬所得　　　　　　　　　　B. 利息、股息、紅利所得
    C. 勞務報酬所得　　　　　　　　D. 偶然所得

11. 稅法規定，自行申報繳納個人所得稅的納稅人，當其在中國境內兩處或兩處以上取得應納稅所得額時，其納稅地點的選擇應是（　　）。
    A. 收入來源地　　　　　　　　　B. 選擇其中一地
    C. 稅務局指定地　　　　　　　　D. 個人戶籍所在地

12. 某演員參加營業性演出，一次獲得表演收入 50,000 元，其應繳納的個人所得稅稅額為（　　）元。
    A. 8,000　　　　　　　　　　　　B. 10,000
    C. 12,000　　　　　　　　　　　 D. 13,000

13. 個體戶進行公益救濟性捐贈時，捐贈額不得超過其應納稅所得額的（　　）。
    A. 3%　　　　　　　　　　　　　B. 10%
    C. 15%　　　　　　　　　　　　 D. 30%

14. 按規定，在計算應納個人所得稅時允許在稅前扣除一部分費用的是（　　）。
    A. 股息所得　　　　　　　　　　B. 財產租賃所得
    C. 彩票中獎所得　　　　　　　　D. 紅利所得

15. 在中國境內無住所，但在一個納稅年度中在中國境內累計居住不超過 90 日的個人，應（　　）。
    A. 免徵個人所得稅
    B. 就其來源於中國境外的所得徵收個人所得稅
    C. 就其來源於中國境內的所得由境外雇主支付的部分徵收個人所得稅
    D. 就其來源於中國境內的所得由境外雇主支付且不由該雇主在中國境內的機構、場所負擔的部分，免於繳納個人所得稅

二、多項選擇題

1. 在下列各項所得中，可以免徵個人所得稅的是（　　）。
   A. 個人辦理代扣代繳稅款手續，按規定取得的扣繳手續費
   B. 外籍個人從外商投資企業取得的股息、紅利所得
   C. 個人轉讓自用達 5 年以上的住房取得的所得
   D. 保險賠款

2. 採用按次徵稅的所得項目有（　　）。
   A. 工資、薪金所得
   B. 勞務報酬所得
   C. 財產租賃所得

D. 其他所得
3. 在確定個人應納稅所得額時，可以採用比例扣除 20% 的費用的所得項目有（   ）。
   A. 在 4,000 元以上的特許權使用費所得
   B. 在 4,000 元以上的財產轉讓所得
   C. 在 4,000 元以上的勞務報酬所得
   D. 在 4,000 元以上的稿酬所得
4. 下列各項所得在計算應納稅所得額時不允許扣減任何費用的有（   ）。
   A. 偶然所得
   B. 特許權使用費所得
   C. 利息、股息所得
   D. 財產租賃所得
5. 以下各項所得適用累進稅率形式的有（   ）。
   A. 工資薪金所得
   B. 個體工商戶生產經營所得
   C. 財產轉讓所得
   D. 承包承租經營所得
6. 下列個人應就其全部來自中國境內的所得繳納個人所得稅的有（   ）。
   A. 在境內無住所但居住滿 1 年不到 5 年的
   B. 在境內無住所但居住超過 90 天不到 1 年的
   C. 在境內無住所但居住滿 5 年的
   D. 在境內無住所而居住，但居住不超過 90 天的
7. 在中國境內無住所的人員取得的下列所得，須向中國申報繳納個人所得稅的有（   ）。
   A. 境內居住不滿 90 日，由境外企業支付的境內工資薪金所得
   B. 一個納稅年度內累計離境不超過 90 日的個人，由境內取得的勞務報酬所得
   C. 境內居住已 3 年，取得的由境外企業支付的境外所得
   D. 境內居住已 7 年，取得的由境外企業支付的境內所得
8. 在計算繳納個人所得稅時，個人通過非營利性的社會團體和國家機關進行的公益性捐贈，準予在應納稅所得額中全額扣除的有（   ）。
   A. 向紅十字事業捐贈
   B. 向農村義務教育捐贈
   C. 向中國綠化基金會捐贈
   D. 公益性青少年活動場所
9. 下列項目中，免徵、減徵、不徵個人所得稅的有（   ）。
   A. 職工個人以股份形式取得擁有所有權的企業量化資產
   B. 軍烈屬所得
   C. 商業保險到期返還款

D. 商業保險賠款

10. 個人所得稅納稅人對企事業單位的承包、承租經營所得包括（　　）。

　　A. 個人承包、承租經營所得

　　B. 投資的股息所得

　　C. 個人按月取得的工資薪金性質的所得

　　D. 個人轉包、轉租取得的所得

11. 退休職工李某本月取得的下列收入中，不需繳納個人所得稅的有（　　）。

　　A. 退休工資 1,000 元

　　B. 股票股利 900 元

　　C. 諮詢費 800 元

　　D. 雜誌上發表文章的稿酬 1,000 元

12. 下列稿酬所得中，應合併為一次所得徵稅的有（　　）

　　A. 同一作品在報刊上連載，分次取得的稿酬

　　B. 同一作品再版取得的稿酬

　　C. 同一作品出版社分三次支付的稿酬

　　D. 同一作品出版后加印而追加的稿酬

13. 下列收入中，可以直接作為個人所得稅應稅所得額的有（　　）。

　　A. 外幣存款利息

　　B. 企業債券利息

　　C. 個人銀行結算帳戶利息

　　D. 金融債券利息

14. 個人所得稅納稅人區分為居民納稅義務人和非居民納稅義務人，依據標準有（　　）。

　　A. 境內有無住所　　　　　　　B. 境內工作時間

　　C. 取得收入的工作地　　　　　D. 境內居住時間

15. 下列各項中，可暫免徵收個人得稅的所得是（　　）。

　　A. 外籍個人按合理標準取得的出差補貼

　　B. 殘疾人從事個體工商業生產、經營取得的收入

　　C. 個人舉報違法行為而獲得的獎金

　　D. 外籍個人從外商投資企業取得的股息、紅利

三、判斷題

1. 某個人獨資企業採用核定徵收辦法計算個人所得稅。2004 年自報經營虧損，因而不用繳納個人所得稅。　　　　　　　　　　　　　　　　　　　　（　　）

2. 個人將其應稅所得，全部用於公益救濟性捐贈，將不承擔繳納個人所得稅義務。　　　　　　　　　　　　　　　　　　　　　　　　　　　　　　（　　）

3. 個人獨資企業與其他企業聯營而分得的利潤，免徵個人所得稅。　（　　）

4. 扣繳義務人應扣未扣納稅人個人所得稅稅款的，應由扣繳義務人繳納應扣未扣

的稅款、滯納金及罰款。（　　）

5. 居民納稅義務人從中國境內和境外取得的所得，應當分別計算應納稅額。（　　）

6. 一外籍個人員自2015年2月1日起在中國境內工作，2016年回國參加一個項目的策劃，離境時間為4月15日至6月15日，則2016年他仍然是中國個人所得稅法規定的居民納稅人。（　　）

7. 個人獨資企業和合夥企業生產經營所得在計算繳納個人所得稅時，投資者個人的工資不得作為企業的成本或費用在稅前列支。（　　）

8. 來源於境內的所得是由境內的單位、雇主或個人支付的所得；而由境外的單位、雇主或個人支付的所得則屬於來源於境外的所得。（　　）

9. 2016年李某在A國的存款利息折合8,000元人民幣、已交個人所得稅折合人民幣1,400元；在B國稿費收入折合9,000元，已交個人所得稅540元。回國後應補繳個人所得稅668元。（　　）

10. 某科技人員獲得省政府頒發的科技發明獎4萬元，他用其中的2萬元通過希望工程支援了災區一所小學，但2萬元超過了獎金的30%，所以超過的部分繳納個人所得稅。（　　）

11. 某演員應邀拍電視片獲得酬金3萬元，組織者代扣代繳了4,800元的個人所得稅。（　　）

12. 勞務報酬收入一次性超過20,000元的應加成徵稅。（　　）

13. 個人提取原繳納的住房公積金、醫療保險金免徵個人所得稅。（　　）

14. 翻譯收入屬於勞務報酬所得。（　　）

15. 根據非居民納稅人的定義，非居民納稅人可能是外籍個人、華僑或港、澳、臺同胞，也可能是中國公民。（　　）

四、計算題

1. 某商店為一家個體經營商店，2017年年初向稅務機關報送2016年度的個人所得稅申報表，其中填報的商品銷售收入為400萬元，減除成本費用、稅金後，利潤為 -20萬元，應納稅所得額也是 -20萬元。稅務機關經審查後核實以下幾項支出：

（1）業主工資每月2,500元、雇工工資每月800元，其有5名雇工，稅務部門規定雇工工資列支標準為每月400元，投資者的每月生活費用扣除為800元。

（2）經營場所月租金支出4,000元，其業主家庭生活居住占用1/5的面積，稅務部門允許業主私人使用和經營使用的分攤比例為1∶4。

（3）全年發生業務招待費10萬元，已列支。

（4）發生違法經營處以罰款5萬元。

（5）該個體戶通過民政部門向受災地區捐贈8萬元。

請計算該個體經營商店2016年應納個人所得稅。

2. 公民李某是高校教授，2016年取得以下各項收入（本題中除出租住房收入要考慮營業稅的影響外，其他項目均不考慮其他稅費因素）：

（1）每月取得工資3,000元，12月份取得全年學期獎金12,000元。

(2) 將私有住房出租1年，每月取得租金收入3,000元（符合市場價格水平），當年3月發生租房裝修費用2,000元。

(3) 3月份為A公司進行講學，取得酬金2,000元，A公司並未代扣代繳應納的個人所得稅。

(4) 4月份出版一本專著，取得稿酬40,000元，李某當即拿出10,000元通過民政部門捐給災區。

(5) 5月份為B公司進行營銷籌劃，取得報酬35,000元，該公司決定為李某代負個人所得稅。

(6) 7月份出訪美國，在美國舉辦講座取得酬金收入1,000美元，主辦方扣繳了個人所得稅50美元（匯率1：8.3）。

(7) 11月份取得購買的國家發行金融債券利息收入1,000元。

要求：

(1) 計算李某2016年的各項收入應繳納的個人所得稅。

(2) 計算B公司應代為負擔的個人所得稅。

(3) A公司應負有何種稅收法律責任。

(4) 如果全年獎金是在2016年2月份取得，應該繳納多少個人所得稅。

3. 某中國公民2015年和2016年境內年工資均為60,000元。其2015年來自甲國的特許權使用費收入8,000元、勞務報酬收入15,000元，分別按該國稅法繳納個人所得稅900元、3,600元；同時來自乙國的特許權使用費收入5,800元，已按該國稅法繳納個人所得稅720元。2016年來自甲國的財產出租10個月所得共25,000元，已按該國稅法繳納個人所得稅3,000元。要求：分別計算其2015年、2016年應繳納的個人所得稅。

4. 中國公民王某為一外商投資企業的高級職員，2016年其收入情況如下：

(1) 雇傭單位每月支付工資、薪金15,000元；

(2) 派遣單位每月支付工資、薪金2,000元；

(3) 取得股票轉讓收益100,000元；

(4) 從A國取得特許權使用費收入折合人民幣18,000元，並提供了來源國納稅憑證，納稅折合人民幣1,800元；

(5) 購物中獎獲得獎金20,000元；

(6) 受託為某單位做工程設計，歷時3個月，共取得工程設計費40,000元。

請正確計算李某全年應該繳納的個人所得稅額。

5. 某個人因其原任職的國有企業破產而成為一名自由職業者。2004年8月份，該個人取得以下所得：

(1) 取得一次性安置費收入5,000元；當地上年企業職工年平均工資為1,000元。

(2) 取得失業保險金500元，基本養老保險金900元。

(3) 轉讓所持有的原企業在改組改制過程中分給該個人以股份形式擁有的企業量化資產，取得轉讓所得30,000元；該個人取得該股份時共支付有關費用20,000元。

(4) 將其所持有的一項專利的使用權分別轉讓給甲和乙兩個廠商，取得轉讓收入

4,000元和6,000元。

要求：計算該個人當月應該繳納的個人所得稅額。

五、問答題

1. 什麼是義務人和非居民納稅義務人？
2. 取得的哪些所得應當繳納所得稅？
3. 工資、薪金所得具體包括哪些內容？如何計算應納所得稅額？
4. 納稅人境外所得已納稅款應如何處理？
5. 哪些項目可以免徵或暫免繳納個人所得稅？
6. 哪些納稅人應該自行申報納稅？

附錄　網上申報納稅程序

學習目的： 網上申報納稅已成為目前納稅方式的主流，我們以四川省國家稅務局與成都市地方稅務局網上申報納稅為實例，說明網上申報納稅程序。

一、四川省國家稅務局網上申報納稅程序

（1）進入四川省國家稅務局網上辦稅服務廳，見圖1。

圖1

（2）錄用戶名與密碼名進入納稅申報界面。見圖2。

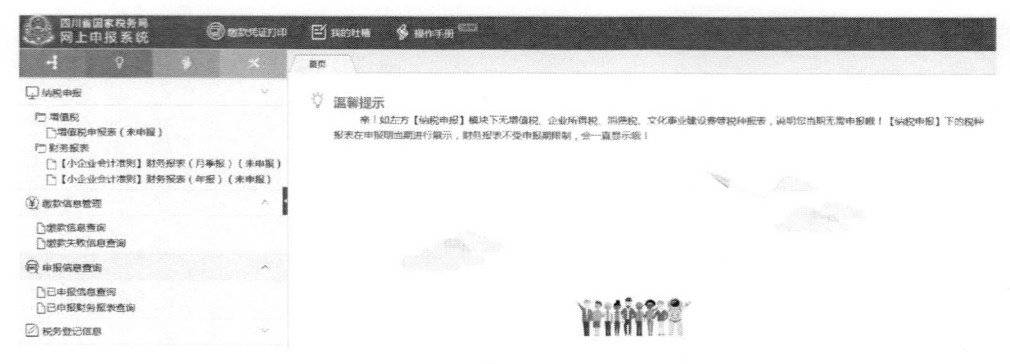

圖2

（3）點擊「納稅申報」下「增值稅」，進行申報。見圖3。

圖3

（4）點擊「附表1」，填列表中內容並保存。見圖4。

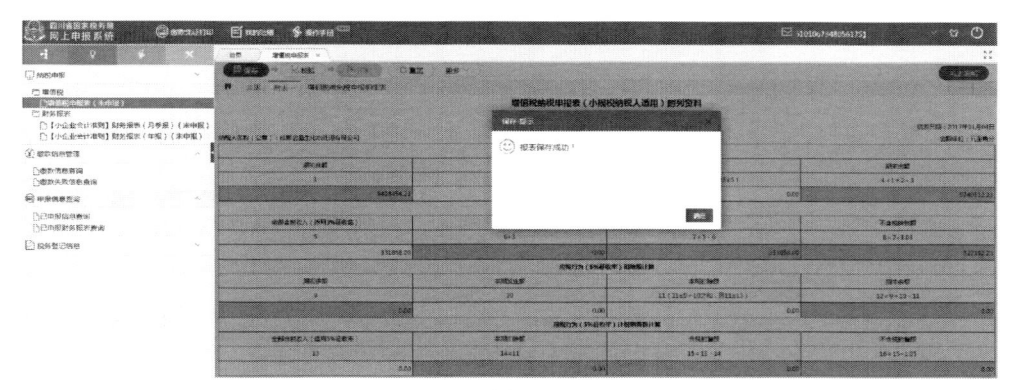

圖4

（5）點擊「增值稅減免稅申報明細表」，填列表中內容。見圖5。

圖5

（6）保存。見圖6。

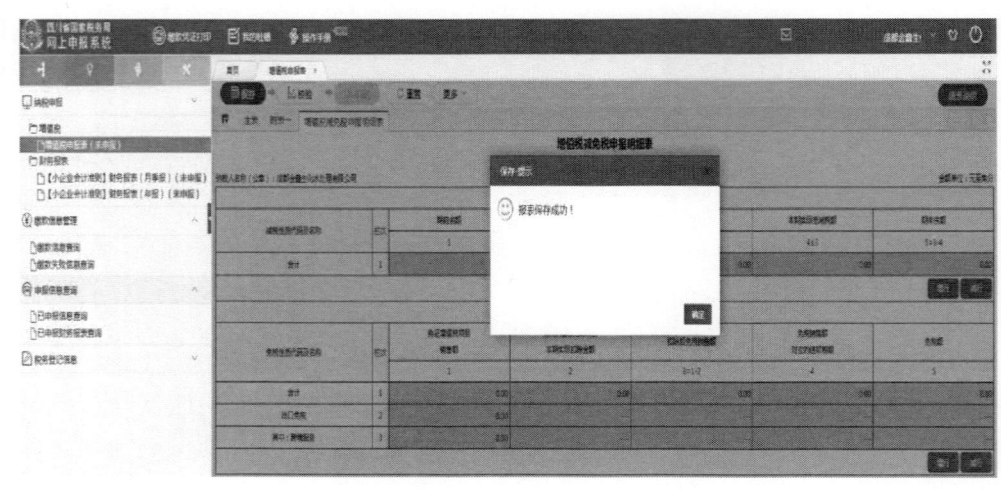

圖6

（7）點擊「主表」，填列表中內容。見圖7。

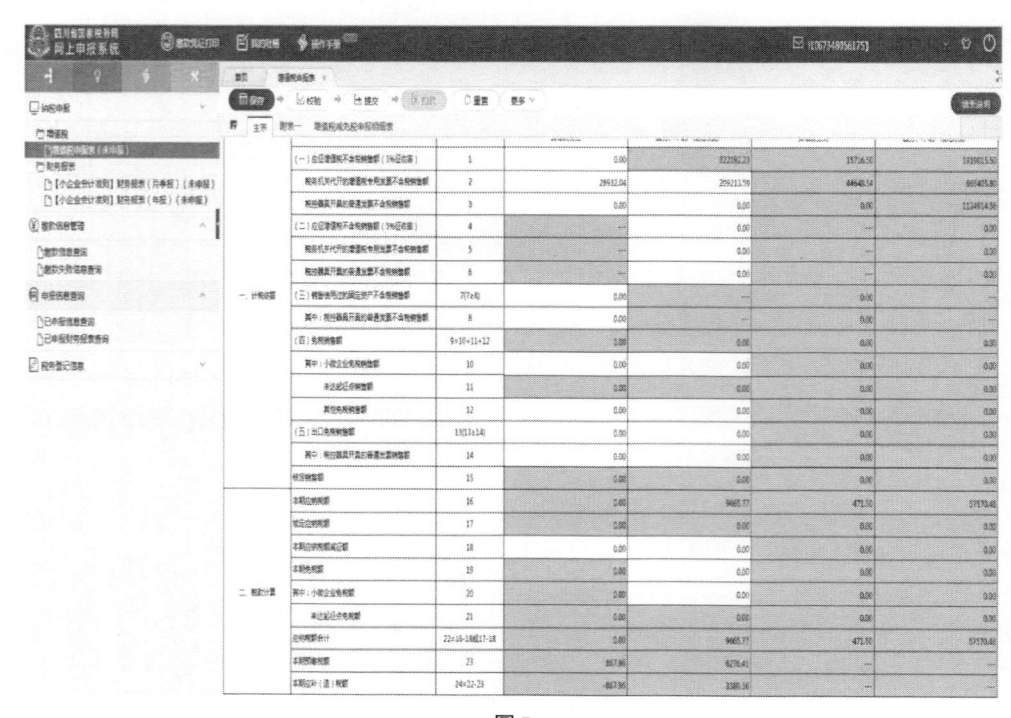

圖7

附錄　網上申報納稅程序

（8）保存。見圖8。

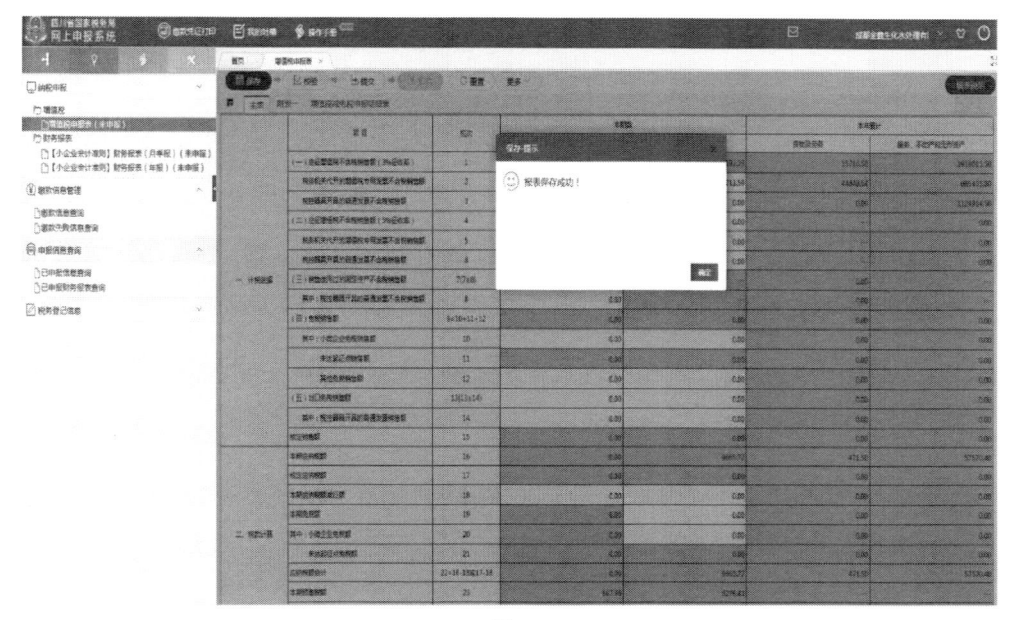

圖8

（9）點擊「校驗」，由系統審核校驗。見圖9。

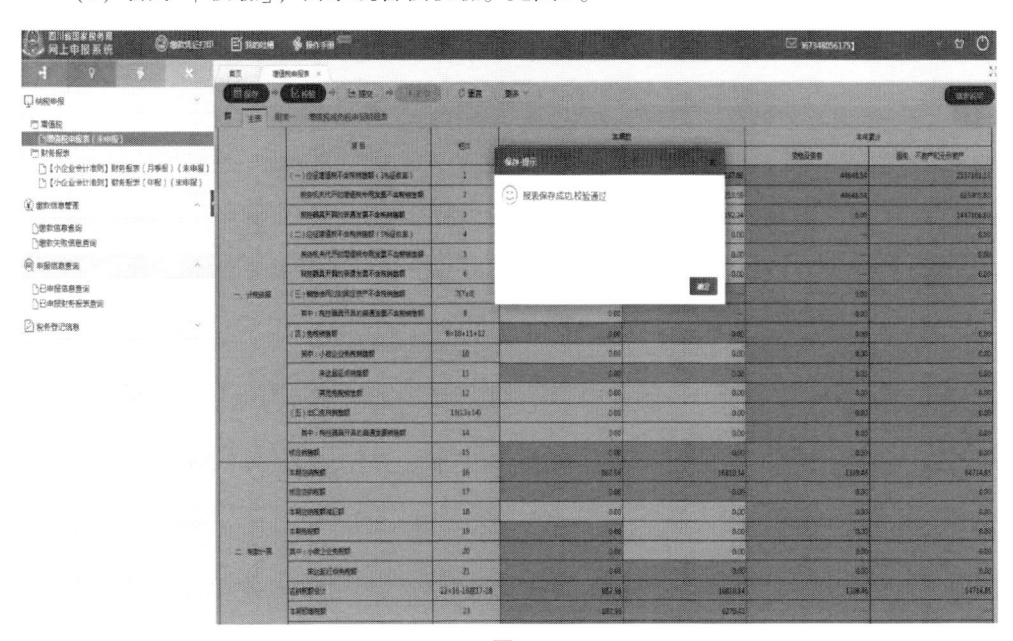

圖9

納稅實務

(10) 點擊「提交」，由系統確認應納稅款。見圖10。

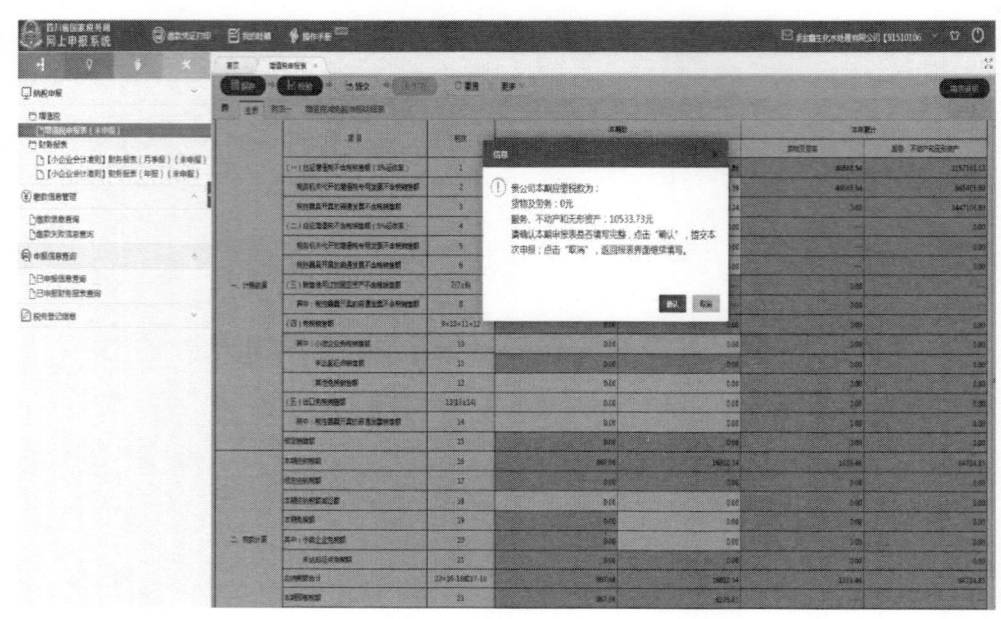

圖10

(11) 點擊「確認」，進行納稅申報。見圖11。

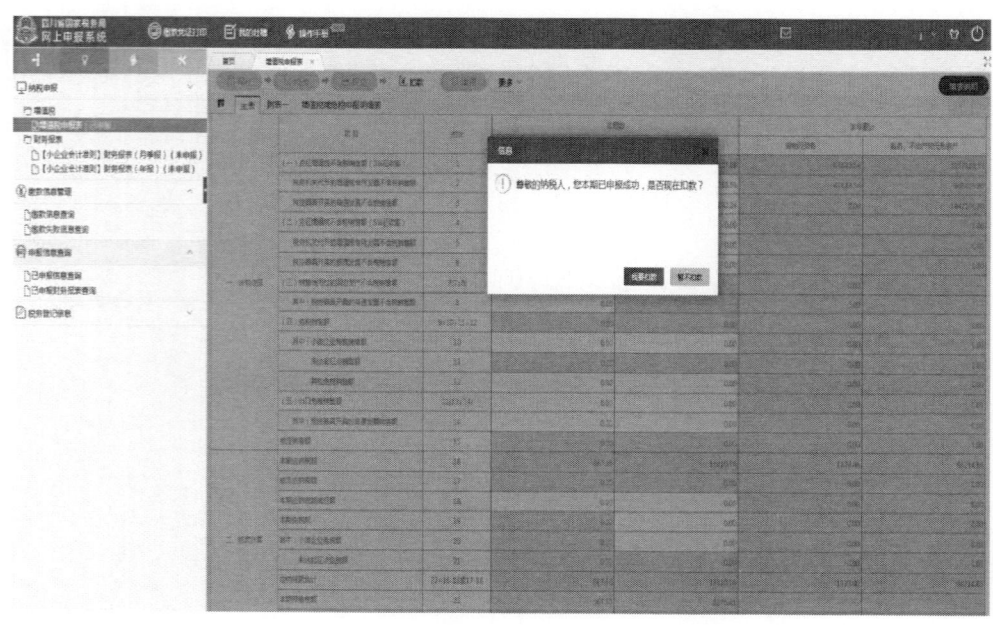

圖11

（12）點擊「我要扣款」，確認交納稅款。見圖12。

圖12

（13）選擇「三方協議繳款」，進行納稅。見圖13。

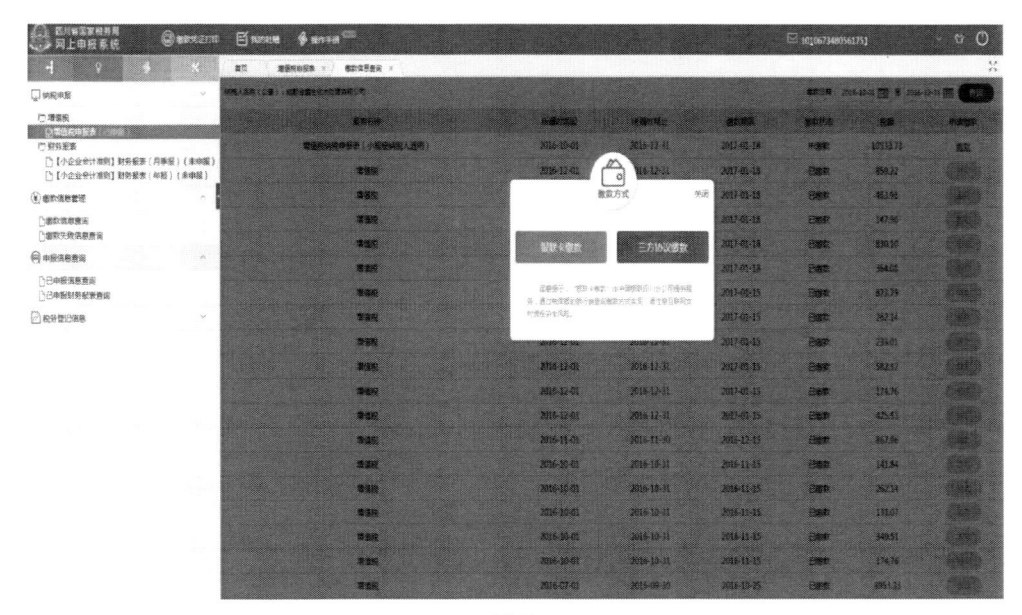

圖13

納稅實務

(14) 扣款成功，完成網上申報納稅。見圖14。

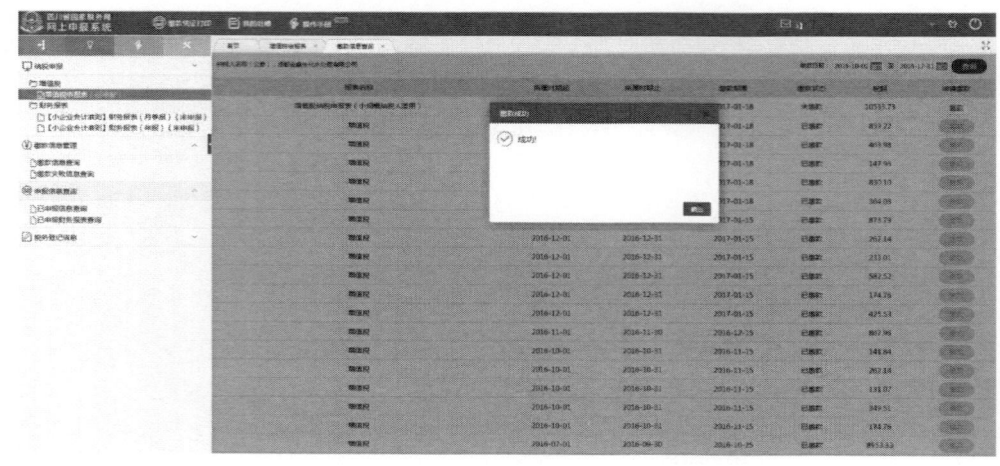

圖14

二、成都市地方稅務局網上申報納稅程序

(一) 網上申報納稅申請

網上申報納稅應向主管稅務機關提出申請，申請時應帶上稅務登記證。經主管稅務機關批准並取得網上申報納稅的用戶名與初始密碼後，即可上網進行網上申報納稅。也可以在網上註冊申請。

1. 進入網上申報納稅辦稅大廳登錄（見圖15）

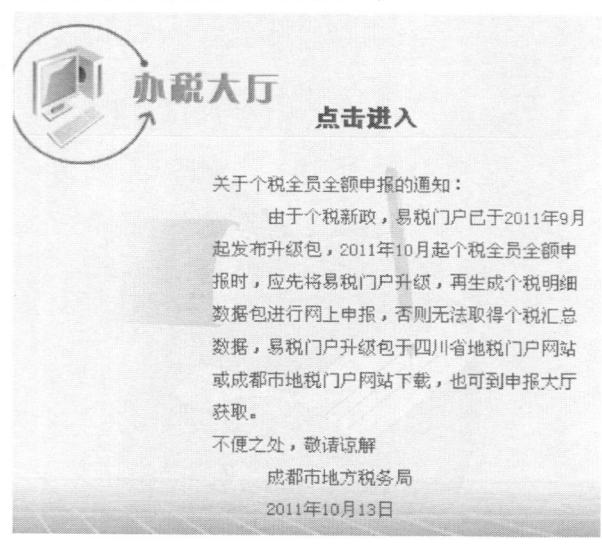

圖15

(1) 點擊「點擊進入」，進入用戶登錄界面。見圖 16。

圖 16

(2) 點擊「註冊申請」，進入註冊申請界面。見圖 17。

圖 17

2. 按提示進行網上註冊申請

(二) 網上申報納稅程序

　　1. 進入網上申報納稅辦稅大廳登錄（見圖 18）

圖 18

（1）點擊「點擊進入」，進入用戶登錄界面。見圖19。

圖19

（2）首先要修改密碼，點擊「修改密碼」，進入密碼修改界面。見圖20。

圖20

（3）輸入稅務登記證號、用戶名、初始密碼與新密碼，點擊「修改」。見圖21。

圖21

顯示密碼修改成功后即可登錄進入「成都市地方稅務局網上辦稅服務廳」。

（4）輸入稅務登記證號、用戶名、密碼與驗證碼，即可進入「成都市地方稅務局網上辦稅服務廳」。見圖 22。

圖 22

（5）在「納稅申報」下拉菜單中點擊「納稅導航」。見圖 23。

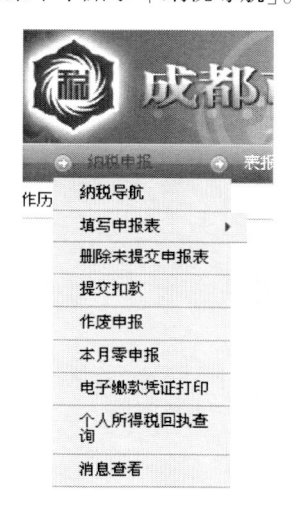

圖 23

（6）可以看到「當期申報待辦事項提示」。見圖24。

当期（201111）申报待办事项提示		
未填写的应申报申报表	总份数：0	显示报表
未提交的申报表	总份数：0	显示报表　提交
已收托，但未扣款的税费	总金额：0.00	显示明细
未明确的扣款税费	总金额：0.00	显示明细
扣款失败的税费	总份数：0	显示明细
已扣款的税费	总金额：1 110.49	显示明细
未阅读的消息	总条数：7	显示消息
已下发未下载文件	总条数：4	显示消息

圖24

2. 納稅申報

（1）進入「填寫申報表」界面

在「納稅申報」下拉菜單中點擊「填寫申報表」。見圖25。

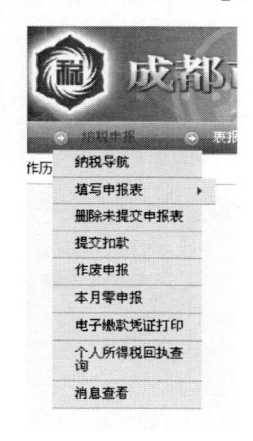

圖25

進入「填寫申報表」界面。見圖26。

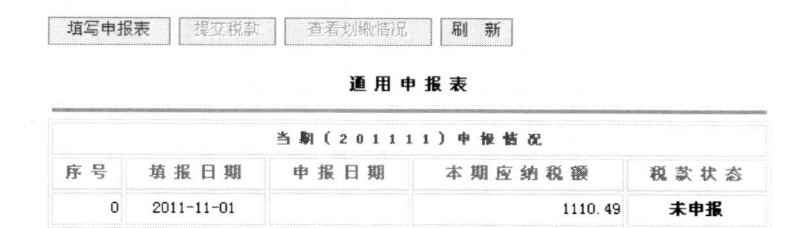

圖26

(2) 填寫納稅申報表

點擊「填寫申報表」，進入納稅申報界面。見圖27。

圖27

逐項填寫應申報納稅的項目。點擊「保存」。見圖28。

圖28

確認保存后，點擊「另存為」，可自行保存納稅申報表。見圖29。

圖29

點擊「確定」后即可保存納稅申報表了。點擊「打印」，可打印納稅申報表。見圖30。

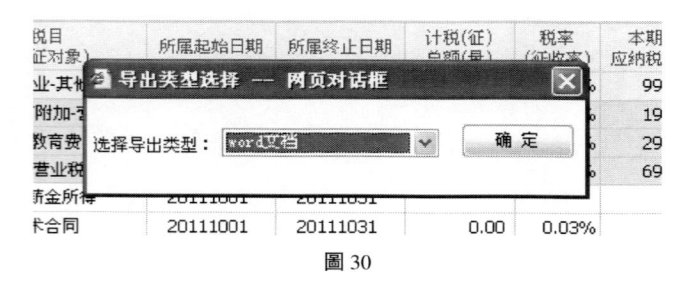

圖30

（3）提交納稅申報表

在「納稅申報」下拉菜單中點擊「提交扣款」。見圖31。

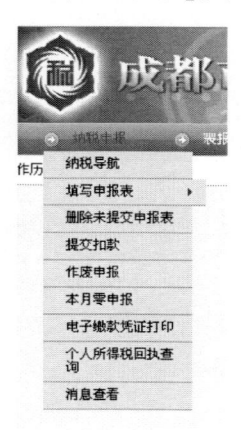

圖31

進入「待申報稅款」界面。點擊「申報」，進入「待申報數據」界面。見圖32。

圖 32

點擊「確認申報」。見圖33。

圖 33

點擊「確定」（見圖34），系統即開始扣應納稅款。見圖35。

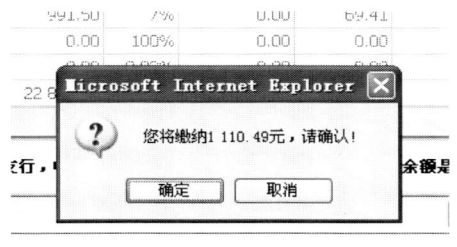

圖 34

圖 35

如當時扣款未成功，在「稅款即時劃繳情況」界面「扣款結果」中會顯示「正在扣款中」。見圖36。

稅款实时划缴情况

稅票號：w20111101476073　申報日期：2011-11-01

稅　種	稅　目	应补退税额	已划缴税额
城市维护建设税	城建税——营业税(7%)	69.41	0.00
个人所得税	工资薪金所得	0.00	0.00
文教部门基金收入	地方教育附加——营业税	19.83	0.00
印花税	技术合同	0.00	0.00
营业税	服务业——其他	991.50	0.00
专项收入(教育费附加)	营业税教育费附加	29.75	0.00

合　　　计

应补退税额	已划缴税额	未划缴税额
1 110.49	0.00	1 110.49

扣　款　结　果

结果描述	正在扣款中	
	返回代码	ABC,
	详细信息	正在扣款中

圖36

如當時扣款成功，在「稅款即時劃繳情況」界面「扣款結果」中會顯示「扣款成功」。見圖37。

稅款实时划缴情况

稅票號：w20111101476073　申報日期：2011-11-01

稅　種	稅　目	应补退税额	已划缴税额
城市维护建设税	城建税——营业税(7%)	69.41	69.41
个人所得税	工资薪金所得	0.00	0.00
文教部门基金收入	地方教育附加——营业税	19.83	19.83
印花税	技术合同	0.00	0.00
营业税	服务业——其他	991.50	991.50
专项收入(教育费附加)	营业税教育费附加	29.75	29.75

合　　　计

应补退税额	已划缴税额	未划缴税额
1 110.49	1 110.49	0.00

扣　款　结　果

结果描述	扣款成功	
	返回代码	000, 成功
	详细信息	成功

请于申报期结束后第二天起选择"电子缴款凭证打印"选项，打印电子缴款凭证。

关　闭

圖37

3. 錯誤更正

如申報表有錯誤需要更正，在申報表尚未提交時，可在「納稅申報」下拉菜單中點擊「刪除未提交申報表」。見圖38。

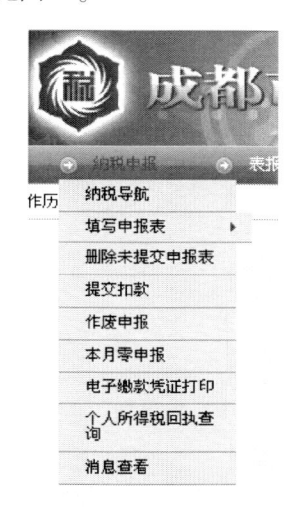

圖 38

雙擊「通用申報表」。見圖39。

圖 39

點擊「刪除」，即可刪除這份未提交申報表。點擊「確定」即可刪除這份未提交申報表。見圖40。

圖40

如申報表已提交需要重新申報，可在納稅申報下拉菜單中點擊「作廢申報」進行處理。

4. 零申報

如當月沒有收入需進行納稅零申報時，可在「納稅申報」下拉菜單中點擊「本月零申報」。見圖41。

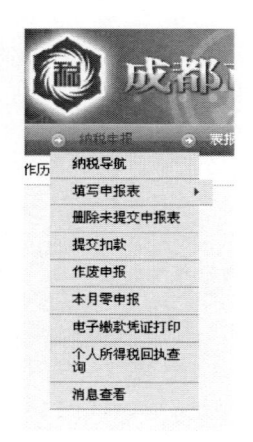

圖41

進入零申報界面。見圖42。

圖42

點擊「確定」后即可進行本月納稅零申報。見圖43。

圖 43

5. 打印納稅繳款憑證

扣款成功后，要打印納稅繳款憑證，可在「納稅申報」下拉菜單中點擊「電子繳款憑證打印」。見圖44。

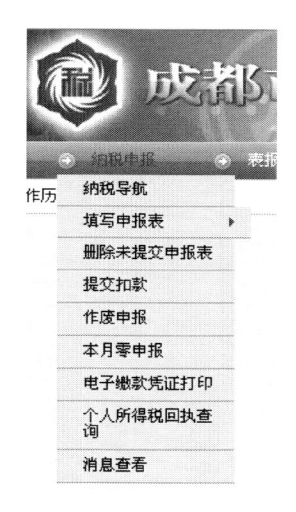

圖 44

在出現的界面中點擊「查詢」。見圖45。

圖 45

納稅實務

在繳款憑證查詢結果中選擇要打印的繳款憑證。見圖46。

圖46

6. 消息查看

要查看稅務機關的消息，可在「納稅申報」下拉菜單中點擊「消息查看」。見圖47。

圖47

即可以查看有關信息。見圖48。

圖48

(三) 納稅查詢

如需進行網上申報納稅查詢，在「涉稅查詢」下拉菜單中點擊「申報明細查詢」，可瞭解網上申報納稅情況。見圖49。

圖49

在出現的界面中點擊「查詢」。見圖50。

圖50

231

在出現的界面中選擇要查看的網上納稅申報稅票，如 W20110909167545。見圖 51。

纳税申报　表报报送　涉税查询　系统管理

操作历史　首页 > 个人所得税回执查询 > 消息查看 > 申报明细查询

查询条件

申报报表名称：全部　状态：全部

申报日期：2011-09-01 … 至 2011-11-01 …

查询

扣款成功的税票

税票号	申报日期	扣款金额
w20111012318835	2011-10-12	32
w20111101476076	2011-11-01	0
w20110909167545	2011-09-09	11882.98
w20111012318836	2011-10-12	2039.86
w20111101476073	2011-11-01	1110.49

扣款失败的税票

税票号	申报日期	扣款金额
w20111006248789	2011-10-06	2039.86
w20111006248788	2011-10-06	32

友情提示：双击表格中的一行可查看此纳税人申报的详细信息

圖 51

雙擊 W20110909167545，出現如圖 52 所示內容。

税票详细

税票号	申报表名称	金额
w20110909167545	通用申报表	11 882.98

关闭

圖 52

點擊「通用申報表」會出現詳細的查詢信息。見圖 53。

通用申报表

操作	税种(费、基金)	税目(计征对象)	所属起始日期	所属终止日期	计税(征)总额(量)	税率(征收率)	本期应纳税额	本期经批准的缓缴额	本期经批准的减免额	本期已纳税额	应纳税额
	营业税	服务业-其他	20110801	20110831	212 196.00	5%	10 609.80		0.00		10 609.80
	文教部门基金收入	地方教育附加——营业税	20110801	20110831	10 609.80	2%	212.20		0.00		212.20
	专项收入(教育费附加)	营业税教育费附加	20110801	20110831	10 609.80	3%	318.29		0.00		318.29
	城市维护建设税	城建税——营业税 (7%)	20110801	20110831	10 609.80	7%	742.69		0.00		742.69
	个人所得税	工资薪金所得	20110801	20110831	0.00	100%	0.00				0.00
	印花税	技术合同	20110801	20110831	0.00	0.03%	0.00		0.00		0.00
合计					244 025.40		11 882.98				11 882.98

打印　另存为　关闭

圖 53

附錄　網上申報納稅程序

在「涉稅查詢」下拉菜單中點擊「報表報送情況查詢」（見圖54），可瞭解報表報送情況。

圖54

在出現的界面中點擊「查詢」（見圖55），即可進行報表報送情況查詢。

圖55

國家圖書館出版品預行編目(CIP)資料

中國納稅實務 / 許仁忠等主編. -- 第二版.
-- 臺北市：崧博出版：崧燁文化發行, 2018.09
　面；　公分

ISBN 978-957-735-471-6(平裝)

1.租稅 2.中國

567.92　　　107015211

書　　名：中國稅收實務
作　　者：許仁忠 等 主編
發行人：黃振庭
出版者：崧博出版事業有限公司
發行者：崧燁文化事業有限公司
E-mail：sonbookservice@gmail.com
粉絲頁　　　　　　網　址：
地　　址：台北市中正區重慶南路一段六十一號八樓815室
8F.-815, No.61, Sec. 1, Chongqing S. Rd., Zhongzheng Dist., Taipei City 100, Taiwan (R.O.C.)
電　　話：(02)2370-3310　傳　真：(02) 2370-3210
總經銷：紅螞蟻圖書有限公司
地　　址：台北市內湖區舊宗路二段121巷19號
電　　話：02-2795-3656　傳真：02-2795-4100　網址：
印　　刷：京峯彩色印刷有限公司（京峰數位）

　　本書版權為西南財經大學出版社所有授權崧博出版事業有限公司獨家發行電子書及繁體書繁體版。若有其他相關權利及授權需求請與本公司聯繫。

定價：400 元
發行日期：2018 年 9 月第二版
◎ 本書以POD印製發行